教育部人文社会科学青年基金项目
安徽省哲学社会科学规划项目
安徽省高校人文社会科学研究重点项目
合肥学院人才科研基金项目

环境规制对我国资源型城市产业转型升级的影响研究

Research on the Impact of Environmental Regulation to
the Industrial Transformation and Upgrading of
Resource-based Cities in China

郑飞鸿 著

中国科学技术大学出版社

内容简介

本书以环境规制的倒逼效应为突破口,以我国116个资源型城市2006~2020年的数据为研究样本,在分析环境规制的演变与资源型城市产业转型升级的特征事实基础上,深入研究了环境规制对我国资源型城市产业转型升级的倒逼效应及其作用机制,并基于空间视角,深入剖析环境规制对我国资源型城市产业转型升级的空间效应,提出因势利导利用环境规制推进资源型城市产业转型升级的政策建议,为破解我国资源型城市可持续发展困境提供了创新性思路和解决方案,对于促进我国资源型城市实现生态与经济的双赢具有重要意义。

本书可供规制经济学、环境经济学、产业经济学等专业的科研工作者、高校教师以及博士、硕士研究生使用,也可作为环境规划与管理、经济调控与产业政策研究等领域的政府管理和工程技术人员的参考书。

图书在版编目(CIP)数据

环境规制对我国资源型城市产业转型升级的影响研究/郑飞鸿著. —合肥:中国科学技术大学出版社,2022.8
ISBN 978-7-312-05511-9

Ⅰ. 环… Ⅱ. 郑… Ⅲ. 环境保护政策—影响—城市经济—产业结构升级—研究—中国 Ⅳ. F299.2

中国版本图书馆 CIP 数据核字(2022)第152601号

环境规制对我国资源型城市产业转型升级的影响研究
HUANJING GUIZHI DUI WOGUO ZIYUAN XING CHENGSHI CHANYE ZHUANXING SHENGJI DE YINGXIANG YANJIU

出版	中国科学技术大学出版社 安徽省合肥市金寨路96号,230026 http://press.ustc.edu.cn https://zgkxjsdxcbs.tmall.com
印刷	合肥华苑印刷包装有限公司
发行	中国科学技术大学出版社
开本	710 mm×1000 mm 1/16
印张	14
字数	244千
版次	2022年8月第1版
印次	2022年8月第1次印刷
定价	60.00元

前　言

自党的十八大以来,我国加快推进了生态文明体制改革,加大了生态环境保护的力度,将生态文明建设提升到一个新的高度。当前,我国经济已由高速增长阶段转向高质量发展阶段,必须坚持绿色发展理念,加快推进生产方式转变和产业结构调整,大幅提高经济绿色化程度,推动产业转型升级。资源型城市是我国重要的能源资源战略保障基地,为我国工业生产建设和人民生活供应了大量的能源资源。但是,随着资源开发的不断推进,过高强度的资源开采以及粗放的资源利用,导致资源型城市出现了能源、资源过度损耗以及环境污染严重和生态被破坏等问题,产业发展也受到了严重的负面影响,一些资源型城市甚至陷入了"矿竭城衰"的困境。资源型城市转型发展的关键在产业,资源型城市要想避免落入"衰退陷阱"而"重获新生",必须积极谋求产业转型升级。环境规制作为一种矫正环境污染负外部性的政府行为,具备通过对企业施加资源环境约束形成驱动产业转型升级的内在激励机制的可能性。在认清并把握环境规制倒逼规律的基础上,因势利导地利用环境规制能够实现生态环境保护与经济发展的双赢,这也是破解资源型城市产业转型升级难题的重要切入点和突破口。

基于环境规制强度测度,我国资源型城市环境规制强度总体呈现出上升的趋势,环境规制强度相对较高,并且我国不同区域、不同类型资源型城市的环境规制强度存在较大差异。在分析我国资源型城市三次产业产值结构、三次产业就业结构、企业总产值及利润、三次产业比较劳动生产率等反映产业结构特征的指标基础上,发现我国资源型城市产业发展的困境主要体现在产业结构不协调、产业转型升级阻力大;产业间关联度不强、产业竞争力相对较弱;资源型产业贡献率衰退、非资源型产业发展乏力;产业发展与资源开发利用、生态环境保护之间不平衡、不协调的矛盾加剧等。同时,制约我国资源型城市产业转型升级的因素主要有资源与环境约束日趋严峻、部分行业落后和过剩产能堆积严重;资源型城市经济下行压力持续增大、产业融资困难进一步加剧、资源性产品市场价格低位震荡;人才和技术供给严重匮乏、发展接续替代产业的支撑保障能力不足;自然资源地理分布分散、资源型产业空间分布不均衡等。此外,我国不同区域、不同类型资源型城市的产业结构均存在较大差异。

从实证研究来看,首先,基于改进的 Alvarez-Cuadrado 模型,实证分析了环境规制对我国资源型城市产业转型升级的倒逼效应。结果表明,环境规制对产业转型升级的倒逼效应在我国资源型城市能够实现,并且环境规制对资源型城市产业转型升级的倒逼效应在我国不同区域、不同类型的资源型城市具有差异性;此外,环境规制对资源型城市产业转型升级的影响存在门槛效应,并且环境规制对我国不同区域、不同类型资源型城市产业转型升级的门槛效应具有差异性。其次,基于政府环境规制竞争、绿色技术创新、产业集聚以及外商直接投资4个维度实证分析了环境规制倒逼资源型城市产业转型升级的作用机制。结果表明,环境规制在政府环境规制竞争、绿色技术创新、产业集聚以及外商直接投资的共同作用下影响资源型城市产业转型升级,并且环境规制倒逼产业转型升级的作用机制在我国不同区域、不同类型资源型城市的表现具有差异性。再次,基于环境规制倒逼产业转型升级的空间效应机理模型,利用空间计量建模技术分析了环境规制倒逼资源型城市产业转型升级的空间效应。结果表明,在空间效应的影响下,环境规制对资源型城市产业转型升级的倒逼效应显著增强,并且本地环境规制倒逼本地资源型城市产业转型升级的直接效应大于邻近地区环境规制倒逼本地资源型城市产业转型升级的间接效应(空间外溢效应);此外,环境规制倒逼资源型城市产业转型升级的空间效应在我国不同区域、不同类型的资源型城市具有差异性。

根据环境规制倒逼资源型城市产业转型升级的研究结论,提出了利用环境规制倒逼我国资源型城市产业转型升级的具体策略,即"主体性策略+差异性策略"。其中,主体性策略包括:第一,健全环境规制政策法规体系，不断优化环境规制政策工具，提升环境规制质量和水平。第二，深化财税体制改革，科学设计与制定考核目标，引导环境规制由"逐底竞争"向"逐顶竞争"转变。第三，构建绿色技术创新体系，加大绿色技术创新投入，促进绿色技术创新科技成果应用性转化。第四，引导产业向重点园区和集聚区集中，建设"三生融合"的产业集聚示范区。第五，提高实际利用外资水平，注重引入外资的质量，打造生态绿色开放型经济。第六，加强跨行政区域环境规制合作与交流，优化要素资源跨行政区域配置。同时，在主体性策略的基础上，结合环境规制对不同区域、不同类型资源型城市产业转型升级的倒逼效应、作用机制、空间效应的差异性以及我国不同区域、不同类型资源型城市的具体实际，提出我国不同区域、不同类型的资源型城市利用环境规制倒逼产业转型升级的差异性策略。通过实施主体性策略与差异性策略相配合的策略矩阵，能够因势利导地发挥环境规制倒逼资源型城市产业转型升级的作用，从而达到最有效地推进我国资源型城市产业转型升级的目标。

本书是教育部人文社会科学青年基金项目（项目号：22YJC790179）、安徽省哲学社会科学规划项目（项目号：AHSKQ2020D72）、安徽省高校人文社会科学研究重点项目（项目号：SK2020A0427）、合肥学院人才科研基金项目（项目号：20RC58）的研究成果。

郑飞鸿
2022年2月

目　　录

前言 ··· (i)

第一章　绪论 ··· (1)
　第一节　研究背景与问题提出 ··· (1)
　第二节　相关概念界定 ·· (4)
　第三节　研究目的与意义 ··· (10)
　第四节　研究内容、研究方法及技术路线 ····························· (13)
　第五节　研究的创新点 ·· (17)

第二章　文献综述与理论基础 ··· (20)
　第一节　国内外研究综述 ··· (20)
　第二节　主要理论基础 ·· (35)

第三章　我国环境规制的演变及现状分析 ······························ (45)
　第一节　我国环境规制政策演进 ·· (45)
　第二节　我国环境规制体系的构成要素 ······························· (49)
　第三节　我国环境规制强度的测度 ····································· (56)
　第四节　我国环境规制倒逼产业转型升级的典型实践——以安徽省淮南市
　　　　　为例 ·· (63)

第四章　我国资源型城市产业转型升级的特征事实分析 ············ (67)
　第一节　我国资源型城市产业结构特征分析 ························· (67)
　第二节　我国资源型城市产业发展的困境分析 ······················ (93)
　第三节　我国资源型城市产业转型升级的制约因素分析 ·········· (98)

第五章　环境规制影响资源型城市产业转型升级：理论模型与实证
　　　　检验 ··(103)
　第一节　理论模型构建与研究假设 ·····································(103)
　第二节　实证检验：线性影响分析 ·····································(107)

第三节 实证拓展:非线性影响分析 ……………………………… (120)

第六章 环境规制影响资源型城市产业转型升级:作用机制分析 ………… (128)
  第一节 作用机制理论分析框架 …………………………………… (128)
  第二节 模型设定与指标选取 ……………………………………… (134)
  第三节 基于政府环境规制竞争的作用机制分析 ………………… (138)
  第四节 基于绿色技术创新的作用机制分析 ……………………… (142)
  第五节 基于产业集聚的作用机制分析 …………………………… (146)
  第六节 基于外商直接投资的作用机制分析 ……………………… (150)

第七章 环境规制影响资源型城市产业转型升级:空间效应分析 ………… (154)
  第一节 空间效应机理模型分析 …………………………………… (154)
  第二节 空间计量模型构建与空间相关性分析 …………………… (156)
  第三节 空间计量检验与结果分析 ………………………………… (164)

第八章 研究结论、政策建议及展望 …………………………………… (179)
  第一节 研究结论 …………………………………………………… (179)
  第二节 政策建议 …………………………………………………… (182)
  第三节 研究不足与展望 …………………………………………… (197)

参考文献 ………………………………………………………………… (200)

后记 ……………………………………………………………………… (215)

第一章 绪　　论

第一节　研究背景与问题提出

一、研究背景

中国共产党第十八次全国代表大会以来,我国加快了推进生态文明体制改革,加大了生态环境保护力度,将生态文明建设提升到一个新的高度。2013年11月党的十八届三中全会指出生态文明体制改革是全面深化改革的重要领域,强调以系统工程思路抓生态建设,推动形成人与自然和谐发展的现代化建设新格局。2014年全国人大常委会对《环境保护法》再次修订,重点修订的内容体现在强化企业防治环境污染的责任、加大对企业环保违法的惩治力度以及建立环境公益诉讼制度等。2015年4月,中共中央、国务院印发《关于加快推进生态文明建设的意见》,明确了生态文明建设的总体要求、目标愿景、重点任务、制度体系,为资源节约、环境治理、生态保护提供了行动纲领。同年9月,《生态文明体制改革总体方案》制定出台,搭建了生态文明制度体系的顶层设计。2017年党的十九大报告指出"建设生态文明是中华民族永续发展的千年大计,必须实行最严格的生态环境保护制度",这一时期我国制定和完善了《土壤污染防治法》《环境噪声污染防治法》《环境保护税法实施条例》等20多部加强生态环境保护的法律法规,大力推进了生态文明建设的法治化进程,此外,还建立并实施了省以下环保机构监测监察执法垂直管理制度、河(湖)长制、自然资源资产产权管理制度和用途管制制度、生态环境损害责任终身追究制度等一系列保护生态环境的制度,着力解决突出环境问题,改革生态环境监管体制。

在2018年全国生态环境保护大会上,习近平总书记对"绿水青山就是金山银山"的关系做了更加深入的阐释,"生态环境保护和经济发展不是矛盾对立的关系,而是辩证统一的关系。生态环境保护的成败归根到底取决于经济结构和经济发展方式。"[①]当前,我国经济已由高速增长阶段转向高质量发展阶段,必须坚持绿色发展理念,加快推进生产方式转变和产业结构调整,大幅提高经济绿色化程度,推动产业转型升级。一方面,应积极利用大数据、人工智能、区块链等新技术产物加强科技创新,建立绿色节能减排的现代化生产体系,提高资源集约利用效率和清洁生产水平,提高绿色生产能力,降低边际污染治理成本,提升产品的技术附加值和市场竞争力。另一方面,应大力发展清洁能源、环保材料、生物基础工程、智能制造等为代表的绿色产业和新兴产业,加快推进传统产业的改造提升,积极化解落后和过剩产能,加快实现新旧动能接续转换,让传统产业焕发出新的生机和活力,提高产业转型升级的质量和效益,进一步释放市场潜在需求,培育新的经济增长点。2015~2019年,我国环保产业营业收入年均增速约达16%,远高于同期国民经济的增长幅度。环保产业对国民经济的贡献逐步提升,环保产业营业收入占GDP的比例,已由2004年的0.37%增长到2019年的1.83%,对国民经济增长的直接贡献率从0.3%上升到2.8%[②]。实现人与自然和谐共生的现代化需要加大保护生态环境的力度,实现生态环境保护与经济协调发展协同并进,补齐生态短板并且促进产业转型升级高质量发展,让绿色创新的环境效益充分发挥,不断满足人民群众对美好生活环境的需求,提高人民群众的生活质量和幸福指数。

二、问题提出

资源型城市是我国重要的能源资源战略保障基地,为我国工业生产建设和人民生活供应了大量的能源资源,对于推动我国国民经济健康发展发挥了重要作用[1]。我国的资源型城市主要依托当地的自然资源而兴起或发展,在资源型城市发展的前期阶段,通常会对当地的自然资源开展大规模、高强度的开采和加工,从而获取相应的工业产值和经济利润,形成独具特色的资源经济优势。

---

① 习近平总书记2018年5月18日在全国生态环境保护大会上的讲话,文稿以《推动生态文明建设迈上新台阶》为题发表于《求是》杂志2019年第3期上。

② 数据来自于生态环境部官网,并由笔者计算整理得出。

然而,随着资源开发的不断推进,过高强度的资源开采以及粗放的资源利用,将导致资源型城市出现能源资源过度损耗、环境污染严重和生态被破坏等问题。此外,由于资源型城市的产业发展对资源的依赖性较强[2],导致我国资源型城市的产业结构倚重"高污染、高能耗、高排放"的第二产业,并且三次产业结构关系严重失衡。同时,我国资源型城市的产业之间关联度不强,人才、资金等要素集聚能力和技术创新能力相对较弱,并且资源型产业对经济增长的贡献率正逐渐降低,而非资源型产业的发展却又较为乏力,资源型城市进一步发展接续替代产业的支撑保障能力严重不足。更严峻的是,我国已有约20%的资源型城市进入了衰退期,它们面临资源短缺甚至濒临枯竭,陷入了"矿竭城衰"的处境[3],在"资源—环境—经济"趋紧的多重约束下,这些资源型城市的可持续发展受到了严重的影响,因此,推进我国资源型城市的产业转型升级已迫在眉睫。

资源型城市转型发展的关键在产业,资源型城市要想避免落入"衰退陷阱"而"重获新生",必须积极谋求产业转型升级,这是因为:第一,资源型城市通过推进产业转型升级能够促进资源开发和利用方式的转变,提高资源集约利用水平,促进资源节约和循环利用,并且积极开发利用新能源、可再生资源,逐步降低甚至摆脱资源型城市产业发展对资源的过度依赖。第二,资源型城市通过推进产业转型升级能够促进清洁型生产方式的形成和推广,减少工业生产的污染排放和环境损害,有效保护资源型城市的生态系统,提高环境质量。第三,资源型城市通过推进产业转型升级能够促进生产技术和工艺的改进,提高技术创新水平和生产效率,不断提升产品的技术附加值和市场竞争力。当前,我国正处于经济发展方式转变、经济增长动能切换的重要阶段,加快推进资源型城市产业转型升级既是提高经济发展质量和效益的应有之义,也是促进区域协调发展、提高生态文明建设水平、统筹推进新型工业化和新型城镇化的必然要求[4]。因此,我国高度重视资源型城市可持续发展建设,采取了一系列组合措施加快推进资源型城市产业转型升级、积极破解资源型城市产业转型升级难题,并且取得了一定的阶段性成效,我国资源型城市的可持续发展逐渐重现生机与活力。

环境规制作为一种矫正环境污染负外部性的政府行为,具备通过对企业施加资源环境约束形成驱动产业转型升级的内在激励机制的可能性。哈佛大学教授Porter及其合作者Linde分别在1991年和1995年发表的 *Towards a Dynamic Theory of Strategy*、*Toward a New Conception of the Environment-Competitiveness Relationship* 两篇论文中提出,适当的环境规制可以促使企业进行更多的创新活动,而这些创新将提高企业的生产力,从而形成创新补偿收益,抵消由环境规制带来的成本并且提升企业在市场上的盈利能力[①]。Ramanathan等学者(2017)进一步研究认为,企业的生产结构改变及生产率提升,推动了整体行业的产业结构调整和资源优化配置,从而对产业转型升级起到了重要促进作用。尽管Porter假说提出以来在学术界一直存在适用性的争议——环境规制对产业转型升级的倒逼效应是否具有普适性?环境规制对产业转型升级的倒逼效应在异质性区域或异质性行业是否存在差异?环境规制对产业转型升级的影响是否是线性的?但有一点是不争的事实,即认清并把握环境规制的倒逼规律,因势利导地利用好环境规制就能实现生态环境保护与经济发展的双赢,而这也即是破解资源型城市产业转型升级难题的重要切入点和突破口。

然而,由于我国资源型城市的数量约占全部城市的40%,并且在26个省(自治区)均有分布,环境规制对产业转型升级的倒逼效应在不同区域的资源型城市可能不尽相同。同时,资源型城市作为一种特殊的城市类型,包含了成长型、成熟型、衰退型以及再生型等多种类型,环境规制对产业转型升级的倒逼效应在不同类型的资源型城市也可能具有一定的差异性,本书是围绕环境规制对我国资源型城市产业转型升级的倒逼效应以及在不同区域、不同类型资源型城市的差异性展开研究,深入分析环境规制影响产业转型升级的作用机制,以及环境规制影响产业转型升级的作用机制在我国不同区域、不同类型资源型城市表现的差异性。此外,从空间效应角度,分析环境规制影响产业转型升级的空间效应,深入分析环境规制对我国不同区域、不同类型资源型城市产业转型升级空间效应的差异性。

第二节 相关概念界定

一、环境规制

环境规制(Environmental Regulation)是指以环境保护为目的,通过制定

[①] 这一观点在学术界被称为"波特(Porter)假说",在第二章的理论基础部分会进行详细的解释。

和实施各种形式的约束性政策与措施,对企业、组织及个体的经济活动进行调节的政府管理活动[5]。"规制"可以理解为"规则及规则的约束",即同时包含"规则本身"和"规则之治"双重含义①,从构成要素上来看,规制包含了规制的主体、规制的对象、规制的性质以及规制的目的及意义等基本要素。具体而言,规制的主体为规制部门(本书谨指政府),规制的对象主要为企业、组织及个体;规制的本质属性为约束性;规制的存在是由于外部性和在公共物品领域等因素的存在,仅依靠市场机制无法实现资源的有效配置,因此必须通过实施政府规制来矫正市场失灵问题,从而更加有效地促进资源的合理配置。

由于环境污染具有一定的负外部性,同时生态环境又是一种典型的公共物品,所以必须通过政府干预矫正市场失灵,政府应制定有关的环境规制政策与措施对企业、组织及个体的经济活动进行调节,从而实现保护生态环境与发展经济相协调的规制效果。从环境规制的类型来看,主要包括正式环境规制和非正式环境规制。正式环境规制(或称显性环境规制)主要是指存在于各种有形文件的政策、法规、制度、协议以及条例等的规制手段;而非正式环境规制②(或称隐性环境规制)则为依靠有形文件规制之外的一切规制手段。其中,正式环境规制又包括了行政命令型环境规制、市场激励型环境规制以及社会参与型环境规制③三种:行政命令型环境规制指的是政府依法对企业、组织及个体的环境污染行为直接进行行政执法查处,这种类型的环境规制在短期内成效显著,但容易抑制生产的积极性并增加生产成本;市场激励型环境规制主要由政府使用征收环保税费或者采取奖补措施等市场化工具来引导企业采取清洁生产和减少污染排放,这种类型的环境规制有助于提高生产效率并且降低规制成本,但一般不能立竿见影地起到规制效果,需要通过价格信号的传导机制调节资源配置;社会参与型环境规制主要包括三类,第一是企业自愿公开披露环境信息,第二是企业、组织及个体在政府的引导下自愿参与环保合作计划,第三是社会公众、舆论媒体以及环保非政府组织(ENGO)对于环境问题的关注、监督和意见表达[6],这种类型的环境规制运用方式较为灵活,有助于提升社会环保意识,共同营造良好的社会环保氛围,推动形成绿色发展方式和生活方式,但是这种

---

① Regulate 的起源与演化[EB/OL]. http://www.eol.cn/day_words_7812/20090331/t20090331_369601.shtml.
② 非正式环境规制的概念最早由 Pargal 和 Wheeler 以工作论文 *Informal Regulation of Industrial Pollution in Developing Countries:Evidence of Indonesia* 的形式提出。
③ 社会参与型环境规制也称之为自愿型环境规制。

类型的环境规制形成过程较为缓慢,在我国运用的也相对较少。

二、资源型城市

资源型城市(Resource-Based City)是指依托当地自然资源而兴起或发展,以围绕不可再生资源开发而建立的采掘业和初级加工业为主导产业的工业城市类型。根据当前我国资源型城市建设发展的指导性文件《全国资源型城市可持续发展规划(2013～2020年)》[①],我国现有262个资源型城市[②],其中包括126个地级资源型城市、120个县级资源型城市以及16个市辖区(开发区、管理区)。我们将全国126个地级资源型城市作为研究对象,可以发现,我国资源型城市在25个省级行政区划均有分布,其中,陕西省和四川省的资源型城市最多,均为10个;浙江省、青海省以及宁夏回族自治区的资源型城市最少,各自仅有1个。从区域层面来划分(表1-1)[③],我国的资源型城市主要集中于中西部地区,中部地区共有37个资源型城市,西部地区共有46个资源型城市,而我国东部地区共有20个资源型城市,东北地区共有23个资源型城市。从资源型城市的城市类别来看,我国成熟型资源型城市共有66个,在所有类型的资源型城市中占据比例最大,衰退型资源型城市和成长型资源型城市的所占比例次之,分别为24个和20个,再生型资源型城市的数量最少,仅为16个。

---

① 《全国资源型城市可持续发展规划(2013～2020年)》由国务院于2013年发布,具体内容涉及规划背景、总体要求、分类引导各类城市科学发展、有序开发综合利用资源、构建多元化产业体系、切实保障和改善民生、加强环境治理和生态保护、加强支撑保障能力建设以及支持政策和保障措施。
② 我国资源型城市按照资源种类划分包括了煤炭城市、森工城市、有色冶金城市、石油城市、黑色冶金城市以及其他,其中,煤炭城市的数量最多,占全部类型城市的56%;森工城市的数量次之,占18%;有色冶金城市、石油城市以及黑色冶金城市分别占10%、8%和7%。
③ 根据我国四大经济区域划分,东北地区包括黑龙江省、吉林省、辽宁省、内蒙古自治区东部的呼伦贝尔市、兴安盟、通辽市、赤峰市、锡林郭勒盟;中部地区包括山西省、河南省、湖北省、湖南省、江西省、安徽省;东部地区包括北京市、天津市、河北省、山东省、江苏省、上海市、浙江省、福建省、广东省、海南省;西部地区包括重庆市、四川省、广西壮族自治区、贵州省、云南省、陕西省、甘肃省、内蒙古自治区西部、宁夏回族自治区、新疆维吾尔自治区、青海省、西藏自治区。

第一章 绪 论

表1-1 我国资源型城市的四大区域分布

区域	省自治区	资源型城市
东部地区	河北	张家口市、承德市、唐山市、邢台市、邯郸市
	江苏	徐州市、宿迁市
	浙江	湖州市
	福建	南平市、三明市、龙岩市
	山东	东营市、淄博市、临沂市、枣庄市、济宁市、泰安市、莱芜市
	广东	韶关市、云浮市
中部地区	山西	大同市、朔州市、阳泉市、长治市、晋城市、忻州市、晋中市、临汾市、运城市、吕梁市
	安徽	宿州市、淮北市、亳州市、淮南市、滁州市、马鞍山市、铜陵市、池州市、宣城市
	江西	景德镇市、新余市、萍乡市、赣州市、宜春市
	河南	三门峡市、洛阳市、焦作市、鹤壁市、濮阳市、平顶山市、南阳市
	湖北	鄂州市、黄石市
	湖南	衡阳市、郴州市、邵阳市、娄底市
西部地区	内蒙古	包头市、乌海市、鄂尔多斯市
	广西	百色市、河池市、贺州市
	四川	广元市、南充市、广安市、自贡市、泸州市、攀枝花市、达州市、雅安市、阿坝藏族羌族自治州、凉山彝族自治州
	贵州	六盘水市、安顺市、毕节市、黔南布依族苗族自治州、黔西南布依族苗族自治州
	云南	曲靖市、保山市、昭通市、丽江市、普洱市、临沧市、楚雄彝族自治州
	陕西	延安市、铜川市、渭南市、咸阳市、宝鸡市、榆林市
	甘肃	金昌市、白银市、武威市、张掖市、庆阳市、平凉市、陇南市
	青海	海西蒙古族藏族自治州
	宁夏	石嘴山市
	新疆	克拉玛依市、巴音郭楞蒙古自治州、阿勒泰地区

续表

区域	省自治区	资源型城市
东北地区	内蒙古	赤峰市、呼伦贝尔市
	辽宁	阜新市、抚顺市、本溪市、鞍山市、盘锦市、葫芦岛市
	吉林	松原市、吉林市、辽源市、通化市、白山市、延边朝鲜族自治州
	黑龙江	黑河市、大庆市、伊春市、鹤岗市、双鸭山市、七台河市、鸡西市、牡丹江市、大兴安岭地区

从我国不同类型的资源型城市的区域分布来看,成长型资源型城市广泛分布于西部地区,共有18个,占比高达90%,而中部地区和东北地区的成长型资源型城市各有1个,仅各占5%(图1-1)。成熟型资源型城市在中西部地区分布较多,其中,中部地区为25个,西部地区为21个,所占比例分别为38%和32%,而东部地区和东北地区的成熟型资源型城市分布较少,分别为13个和8个,所占比例分别为20%和10%(图1-2)。就衰退型资源型城市而言,东北地区的衰退型资源型城市最多,共有9个,所占比例达到38%,而中部地区和西部地区的衰退型资源型城市分别为8个和5个,占比分别为33%和21%,东部地区的衰退型资源型城市最少,仅为2个(图1-3)。我国再生型资源型城市的区域分布相对均匀,其中,在东北地区和西部地区的分布数量均为4个,各占25%,而在中部地区有5个再生型资源型城市,占到31%,在东部地区有3个再生型资源型城市,占到19%(图1-4)。

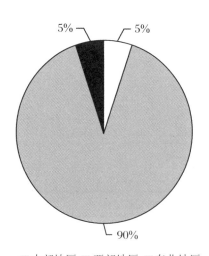

图1-1 成长型资源型城市的区域分布

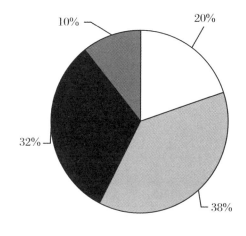

图1-2 成熟型资源型城市的区域分布

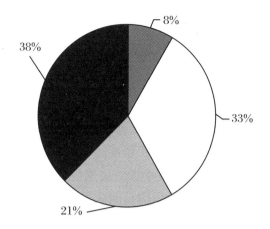

图 1-3　衰退型资源型城市的区域分布

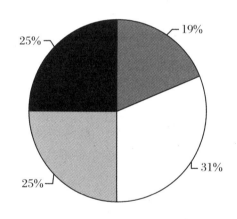

图 1-4　再生型资源型城市的区域分布

三、产业转型升级

产业转型升级(Industrial Transformation and Update)包含了"转型"和"升级"双重含义,其中,第一重"转型"指的是生产结构的调整和生产方式的转变,生产结构的调整表现为驱动产业发展的生产投入由资金和劳动力密集型向技术和知识密集型转变,整合多方优势资源力量,扩大生产规模,转变生产经营管理模式,并采取多元化经营手段,发挥规模经济和范围经济效应,降低边际生产成本,提高生产质量。而生产方式的转变主要体现在由粗放型生产方式转变为集约型生产方式,革新生产技术,提高生产效率,保护生态和减少环境污染,提高资源综合利用率,降低单位生产能耗和排放,不断提升产品的附加值,增强产业的市场竞争力。第二重"升级"指的是产业结构向高级化①(Industrial Structure Supererogation)方向发展,即是由第一产业转向第二产业进而向第三产业演进的过程。在产业结构变迁的历程中,资本、劳动力等生产要素在市场机制的作用下能够自由流动,而在社会投资、消费需求、政府干预、进出口贸易以及技术进步等因素的影响下,各类生产要素将朝着更加有利于资源优化配置的方向流动,由于三次产业的产值结构的高级化、劳动力结构的高级化等生产要素的高级化程度呈现出递增的规律,因此,第三产业在产业结构中所占比例的增加逐渐成为产业结构升级的重要特征。

此外,产业转型升级还应注重产业结构的动态调整,即产业结构的合理化(Industrial Structure Rationalization)导向。产业结构的合理化反映了产业间的协调程度以及产业间的聚合质量,可以将其看作是对产业间比例关系以及要素投入结构和产出结构耦合程度的一种度量。合理的产业结构应保持三次产业之间均衡的比例关系,包括三次产业产值结构和劳动力结构的均衡比例、中间产品和最终产品的均衡比例以及主导产业与关联产业的均衡比例,同时还应增强产业要素投入结构和产出结构的耦合性,提高产出结构对市场需求结构的适应性,并且最大限度地发挥产业结构对就业促进的带动效应,实现要素资源的优化配置。

第三节 研究目的与意义

一、研究目的

本书在对环境规制与资源型城市产业转型升级的国内外相关文献和基础理论进行梳理的基础上,分析了我国环境规制的演变及现状、我国资源型城市

---

① 也有学者将产业结构高级化称为产业结构高度化或者经济结构服务化。

产业转型升级的特征事实,并在此基础之上进一步深入研究环境规制对我国资源型城市产业转型升级的影响,从而达到以下研究目的:

第一,通过研究验证环境规制对我国资源型城市产业转型升级的倒逼效应能否成立以及环境规制对我国资源型城市产业转型升级影响的"门槛效应"是否存在。在研究环境规制倒逼资源型城市产业转型升级的总体效应基础上,进一步分析环境规制对我国不同区域、不同类型资源型城市产业转型升级倒逼效应的差异性,并且依据门槛值估计和门槛回归结果,分析处于不同门槛区间的环境规制强度对资源型城市产业转型升级的影响效应以及我国不同区域、不同类型资源型城市环境规制强度所处的门槛区间及其对产业转型升级的影响。

第二,深入探讨环境规制对资源型城市产业转型升级的影响机制。基于政府环境规制竞争、绿色技术创新、产业集聚以及外商直接投资四个维度,研究环境规制影响资源型城市产业转型升级的作用机制,在回答环境规制能否影响资源型城市产业转型升级的基础上,进一步回答环境规制是如何影响资源型城市产业转型升级的问题,并且在此基础上分析环境规制影响资源型城市产业转型升级的作用机制在我国不同区域、不同类型资源型城市表现的差异性。

第三,基于空间视角分析环境规制倒逼资源型城市产业转型升级的空间效应。在空间效应机理模型分析的基础上,利用空间计量建模技术研究环境规制倒逼资源型城市产业转型升级的空间效应,并且将空间效应分解为本地环境规制倒逼本地资源型城市产业转型升级的直接效应和邻近地区环境规制倒逼本地资源型城市产业转型升级的间接效应(空间外溢效应),进而剖析环境规制倒逼资源型城市产业转型升级的空间外溢效应。此外,进一步分析环境规制倒逼我国不同区域、不同类型资源型城市产业转型升级的空间效应的差异性。

第四,从环境规制的产业转型升级倒逼效应角度,提出利用环境规制倒逼我国资源型城市产业转型升级的具体策略。根据环境规制对资源型城市产业转型升级的倒逼效应、作用机制以及空间效应,从优化环境规制政策、优化财税体制与考核目标、加强绿色技术创新、促进产业集聚、提高利用外资水平、加强跨行政区域交流与合作等角度,提出我国资源型城市利用环境规制倒逼产业转型升级的主体性策略。同时,结合环境规制对不同区域、不同类型资源型城市产业转型升级的倒逼效应、作用机制以及空间效应的差异性,以及我国不同区域、不同类型资源型城市的具体实际,提出我国不同区域、不同类型的资源型城市利用环境规制倒逼产业转型升级的差异性策略。

二、研究意义

（一）理论意义

一是深化了环境规制的理论研究，拓展了波特假说理论的适用性领域和范围层次。本书系统梳理和分析了我国环境规制的演变及现状，利用动态面板回归方法研究环境规制对于产业转型升级的影响，深化了环境规制的理论研究。同时，本书选取我国116个资源型城市2008～2020年的数据作为研究样本，验证环境规制对我国资源型城市产业转型升级的倒逼效应能否成立，并且将波特假说理论由环境规制对企业生产力的影响层面拓展为环境规制对于产业转型升级的影响层面，拓展了波特假说理论的适用性领域和范围层次。

二是丰富了资源型城市产业转型升级的理论研究。本书打破了既有研究对于资源型城市产业转型升级的研究惯性，以环境规制的产业转型升级倒逼效应为切入点，深入剖析资源型城市的产业结构特征，分析得出资源型城市的产业发展困境以及资源型城市产业转型升级的制约因素，实证研究环境规制对资源型城市产业转型升级的倒逼效应、作用机制以及空间效应，提出一系列促进资源型城市产业转型升级的政策建议，丰富了资源型城市产业转型升级的理论研究。

三是形成了一套较为完整的环境规制影响资源型城市产业转型升级的研究体系。本书按照"问题提出—理论研究—现状研究—实证研究—对策研究"的研究思路，着重研究了环境规制对资源型城市产业转型升级的倒逼效应、作用机制以及空间效应，回答了环境规制能否倒逼资源型城市产业转型升级、环境规制如何影响资源型城市产业转型升级以及环境规制影响资源型城市产业转型升级的空间效应等问题，形成了一套较为完整的环境规制影响资源型城市产业转型升级的研究体系，为学术界在本领域的研究做出了边际贡献，并为其他领域的相关研究提供了研究体系的参考。

（二）实践意义

首先，为破解我国资源型城市可持续发展困境提供了独特的思路。本书将环境规制的产业转型升级倒逼效应作为破解我国资源型城市可持续发展困境的切入点和突破口，在认清和把握环境规制的产业转型升级倒逼效应规律的基础上,因势利导地发挥环境规制倒逼产业转型升级的作用,最大限度地促进我国资源型城市产业转型升级。这为破解我国资源型城市可持续发展困境提供了独特的思路,对于实现我国资源型城市的生态环境保护与经济发展的双赢具有重要意义。

其次,有利于优化我国资源型城市环境规制政策工具,提高环境规制质量和水平。本书提出应根据环境规制对我国不同区域、不同类型的资源型城市产业转型升级的倒逼效应、作用机制以及空间效应,因地制宜地实施差异化的环境规制政策,因势利导地发挥环境规制倒逼产业转型升级的作用,这有利于优化我国资源型城市环境规制政策工具,提高环境规制质量和水平。

最后,有助于促进我国资源型城市产业发展迈上更高台阶。本书提出利用环境规制倒逼我国资源型城市产业转型升级的具体策略,即"主体性策略+差异性策略"。从优化环境规制政策、优化财税体制与考核目标、加强绿色技术创新、促进产业集聚、提高利用外资水平、加强跨行政区域交流与合作等角度,提出我国资源型城市利用环境规制倒逼产业转型升级的主体性策略。同时,结合我国不同区域、不同类型资源型城市的具体实际,提出我国不同区域、不同类型的资源型城市利用环境规制倒逼产业转型升级的差异性策略,并且形成了主体性策略与差异性策略相配合的策略矩阵,有助于推进我国资源型城市实现产业转型升级。

第四节 研究内容、研究方法及技术路线

一、研究内容

本书共分8章。第一章为问题提出,第二章、第三章和第四章为理论研究,第五章、第六章以及第七章为实证研究,第八章为对策研究。

第一章为绪论,交代了研究背景,提出了本书拟解决的问题,对环境规制、资源型城市以及产业转型升级等相关概念进行了界定,明确了研究目的,阐释了研究意义,介绍了研究内容、研究方法以及技术路线,提出了本书的研究特色与创新点。

第二章为文献综述与理论基础,系统梳理了国内外学术界关于资源型城市产业转型升级研究、环境规制对产业转型升级倒逼效应研究、环境规制影响产业转型升级作用机制研究以及环境规制影响产业转型升级空间效应研究的相关文献,并对国内外相关研究进行述评。阐述了关于环境规制、资源型城市以及产业转型升级的主要理论基础,包括环境库兹涅茨曲线理论、外部性与规制理论、波特假说理论、资源诅咒理论、路径依赖理论、资源型城市发展的生命周期理论、马克思社会再生产理论、配弟-克拉克定理、霍夫曼定理、钱纳里工业化阶段理论以及产业再造理论。

第三章为我国环境规制的演变及现状分析,系统梳理了我国环境规制政策演进,分析了我国环境规制体系的构成要素。利用改进的熵值法测度了我国资源型城市的环境规制强度,分析了我国资源型城市环境规制强度的变化情况、我国资源型城市环境规制强度特征以及我国不同区域、不同类型资源型城市环境规制强度的差异性。以安徽省淮南市为例,具体分析了我国环境规制倒逼资源型城市产业转型升级的典型实践。

第四章为我国资源型城市产业转型升级的特征事实分析,从三次产业产值结构、三次产业就业结构、企业总产值及利润以及三次产业比较劳动生产率等方面分析了我国资源型城市产业结构的变化情况以及产业结构特征,并且比较分析了我国不同区域、不同类型资源型城市的产业结构差异性。基于我国资源型城市的产业结构特征分析,得出我国资源型城市产业发展的困境,分析了我国资源型城市产业转型升级的制约因素。

第五章为环境规制影响资源型城市产业转型升级:理论模型与实证检验。基于改进的 Alvarez-Cuadrado 模型,实证分析了环境规制对我国资源型城市产业转型升级的倒逼效应,并且比较分析了我国不同区域、不同类型的资源型城市环境规制对资源型城市产业转型升级倒逼效应的差异性。基于环境规制对资源型城市产业转型升级的非线性影响假设,研究了环境规制对资源型城市产业转型升级影响的门槛效应,并且比较分析了我国不同区域、不同类型资源型城市环境规制对资源型城市产业转型升级影响的门槛效应差异性,并且界定了倒逼资源型城市产业转型升级的"最优"和"次优"环境规制强度区间。

第六章为环境规制影响资源型城市产业转型升级:作用机制分析,基于政府环境规制竞争、绿色技术创新、产业集聚以及外商直接投资四个维度,研究了环境规制影响资源型城市产业转型升级的作用机制,在回答了环境规制能否影响资源型城市产业转型升级的基础上,进一步回答了环境规制是如何影响资源型城市产业转型升级的问题,并且在此基础上比较分析了环境规制影响资源型城市产业转型升级的作用机制在我国不同区域、不同类型资源型城市表现的差异性。

第七章为环境规制影响资源型城市产业转型升级:空间效应分析,基于环境规制倒逼产业转型升级的空间效应机理模型,利用空间计量建模技术分析了环境规制倒逼资源型城市产业转型升级的空间效应,并且深入分析本地环境规制倒逼本地资源型城市产业转型升级的直接效应和邻近地区环境规制倒逼本地产业转型升级的间接效应(空间外溢效应),此外,比较分析了环境规制倒逼我国不同区域、不同类型的资源型城市产业转型升级的空间效应的差异性。

第八章为主要结论、政策建议及研究展望,总结了全书的研究内容,提出了利用环境规制倒逼我国资源型城市产业转型升级的具体策略,即"主体性策略+差异性策略"。主体性策略包括优化环境规制政策、优化财税体制与考核目标、加强绿色技术创新、促进产业集聚、提高利用外资水平、加强跨行政区域交流与合作等,同时,在主体性策略的基础上,结合环境规制对不同区域、不同类型资源型城市产业转型升级的倒逼效应、作用机制以及空间效应的差异性以及我国不同区域、不同类型资源型城市的具体实际,提出了我国不同区域、不同类型的资源型城市利用环境规制倒逼产业转型升级的差异性策略,并且形成了主体性策略与差异性策略相配合的策略矩阵。此外,还从样本数据层次拓展、资源型城市的行业类型区分、环境规制类型与产业转型升级维度划分以及探索可能存在的其他作用机制等角度指出了研究不足及展望。

二、研究方法

(一)文献分析法

系统梳理国内外学术界关于资源型城市产业转型升级研究、环境规制对产业转型升级倒逼效应研究、环境规制影响产业转型升级作用机制研究以及环境规制影响产业转型升级空间效应研究的相关文献,总结既有研究取得的进展与不足。阐述关于环境规制、资源型城市以及产业转型升级的主要理论基础,为本书的研究提供相应的理论依据。分析梳理我国的环境规制政策演进,从而为我国的环境规制现状分析奠定基础。

（二）统计与计量分析法

利用改进的熵值法对我国环境规制强度进行测度，统计分析我国资源型城市的三次产业产值结构、三次产业就业结构、企业总产值及利润、三次产业比较劳动生产率，基于第三产业产值与第二产业产值的比值与泰尔指数合成产业转型升级指数。利用系统 GMM 估计方法研究环境规制对资源型城市产业转型升级的倒逼效应；利用面板门槛回归研究环境规制对资源型城市产业转型升级影响的门槛效应；通过构建动态面板交互项模型分别研究环境规制在政府环境规制竞争、绿色技术创新、产业集聚以及外商直接投资作用下对资源型城市产业转型升级的影响机制；通过构建空间计量模型，利用空间相关性分析、SDM 模型分析环境规制影响资源型城市产业转型升级的空间效应。

（三）数学建模法

构建扩展的 Alvarez-Cuadrado 模型，推导环境规制倒逼资源型城市产业转型升级的原理，根据清洁型生产部门与污染型生产部门劳动量的比值的动态均衡求解，分析两部门相对价格水平、相对工资水平以及相对资本累积水平的变化情况，得出政府实施环境规制的最优值，并且提出环境规制倒逼资源型城市产业转型升级的研究假设。在研究环境规制影响资源型城市产业转型升级的空间效应时，继续在最优政府环境规制下的产业转型升级模型的基础上推导空间效应机理，并且对空间外部性与空间遗漏效应进行分解，得出空间外溢效应的长期均衡水平，从而提出相应的研究假设。

（四）案例分析法

选取安徽省淮南市作为我国环境规制倒逼产业转型升级的典型案例进行分析。安徽省淮南市是我国中部地区的成熟型资源型城市，环境规制倒逼产业转型升级的成效显著，因而具有一定的代表性。在资料分析和实地调研相结合的基础上，对淮南市资源型城市的发展背景和现状进行了概述，分析了淮南市实施环境规制的举措和推进产业转型升级的举措，并且从淮南市强化环境规制以后生态环境质量变化和产业发展变化的两个维度评价了环境规制倒逼产业转型升级的实施效果。

（五）比较分析法

在环境规制强度测度的基础上，比较分析我国不同区域、不同类型的资源型城市的环境规制强度;在我国资源型城市产业结构特征统计的基础上,比较分析我国不同区域、不同类型资源型城市的产业结构特征;在环境规制倒逼资源型城市产业转型升级的总体效应基础上,比较分析环境规制对我国不同区域、不同类型资源型城市产业转型升级的倒逼效应的差异性,以及我国不同区域、不同类型资源型城市环境规制强度所处的门槛区间及其对产业转型升级的影响;在环境规制影响资源型城市产业转型升级作用机制分析的基础上,比较分析环境规制影响资源型城市产业转型升级的作用机制在我国不同区域、不同类型资源型城市表现的差异性;在环境规制影响资源型城市产业转型升级空间效应的基础上,比较分析环境规制影响我国不同区域、不同类型的资源型城市产业转型升级的空间效应的差异性。

三、技术路线

技术路线图见图1-5。

第五节 研究的创新点

第一,首次以我国资源型城市作为研究样本,基于改进的 Alvarez-Cuadrado 模型推导出环境规制倒逼资源型城市产业转型升级的原理,利用系统 GMM 估计方法验证了环境规制对我国资源型城市产业转型升级的倒逼效应能否成立,利用面板门槛回归研究了环境规制对资源型城市产业转型升级的非线性影响,分析了环境规制对我国资源型城市产业转型升级影响的"门槛效应",依据门槛值估计和门槛回归结果,界定了倒逼资源型城市产业转型升级的"最优"和"次优"环境规制强度区间。

第二,根据我国四大区域划分和资源型城市类型,将我国资源型城市的样本划分为东部地区、中部地区、西部地区、东北地区四大区域的资源型城市,以及成长型、成熟型、衰退型、再生型四种类型的资源型城市,综合运用实证分析和比较分析方法研究了环境规制对我国不同区域、不同类型资源型城市产业转型升级的倒逼效应的差异性以及我国不同区域、不同类型资源型城市环境规制强度所处的门槛区间及其对产业转型升级的影响。

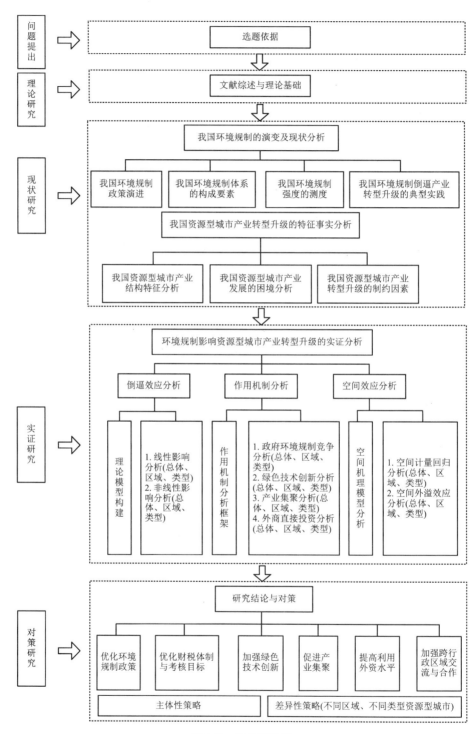

图 1-5 技术路线图

第三,基于政府环境规制竞争、绿色技术创新、产业集聚以及外商直接投资四个维度,研究了环境规制影响资源型城市产业转型升级的作用机制,在回答了环境规制能否影响资源型城市产业转型升级的基础上,进一步回答了环境规制是如何影响资源型城市产业转型升级的问题,并且在此基础上分析了环境规制影响资源型城市产业转型升级的作用机制在我国不同区域、不同类型资源型城市表现的差异性。

第四,在改进的 Alvarez-Cuadrado 模型基础上进一步推导出环境规制影响资源型城市产业转型升级的空间效应机理模型,利用空间相关性分析、SDM 模型分析了环境规制影响资源型城市产业转型升级的空间效应,并且将空间效应分解为本地环境规制影响本地资源型城市产业转型升级的直接效应和邻近地区环境规制影响本地资源型城市产业转型升级的间接效应(空间外溢效应),进而剖析了环境规制影响资源型城市产业转型升级的空间外溢效应。此外,通过构建"经济——地理嵌套式"空间权重矩阵检验了空间效应的稳健性。在此基础上,还进一步分析了环境规制影响我国不同区域、不同类型的资源型城市产业转型升级的空间效应的差异性。

第五,根据环境规制对资源型城市产业转型升级的倒逼效应、作用机制以及空间效应,提出了利用环境规制倒逼我国资源型城市产业转型升级的具体策略,即"主体性策略+差异性策略"。主体性策略包括优化环境规制政策、优化财税体制与考核目标、加强绿色技术创新、促进产业集聚、提高利用外资水平、加强跨行政区域交流与合作等。同时,结合环境规制对不同区域、不同类型资源型城市产业转型升级的倒逼效应、作用机制和空间效应的差异性以及我国不同区域、不同类型资源型城市的具体实际,提出了我国不同区域、不同类型的资源型城市利用环境规制倒逼产业转型升级的差异性策略。通过实施主体性策略与差异性策略相配合的策略矩阵,能够因势利导地发挥环境规制倒逼资源型城市产业转型升级的作用,从而达到最有效地推进我国资源型城市产业转型升级的目标。

第二章 文献综述与理论基础

第一节 国内外研究综述

一、资源型城市产业转型升级的文献综述

有关资源型城市产业转型升级的理论与实践研究主要是把脉资源型城市产业转型升级的障碍、评价资源型城市产业转型升级的效果、探寻资源型城市产业转型升级的出路等方面,致力于破解资源型城市产业转型升级的难题。1933年,加拿大多伦多大学 Innis 教授最早提出了资源型城市产业的资源依赖问题,他在《加拿大的原材料生产问题》一书中指出资源型城市的产业发展与资源存量密切相关,资源型城市在初期阶段的产业发展主要依托对自然资源的开采与加工,而随着资源的消耗殆尽,资源型城市的产业发展也将走向衰落。Newton(1987)研究发现资源型城市相对于非资源型城市存在第二产业所占比例明显偏大、资源集约利用水平不高以及产业竞争力相对较弱等方面的制约性问题,因此迫切需要产业转型升级[7]。杨继瑞等(2011)认为资源型城市既面临着资源枯竭的困境,同时又背负着经济结构单一、生态环境破坏严重、社会负担加剧等一系列问题,这些因素都成为资源型城市产业转型升级的阻碍[8]。Tonts(2013)通过对 *The Western Australian Goldfields* 的资源开发与利用进行研究,发现资源勘探和开采技术水平的制约以及社会资本对装备制造业和服务业投资的稀缺使得资源型城市的产业发展陷入瓶颈[9]。杨宇等人(2016)从产业空间分布的视角分析了我国东北地区资源型产业的转型升级障碍,研究结

果认为东北地区资源型产业的空间分布不均衡,不同类型的资源型城市产业空间集聚与扩散态势及其演化路径存在较大差异,且部分资源型城市对资源型产业的依赖度过高,严重影响了产业转型升级[10]。方杏村(2018)根据资源枯竭型城市的基本特点和演进规律分析了产业转型升级的复杂困局,他认为资源枯竭型城市不仅存在资源型产业衰退、非资源型产业发展不足、产业间关联度低等问题[11],还受到资源环境约束、国内外需求结构调整及经济下行压力加大等若干因素的制约,因此迫切需要发展接续替代产业,推进产业转型升级。

上述学者主要从资源型城市产业转型升级的困境及制约因素角度进行了分析,另外一部分学者侧重于实证分析与评价资源型城市产业转型升级效果,包括构建评价指标体系、优化评价方法、检验评价模型以及分析作用机理。Bradbury(1998)在生命周期模型的基础上增加"衰退"和"关闭"阶段,实证检验了加拿大和澳大利亚资源型城市的资源多重价值、产业转型升级以及竞争优势培育之间的多重关系[12]。徐涵蕾(2010)通过构建包含"资源、环境、经济、社会"子系统的产业协同能力评价模型,对资源型城市的产业协同技术机会以及可持续发展产业收益进行评价,评价指标体系包括了资源结构调整与转化能力、优势产业再选择与再配置能力、产业间协作能力、市场取向调整能力以及技术创新能力等[13]。郭水珍和严丹屏(2012)运用比较劳动生产率、产业结构偏离度、偏离-份额方法对湖北省黄石市的产业结构升级效益进行了评价,结果显示产业结构升级取得了一定程度的改善,但是仍然受制于产业基础薄弱、资源过度依赖以及接续替代产业发展不足等因素的影响[14]。孙浩进(2014)利用主成分分析法和聚类分析从经济增长率、第三产业增加值占GDP的比例、工业废水达标处理率等16个维度评价了我国资源型城市的产业转型升级效果,计算得出包头、马鞍山和嘉峪关为产业转型升级效果最优的3个城市[15]。刘晓萌(2018)分别构建了集成学习综合评价模型、EM-SEM作用机理模型及SEM-ARMA预测模型,评价了安徽省淮南市2006~2015年的产业转型升级效果、路径与机理,并从产业结构影响因素、经济发展水平以及资源利用与保护等层面展开预测[16]。赵洋(2019)将"生态"和"经济"指标纳入评价体系,利用交叉效率评价方法评价了我国102个资源型城市的产业绿色转型效率,研究结论表明样本数据的效率值在10年内上升了25%,且资源依赖程度、公有制经济所占比例、工业固体废弃物生产量等因素抑制了效率提升[17]。

此外,还有学者从资源型城市产业转型升级的模式、路径、政策及保障进行了相关研究。20世纪50年代以来,北美、西欧及日本的Hubbert, Lucas,

Marsh以及O'Faireheallaigh等一大批学者相继总结了德国鲁尔区煤炭产业改造模式、美国休斯顿石油产业延伸模式、法国洛林钢铁产业更新模式、日本九州高新产业政策支持模式等世界典型资源型城市产业转型升级的模式。Luis Suazervilla(1985)根据资源型城市发展的生命周期,指出应在资源型城市的不同发展阶段采取不同的产业引导政策,特别是在资源型城市的转型期应积极推进产业转型升级,避免陷入产业衰落和城市衰败陷阱[18]。张文忠等人(2011)提出了资源型城市接续替代产业发展的产业链延伸发展模式、搬迁开发模式、退矿进一发展模式、退矿进二发展模式以及退矿进三发展模式,并且提出了不同发展阶段城市的接续替代产业发展路径和针对"生态、经济、社会"不同矛盾问题的接续替代产业发展路径,以及从体制、规划、资金、人才、科技等方面构建接续替代产业发展支撑体系[19]。姚平和姜曰木(2013)研究认为技术创新是产业转型升级的内部推动力,制度创新是产业转型升级的外部拉动力,通过技术创新与制度创新的协同驱动,能够有效促进资源型城市的实现产业转型升级[20]。支大林(2015)研究发现通过推进产业多元化、规范资源开发利用、推动产业和科技融合以及引导吸纳资源财富当地资本化,能够破解资源型城市产业转型升级的锁定效应、外部效应、挤出效应和财富流失效应[21]。杨文越等人(2017)结合东北地区资源型城市的产业发展特征,提出实施差异化的产业调整方案、加快技术创新体系建设、推动资源型城市产业"精准化"、优化资源型城市产业空间配置以及充分利用国内外两种资源保障等政策建议[22]。李虹(2017)指出我国资源型城市的转型发展需要培育新动能,应在这一过程中建立财政支出的最优配置和预期管理机制、不断优化市场化机制和投资环境、避免新的同质化竞争、积极争取成为科技成果转化试验地以及防范系统性金融风险[23]。窦睿音等人(2019)利用系统动力学研究方法,对内蒙古鄂尔多斯自然发展模式、农牧业发展模式、工业重点发展模式、第三产业重点发展模式、环境保护发展模式以及循环协调发展模式等转型发展模式进行仿真实验,结果显示循环协调发展模式的效果最优,能够实现资源、环境、经济、社会子系统的耦合[24]。

二、环境规制对产业转型升级倒逼效应的文献综述

环境规制与产业转型升级的复杂关系一直是学术界探讨的焦点,产业转型升级强调提高产业技术含量及附加值、降低污染排放和能耗、实现内涵式发展和集约化转型,而环境规制作为一种矫正环境污染负外部性的政府行为,具备

通过对企业施加资源环境约束形成驱动产业转型升级的内在激励机制的可能性。但是,环境规制能否倒逼产业转型升级存在"遵循成本说"和"创新补偿论"的争论。以 Gray(1987)为代表的新古典学派基于企业和部门的成本结构和市场结构特征,指出企业遵循环境规制的成本抬高了企业的生产成本,导致企业在市场竞争中处于不利地位,进而阻碍了产业转型升级。Ollinger 等(1998)、Levinson & Taylor(2008)、Millimet 等(2009)以及 Ryan(2012)分别从绿色壁垒、产业竞争力衰弱、生产性投资挤占及边际生产成本上升等角度佐证了这一观点[25-28]。然而,Porter 及其合作者 Linde 分别在 1991 年和 1995 年发表的 *Towards a Dynamic Theory of Strategy*、*Toward a New Conception of the Environment-Competitiveness Relationship* 中驳斥了这种观点。他们认为环境规制虽然使得企业需要付出较多额外的生产成本和代价,但是企业的绿色技术创新能力和核心竞争力将会得到激发,从而形成创新补偿收益,推进产业转型升级[29-30]。Anastasios-Aart(1999)、Domazlicky-Weber(2004)、黄德春和刘志彪(2006)、Lanoie 等人(2011)、Ramanathan 等(2017)分别从产业核心资本变迁、产业全要素生产率提升、企业内生技术变化、企业研发投入的引致、企业绩效和收益增加的角度验证了波特假说的成立[31-35]。

随着研究方法的不断进步和研究领域的不断细化,越来越多的学者基于动态演化的视角研究发现环境规制对产业转型升级的倒逼机制实现的关键在于创新补偿收益能否抵消和超越遵循环境规制成本。Burton 等(2011)的理论模型推导结果显示,当企业的创新补偿收益不足以抵消遵循环境规制成本,则环境规制对产业转型升级的倒逼机制无法实现;当企业的创新补偿收益刚好能够抵消遵循环境规制成本,则进行环境规制与不进行环境规制对产业转型升级的作用效果相同;当企业的创新补偿收益超越了遵循环境规制成本,则环境规制对产业转型升级的倒逼机制得以实现[36]。这一理论模型是在 Baumol & Oates(1988)、Nouriel & Alberto(1992)以及 Berman & Bui(2001)的研究基础上融入内生增长理论拓展得出的,从宏观层面上解释了环境规制对产业转型升级的倒逼效应[37-39],并且得到了李强(2013),Francisco & Lima(2015),Liu(2016)的数学证明[40-42]。

此外,还有一部分学者从实证分析的角度研究环境规制对产业转型升级的倒逼效应,他们发现这二者之间并不是普通的线性关系,而是存在着非线性影响的"U"形或倒"U"形关系,且这种非线性影响将会受到行业异质性、区域异质性以及其他因素的影响,进而表现出异质性的影响特征。Lanoie 等(2011)在对 7 个 OECD 国家的 4 200 家企业做压力测试后发现,自始至终都受到较强环境规制的企业绩效明显高于其他组的企业绩效,而只在一开始受到一个周期环境规制的企业绩效则低于其他企业绩效,这表明环境规制的影响可能存在拐点(Tobias 等,2017)[33,43]。张成等(2011)利用中国的省际面板数据实证得出了环境规制与企业生产技术进步之间的"U"形关系,认为初始环境规制阻碍了企业的生产技术进步,随着环境规制的"生态"与"经济"效应发挥,企业的生产技术进步效率和产品竞争力将会不断提升,从而有利于实现产业转型升级[44]。查建平(2015)从环境全要素生产率分解的角度进行了研究,认为环境规制对推进我国工业经济绿色发展的转变具有积极的作用,并且认为我国当前的环境规制强度仍处于倒"U"形曲线的左端,需要进一步加大环境规制力度[45]。从行业异质性和区域异质性的角度来看,李玲和陶锋(2012)发现环境规制对重污染行业产业转型升级的影响效果显著,但对中度污染行业和轻度污染行业的影响呈现"U"形变化关系[46]。阮陆宁等(2017)的研究结论表明环境规制对产业转型升级的影响关系在经济欠发达地区表现为"U"形曲线的左端的形式,而在经济发达地区则表现为"U"形曲线的右端的形式[47]。

更进一步地,许多学者在研究环境规制对产业转型升级的"U"形或倒"U"形影响的时候发现这种非线性影响关系不止存在一个拐点,并且具备存在门槛效应的可能性,环境规制对产业转型升级的影响依不同的门槛区间而异。原毅军和谢荣辉(2014)将工业污染排放强度设为门槛变量,发现当工业污染排放强度跨越第一个门槛值时,环境规制对产业结构调整的影响由负转正;而当工业污染排放强度超过第二个门槛值时,环境规制对产业结构调整的影响又变成了负向[48]。钟茂初等人(2015)同样发现环境规制影响产业结构调整具有两个门槛值,依据这两个门槛值将产业结构调整划分为外延式、半内涵式及内涵式阶段,处于外延式阶段的环境规制对产业转移和升级均无效,处于半内涵式的环境规制只能推进产业转移但无法促使产业升级,处于内涵式阶段的环境规制能够实现产业转移和产业升级的双赢[49]。孔令丞和张晶(2017)通过门槛效应检验得出环境规制强度的 3 个门槛值,当环境规制强度处于第一个门槛值以内、前两个门槛值之间以及第二个与第三个门槛值之间时,环境规制对产业转型升级的影响始终为正,并且这种正向影响程度依次递增;当环境规制强度处于第三个门槛值以外时,环境规制对产业转型升级产生负向影响[50]。李虹和邹庆(2018)基于资源型城市与非资源型城市的对比,将环境规制作为门槛变量研究得出环境规制对非资源型城市产业结构合理化的门槛效应不如资源型城市显著,而对资源型城市产业结构高级化的门槛效应的变化程度要比非资源型城市复杂[51]。

为了深入探究环境规制对产业转型升级的倒逼效应,学术界分别从环境规制与产业转型升级的内在维度分解及外在影响因素进行剖析。从内在维度分解来看,有的学者对环境规制类型做出了区分(原毅军和谢荣辉,2014;祁毓,2015;孙玉阳等,2018;高明和陈巧辉,2019)[45,52-54],并且将产业转型升级划分出更加细致的维度(孙坤鑫和钟茂初,2017;赵领娣和吴栋,2017;李虹和邹庆,2018),研究不同类型的环境规制对产业结构高级化和产业结构合理化的影响[52-56]。梁坤丽和刘亚丽(2018)研究发现山西省的正式环境规制强度在跨越门槛值以后均能显著促进产业结构高级化和产业结构合理化,但是非正式环境规制强度在跨越门槛值以后对于产业结构高级化和产业结构合理化的作用效果却产生了明显的差异性[57]。从外在影响因素来看,闫文娟(2012)、Ikazaki & Naito(2012)、Belova 等(2013)、薛曜祖(2016)以及纪玉俊和刘金梦(2016)指出劳动力结构是影响环境规制与产业转型升级的重要因素,合理的劳动力结构、劳动力流动以及人力资本水平的提升能够与产业转型升级产生双向互动,从而有效地促进环境规制就业效应的发挥[58-62]。傅京燕和李丽莎(2010)、高静和刘国光(2014)、宋德勇和赵菲菲(2019)将资源禀赋作为研究中关键的解释变量,分析其与环境规制及产业转型升级的影响关系,结果显示资源禀赋既可作为推进产业转型升级的驱动力,亦可变成阻碍产业转型升级的制约因素[63-65]。袁晓玲等(2019)结合资源禀赋的特征,进一步分析了其与产业结构升级及生态环境优化的互动关系[66]。赵红和扈晓影(2010)、张成和于同申(2012)以及龙小宁和万威(2017)研究认为利润率水平是重要的外部影响变量,合理的环境规制能够促进企业利润率的提升,从而实现产业转型升级的良性循环[67-69]。

三、环境规制影响产业转型升级作用机制的文献综述

研究环境规制影响产业转型升级的作用机制实质上就是对"环境规制是如何影响产业转型升级"做出了解释。一直以来,学术界大致从消费需求升级、财政分权、政绩考核、地方政府竞争、技术创新、产业集聚以及外商直接投资等角度分析了环境规制影响产业转型升级的传导机制和影响机理。Bjorner 等(2004)、肖兴志和李少林(2013)、梅国平(2013)以及 Bilgen(2014)认为环境规制改变了社会消费结构,消费者在绿色消费导向的影响下将会选择购买同等类

型品质商品中绿色价值含量更高的产品和服务。绿色价值含量更高意味着具备更高的附加值和竞争力,同时厂商也会按照市场选择逻辑,生产和提供满足市场需求的高质量绿色产品和服务,实现消费层次提升和产业结构升级[70-73]。但是,也有部分学者提出消费需求升级仅可作为市场竞争理论在环境规制领域的拓展和延续,并不是环境规制影响产业转型升级的作用机制,并且从生产要素配置、成本价格决定、不完全竞争与市场集中度等角度进行立论(Benjamin & Diane,2005;Benjamin & Diane,2006;Stephen,2012;刘和旺等,2019)[74,28,75]。

从财政分权与环境规制共同作用的角度来看,Jin 等(2005),Xu(2011)以及郑周胜(2012)指出在中国式财政分权制度结构的大背景下,中央政府与地方政府之间的财权与事权划分产生了结构性扭曲,导致地方政府在中央财政集中度逐渐上升的约束下,为满足不断扩张的事权与支出责任所承担的财政资金缺口压力也在不断增加[76-78]。闫文娟(2012)研究发现财政分权削弱了政府的环境治理投入,特别是对废水和废气的环境治理投入削减的尤为显著[55]。郭平和杨梦洁(2014)同样认为财政分权对政府治污投入具有负向影响,经测算得出财政支出分权度每上升1%,政府治污投资额将会下降24%[79]。祁毓(2014)基于我国分权体制下的环境规制研究了财政分权、环境分权及其对环境污染之间的影响关系,研究结论表明环境分权加剧了财政分权对环境保护的激励扭曲程度,并且造成了更为严重的环境污染和生态破坏[80]。张文彬等(2010)和赵伟霄(2014)分别研究了分权体制下环境规制与地区产业竞争力的关系以及环境规制与地区经济增长的关系,结果表明在财政分权的作用下,地方政府为提升产业竞争力和刺激经济增长,将会放宽环境规制力度,降低有关标准[81-82]。游达明等(2019)分析得出在不考虑财政分权的前提下,环境规制能够显著地促进产业转型升级,而在考虑财政分权与环境规制交互影响的情况下,环境规制强度每增加1%,产业结构升级指数则会相应的下降0.4%[83]。

周黎安(2009)和Cole(2010)等学者指出,在资源环境约束下,中国式财政分权体制与垂直政治治理体系①相结合形成的经济激励与政治激励,催生出"重经济、轻生态"的地方政府官员政绩考核目标,甚至造成了"晋升锦标赛"的恶性循环[84-85]。于文超(2013)通过量化官员政绩考核,实证分析得出扭曲的官员政绩诉求是导致生态环境污染加剧及企业生产率下降的重要因素[86]。张鹏等(2017)研究认为虽然"官员晋升锦标赛"容易造成以牺牲环境为代价的经济

---

① 也即通过将排放指标层层分解下去的行政发包制。

增长,但是,生态环境质量改善同样能够使得官员获取晋升机会,并且根据Logit模型回归结果,在2005年中央明确提出生态考核指标后,官员因此获取晋升的概率提高了一倍[87]。张彩云等(2018)研究发现经济考核指标比例与环境规制强度之间呈现为"先抑制、后促进"的倒"U"形关系,而环境考核指标比例与环境规制强度之间表现为"先促进、后抑制"的"U"形关系[88]。游达明等(2019)在考虑环境规制与官员晋升激励的交互效应对产业结构升级的影响时发现,环境规制与官员晋升激励的交互项每提高1%,将会对产业结构升级产生1.7%的抑制作用[81]。

地方政府间在实施环境规制的过程中会因竞争而产生一定的策略互动行为,并且这种策略互动行为的策略性将会随着地方政府间在保护生态环境与推进产业转型升级的关系处理上体现得更为复杂而显著。Fredriksson & Millimet(2002),Woods(2006)以及Tiebout & Brugger(2010)等学者认为中央政府加大生态政绩考核的力度,选民采取"用脚投票"要求改进社会福利,在这两种机制的共同作用下地方政府能够实现保护生态环境与推进产业转型升级的双赢,并且这种可行的机制将会在地方政府间产生"标杆效应",从而形成"逐顶竞争"(Race to Up)①良性互动局面[89-91]。然而,Barret(1994),Rauscher(2005)以及张利风(2013)等倾向于持环境规制"逐底竞争"(Race to Bottom)的观点,他们研究后发现在财政分权、官员扭曲晋升激励以及"政府失灵"等作用条件下,地方政府为实现利益最大化将会被迫选择削减环境污染治理支出,下调环境规制执行力度和标准,甚至与可短期内刺激经济增长的"高污染、高排放和高能耗"企业达成合谋,这种恶性竞争在地方政府间很快会蔓延开来并且形成恶性循环[92-94]。此外,还有学者提出了第三类竞争形态——差异化竞争策略行为(张文彬等,2010;张乐才、杨宏翔,2013;李胜兰,2014),影响环境规制竞争形态的因素有很多,地方政府间在环境规制竞争的过程中会竞相及时调整竞争策略,因而表现出不同的环境规制竞争形态[79,95-96]。郑金铃(2016)研究发现我国东部地区的环境规制竞争对于产业结构升级表现为"逐底竞争",而西部地区则具有"逐顶竞争"的形态[97]。杨骞等(2019)的研究结论认为,环境规制竞争对产业结构合理化表现为"逐顶竞争"的策略特征,而对产业结构高级化则因区域、产业及创新要素表现为"逐顶竞争"和"逐底竞争"两种特征[98]。

技术创新是"波特假说"成立的关键因素,同时也是环境规制影响产业转型

---

① 逐顶竞争的概念最早由Vogel在1997年提出的,他在研究美国各州的环境规制实施情况时,发现加利福尼亚州具有榜样效应,其他各州会纷纷跟随和效仿,因此也称为加利福尼亚效应。

升级的重要传导机制。Berube & Mohnen(2009)指出环境规制能够倒逼企业革新生产技术,改进生产工艺,将污染物转化为可利用资源,既实现了清洁生产的目标,又使得生产经营效率与产品竞争力得到了提升[99]。Chinghsun Chang(2011)运用结构方程模型研究了以 *Business Directory of Chinese Taiwan* 为主题的环境规制与企业绿色创新绩效的关系,结果发现绿色技术创新在环境规制对企业创新绩效的影响当中起到部分中介效应,其中,绿色产品创新对于企业创新绩效具有显著的正向影响效应($B = 0.264, p < 0.05$),而绿色工艺创新对于企业创新绩效的影响效应不显著[100]。Yang 等(2012)研究发现环境规制通过对企业层面的绿色技术创新发挥作用之后,将会首先促进企业的生产经营绩效提升,进而再推动整个行业的生产技术进步和产业转型升级[101]。Chakraborty & Chatterjee(2017)在后续研究中发现,环境规制引致了更多的政府和企业 R&D 增加支出用于改善生产技术和降低污染和能耗,这对于推进产业转型升级起到了加速的作用[102]。Acemoglu & Aghion(2012)认为偏向性技术进步是促进产业转型升级的驱动力,但是,偏向性技术进步分为绿色偏向性技术进步和非绿色偏向性技术进步,环境规制影响产业转型升级是建立在绿色技术创新与绿色偏向性技术进步的传导机制基础上的[103]。韩晶等(2014)研究指出,环境规制影响产业结构升级的传导机制只有在产业技术复杂度高的产业才能实现,我国当前的产业技术复杂度已处于环境规制能够促进产业结构升级的水平,但仍存在较大的提升空间[104]。陈峥和高红贵(2016)研究发现环境规制约束下的技术创新每提高 1.89%,产业结构调整变化的速率增进 1%[105]。张娟(2017)分析了资源型城市环境规制对经济增长的传导机制,实证结果表明,技术进步发挥了 58.5% 的中介效应,资源型城市的经济产业发展受技术进步的影响日趋显著[106]。郑加梅(2018)指出技术创新作为环境规制影响产业转型升级的作用机制,其作用效果存在区域上的差异,东部地区技术创新的作用效果显著,而中西部地区的作用效果不显著[107]。陈晓(2019)实证分析得出每增加 1% 的环境规制强度,科技创新能力将会下降 7.74%[108]。周柯、王尹君(2019)研究认为科技创新能力作为中介具有显著的门槛效应,当科技创新能力达到一定的门槛值以后,环境规制与科技创新能力的交互项才能对产业转型升级产生正向促进作用[109]。

产业集聚建立在企业区位选择的基础之上,凭借要素资源共享的优势能够实现规模经济,然而,环境规制是否影响到产业集聚的产生,进而又能否促进产业转型升级,在学术界仍存在一定的争议。以 Levinson 和 Taylor(2008)、

Acemoglu 等(2012)、覃伟芳和廖瑞斌(2015)以及陶长琪和周璇(2015)为代表的一派学者认为环境规制强化了产业集聚的形成,环境规制通过诱导生产要素的流动,将反映清洁型生产的资金、设备、劳动力及技术等要素集聚起来,实现了污染管控和产业转型升级的双赢目标[26,101,110-111]。环境规制约束下的产业集聚具有技术溢出和知识共享更加显著的特性,因此能够凭借创新优势资源的空间配置提高产业集聚速率和扩大产业集聚规模,同时吸引更多的产业参与产业集聚过程,发挥产业集聚的扩散效应(Antonietti,Cainelli,2011;Srholec,2014;张涛,2017)[112-114]。Ke(2010)、徐敏燕和左和平(2013)以及 Ushifusa 和 Tomohara(2013)研究发现环境规制与产业集聚的共同作用使得企业的生产效率和技术创新水平得到了显著提升,对于推进产业转型升级具有重要意义[115-117]。以 Akbostanci 等(2007)、Macdermott & Raymond(2009)、高永祥(2013)、Solarin 等(2017)为代表的一派学者则指出环境规制难以形成产业集聚,而是引发企业寻找新的生产区位来规避环境规制,将部分污染型生产转移到环境规制强度较弱的地区,从而形成产业转移的"污染避难所效应"(Pollution Haven Effect)[118-121]。Millimet,Roy(2016)在研究跨国贸易时的结论显示发达国家的环境规制强度普遍高于发展中国家,而发展中国家的劳动力、地租、原材料等要素价格又相对低廉,这就为发达国家污染型产业向发展中国家转移提供了契机[122]。秦炳涛和葛力铭(2018)指出产业转移给承接区造成了污染集聚,但有助于优化资源配置,协调区域产业分工合作,并且促进了产业承接区的产业转型升级。此外,还有一派学者对环境规制能否形成产业集聚持"不确定性"观点[123]。Zeng 和 Zhao(2009)认为环境规制强度必须控制在合理区间才能促进产业集聚,否则就会因过度环境规制导致产业转移发生[124]。Efthymia 和 Anastasios(2013)研究发现,环境规制与产业集聚呈现非线性关系,短期内环境规制能够显著促进产业集聚,但是从长期均衡的角度来看,环境规制不利于形成产业集聚[125]。梁琦和黄利春(2014)研究指出产业集聚度达到一定的阈值之后,将会产生"拥堵效应"[126]。刘金林和冉茂盛(2015)结合我国高污染产业的区域集聚特征,认为环境规制对产业集聚具有"先抑制、后促进"的"U"形影响关系[127]。

基于外商直接投资(FDI)的作用机制角度来看,环境规制通过 FDI 影响产业转型升级具有"二重性"。由于发展中国家的环境规制相对于发达国家而言普遍较为宽松,发达国家为尽量降低环境规制成本并且获取发展中国家更具比较优势的生产要素成本选择将污染型企业转移到发展中国家,进而将发展中家变成了"污染天堂"(Copeland,Taylor,1994;Christer,Li,2007;魏玮和毕超,2011;原毅军,谢荣辉,2015)[128-130,45]。朱平芳等(2011)、计志英等(2015)、周长富等(2016)以及Cai等(2016)进一步分析了环境规制、FDI及产业转型升级的传导机制,研究发现地方政府因竞相争夺FDI的流入而产生竞争,从而纷纷下调环境规制力度,导致了严重的污染集聚和产业转型升级受阻[131-134]。然而,张宇青和吴金南(2016)、王双燕等(2016)以及Bokpin(2017)指出FDI使得发展中国家既承接了发达国家的污染转移,也享受了发达国家的技术、管理及资本溢出[135-137],发展中国家通过提高FDI的绿色进入门槛,能够筛选出清洁生产能力和管理水平较高的外资企业,本地企业通过模仿、学习和吸收外资企业的清洁型技术和管理经验并且引入外资资本,能够显著推进本地企业的产业转型升级(Sonia,Natalia,2008;王双燕等,2016;时乐乐,2017)[138-140]。胡建辉(2017)认为FDI影响产业转型升级的作用机制主要通过产业资本效应、技术溢出效应、产业关联效应以及企业竞争效应来体现[141]。Costantini等(2012)研究发现FDI对产业转型升级的辐射带动效应在第三产业体现得尤为显著,服务业相对于其他产业的清洁程度较高,并且有助于提升产业结构高级化程度,因此容易促进要素资源在此积聚[142]。李娜等(2016)指出FDI能够促进国际自由贸易和对外开放,而环境规制的产业结构调整效应在短期内难以体现,随着国际贸易市场的均衡化走向和对外开放的持续扩大,环境规制对产业转型升级的促进作用将不断增强[143]。李晓英(2018)结合环境规制与产业结构优化的空间外部性特征验证了FDI影响产业转型升级的传导机理,认为应加强区域合作并且优化产业空间布局,正确利用环境规制引导FDI正向地促进产业结构优化[144]。黄光灿等(2019)从委托-代理规制博弈的角度出发研究了FDI与产业转型升级的互动效应,结果表明FDI能够通过技术进步促进产业转型升级,从而吸引更多的FDI流入,进而再次促进技术进步和产业升级,如此循环往复形成FDI与产业转型升级的良性互动循环机制[145]。

四、环境规制影响产业转型升级空间效应的文献综述

基于新经济地理学的研究范式,学术界关于环境规制影响产业转型升级的空间效应的研究主要集中于两个层面:一是研究环境规制与产业转型升级的空间分布与空间关联特征;二是研究环境规制对产业转型升级的空间外溢效应及影响机制。其中,空间分布与空间关联分析通过空间描述与空间相关性检验反

映了环境规制与产业转型升级集聚或分散特征以及二者在其所处空间点位上与邻近空间点位之间的空间关联效应。而空间外溢效应及影响机理通过空间计量回归模型分析了环境规制对产业转型升级的本地影响效应(直接效应)及邻近地区对本地的影响效应(间接效应)。空间描述与空间相关性检验初步分析了变量的空间分布与空间关联特征,从而为空间计量回归分析及空间外溢效应及影响机理研究奠定了基础。

Krugman和Paul(1991)最早构建"中心-外围"模型研究了垄断竞争市场环境下美国三次产业的空间分布情况,指出不同行业的产业空间分布特征存在显著差异,不可忽视的空间因素是影响产业集聚与分散的关键[146]。Fredriksson和Millimet(2002)基于空间关联效应角度研究了美国州际环境规制竞争的形态识别及其演变,发现实施环境规制效果较好的州在空间上有集聚,并且这种竞争具有良性互动效应[87]。Engel(1997)、Melitz(2003)及Baldwin和Okubo(2006)认为环境规制强度的区域差异性显著地影响了产业空间区位选择,而产业集聚、产业转移及产业分工合作所表现出的空间异质性特征均受到地区环境政策的影响[147-149]。彭文斌等(2014)计算了我国1995~2012年污染产业总产值增长率的Moran's I和LISA值,结果表明我国污染产业在地理位置上呈现空间集聚特征,特别在我国的东部沿海地区、北部沿海地区以及西南和西北部分地区污染产业集聚效应表现得尤为显著[150]。姚从容(2016)分析了我国污染型产业的转移与集聚特征,指出污染型产业的转移呈现由发达地区向不发达地区的梯度转移变化趋势,而污染型产业的集聚却主要集中在东部地区,这与产业空间演化规律、区域市场化程度以及制度环境等因素相关[151]。高峰(2016)对我国2000~2013年的省际环境规制强度进行了全域及局域空间自相关检验,结果表明我国省际环境规制强度存在显著的空间相关性,2013年环境规制强度处于HH象限和LL象限的省份较2000年增加了13.98%,而从环境规制的动态跃迁来看,环境规制强度的集聚特征表现为从东部向西部扩散的态势[152]。秦志琴和郭文炯(2018)分析了山西省煤炭产业时空演化动态集聚格局,认为其表现出由单中心点状集聚向多中心面状集聚的演变特征,且整体扩散趋势中表现出局部集聚现象[153]。冉启英和徐丽娜(2019)研究发现我国的环境污染具有地理依赖特征,更多的体现在"以邻为壑"的空间联动性负向影响上[154]。

上述学者的研究局限于环境规制与产业集聚的空间特征描述,并没有构建空间计量回归模型深入研究环境规制影响产业转型升级的外溢效应及影响机制,而后者恰是经典计量经济学忽视的地方。Embora 等(2010)认为区域间环境规制是根据污染溢出产生的负外部性做出的策略反应,并且据此构建出环境规制空间溢出的数理模型,将某地的污染程度分解为"本地污染""本地污染溢出"及"邻近区域的污染溢出"[155]。Zhao 和 Goa(2012)将产业集聚内生于空间经济增长模型,研究发现在"两地区——两部门"的空间经济体中,合理的环境规制强度有助于促进形成产业集聚,并且通过外溢效应发挥减弱"污染天堂效应"的不利影响[156]。Sonia 和 Natalia(2012)通过构建经济地理模型研究跨国公司环境规制对企业区位选择的影响,研究发现外商直接投资更倾向于选择环境规制较为宽松的国家,且通过溢出效应带动了当地投资市场的改善、技术水平的提升以及生产要素的优化配置[157]。Solarin 等(2017)认为产业转移的"污染避难所效应"亦会产生溢出效应,产业受到环境规制的驱动在区域层面的转移有助于优化资源配置,并且合理划分区域产业分工合作,特别是对于产业承接区的产业转型升级具有重要作用[119]。王文普(2013)分别利用非空间与空间计量回归模型估计了环境规制对产业竞争力的影响效应,结果显示环境规制对产业竞争力的直接效应呈现负向影响($B=-0.17, p<0.05$),而环境规制的溢出效应和总效应分别为 0.559 和 0.389,可见环境规制的溢出效应补偿了直接效应,因而对产业竞争力产生正向影响[158]。赵霄伟(2014)基于空间 Durbin 模型的地理、经济及人口三种空间权重矩阵,研究发现环境规制强度每提高 1%,工业经济增长率将下降 0.2%,而邻近地区的环境规制将产生正向外溢效应,对于本地的工业经济增长具有推动作用[80]。薛福根(2016)实证研究了行政区域的跨界污染溢出效应,空间计量回归结果显示 COD 和二氧化硫的产业结构调整空间自回归系数显著,表明这两类污染物可能通过空气传播或者流域跨界污染对周边区域及流域内区域产生负面影响[159]。程中华等(2017)运用我国 285 个城市的动态空间 SAR 面板数据考察了空间溢出效应下环境规制对产业结构升级的影响,结果发现环境规制对工业化中后期城市的产业结构升级具有显著的推进作用,而对工业化初始阶段城市的产业结构升级作用不显著[160]。张治栋和秦淑悦(2018)研究了长江经济带环境规制及产业结构调整对绿色发展的空间效应,研究结果认为环境规制能够显著地推动邻近地区绿色效率的提升,而产业结构调整仅能提升本地的绿色效率,对邻近地区则产生一定的负面作用[161]。朱金鹤和王雅莉(2018)分析了环境规制、技术创新以及外商直接投资对绿色全要素生产率的空间溢出效应,研究结论指出技术创新与外商直接投资对周边地区的绿色全要素生产率具有正向的溢出效应,而环境规制与技术创

新以及环境规制与外商直接投资的交互项对于周边地区的绿色全要素生产率的溢出效应却是负向的[162]。汪国雨(2019)分解得出经济距离矩阵下环境规制影响产业结构变迁的直接效应和间接效应分别为0.055和0.120,中部和西部地区的直接效应和间接效应同样均为正值,而东部地区的直接效应和间接效应却分别为-0.01和-0.015[163]。李强和丁春林(2019)的实证研究结果表明无论是否考虑空间溢出,环境规制对产业转型升级均表现为负向影响,其中,环境规制对产业转型升级影响的溢出效应比直接效应高出了1.615,可见忽略溢出效应将会导致低估环境规制对产业转型升级的负面影响[164]。

五、国内外研究述评

国内外学术界围绕环境规制与资源型城市产业转型升级研究,主要从资源型城市产业转型升级、环境规制对产业转型升级的倒逼效应、环境规制影响产业转型升级的作用机制以及环境规制对产业转型升级的空间效应等角度开展了相关研究。其中,有关资源型城市产业转型升级的研究主要包括以下三点:一是基于资源型城市的产业结构现状,分析资源型城市产业转型升级的困境及制约因素。二是通过构建评价指标体系,利用特定的评估方法和评估模型评价资源型城市产业转型升级效果。三是在借鉴国内外典型的资源型城市产业转型升级模式和梳理资源型城市产业转型升级相关政策的基础上,提出资源型城市产业转型升级的路径等。而关于环境规制对产业转型升级的倒逼效应研究,国内外学术界主要围绕"遵循成本说"和"创新补偿论"进行宏观理论研究,并且基于动态演化视角研究创新补偿收益与遵循环境规制成本之间的关系。同时,利用实证分析方法检验环境规制对产业转型升级的倒逼效应以及环境规制对产业转型升级的"U"形、倒"U"形以及门槛效应影响关系。从环境规制影响产业转型升级的作用机制研究来看,国内外学术界主要从消费需求升级、财政分权、政绩考核、地方政府竞争、技术创新、产业集聚以及外商直接投资等角度分析了环境规制影响产业转型升级的传导机制和影响机制,并且对于"环境规制是如何影响产业转型升级"做出了解释。国内外学术界关于环境规制影响产业转型升级的空间效应研究主要包含了两个层面,第一层主要是通过空间描述与空间相关性检验分析环境规制与产业转型升级的空间分布与空间关联特征,第二层是在第一层的基础之上利用空间计量建模技术对环境规制影响产业转型升级的空间外溢效应继续进行深入分析,从而得出空间效应下环境规制影响产业转型升级的直接效应和间接效应。

尽管国内外学术界已经对资源型城市产业转型升级以及环境规制对产业转型升级的倒逼效应开展了丰富的理论与实践研究,但是,既有研究并没有将环境规制与资源型城市产业转型升级相紧密结合,甚至还在一定程度上割裂了二者之间的关系,使环境规制与资源型城市产业转型升级的研究朝着两个不同的方向发展下去。具体如下:第一,针对资源型城市产业转型升级的研究,既有研究大多数是在分析资源型城市的产业结构现状和产业转型升级梗阻的基础上,提出资源型城市产业转型升级的路径,却鲜有以环境规制的产业转型升级倒逼效应为切入点,进而从这一角度提出利用环境规制的倒逼效应推进资源型城市产业转型升级的路径。第二,在研究环境规制对产业转型升级的倒逼效应上,既有研究没有能够将我国的资源型城市作为研究样本,检验环境规制对于我国资源型城市产业转型升级的倒逼效应能否成立以及环境规制对于我国不同区域、不同类型的资源型城市产业转型升级倒逼效应的差异性;同时,也没有能够深入分析环境规制对我国资源型城市产业转型升级是否存在门槛效应以及不同门槛区间的环境规制对我国不同区域、不同类型资源型城市的影响。第三,既有研究对环境规制影响产业转型升级的作用机制分析通常是基于某一侧面展开的,缺乏从微观视角对环境规制影响产业转型升级作用机制的系统总结;同时,也缺乏针对资源型城市较为特殊且复杂的环境规制与产业转型升级背景而展开的作用机制分析以及对于我国不同区域、不同类型的资源型城市环境规制影响产业转型升级的作用机制分析。第四,国内外学术界对环境规制影响产业转型升级的空间效应研究兴起的较晚,既有研究相对缺乏关于空间效应影响机制的分析,并且对于空间效应影响的稳健性分析相对不足;此外,也没有能够深入地分析环境规制对我国不同区域、不同类型的资源型城市产业转型升级空间效应的差异性。

第二节 主要理论基础

一、环境规制的理论基础

（一）环境库兹涅茨曲线理论

美国经济学家格罗斯曼和克鲁格（1995）在研究环境污染与收入分配的关系时发现，环境污染程度与人均收入水平呈倒"U"形曲线关系，这条曲线被称为环境库兹涅茨曲线（Environmental Kuznets Curve，EKC）。如图2-1所示，当人均收入水平处于较低水平时，环境污染程度较轻微，而随着人均收入水平的增加，环境污染程度也在逐渐恶化。当环境库兹涅茨曲线到达"拐点"之后，人均收入水平将会继续增加，而环境污染程度将会逐渐降低，环境污染程度将会随着人均收入水平的增加而逐渐改善。环境库兹涅茨曲线"拐点"（E点）对应的人均收入水平即为中等收入水平，在中等收入水平以左的区域属于经济增长与环境保护的两难区间，在中等收入水平以右的区域属于经济增长与环境保护的双赢区间。自环境库兹涅茨曲线提出之后，大量学者基于大样本数据计算环境库兹涅茨曲线"拐点"的数值，并且从环境质量需求的收入弹性、环境治理投入、技术变迁以及污染转移等角度进一步阐释环境库兹涅茨曲线的内在机理。根据国内外学者的理论与实践研究，我国当前仍处于环境库兹涅茨曲线的"拐点"之前[165]，发展经济与保护生态环境的双重任务依然严峻，特别是我国的资源型城市，以"高污染、高能耗、高排放"为代表的资源型产业造成了较为严重的环境污染和生态破坏，并且面临资源逐渐枯竭的压力，产业结构失衡、接续替代产业发展不足等问题层出不穷，给资源型城市的可持续发展带来了严峻挑战。在我国经济由高速增长向高质量发展转变的社会大背景下，资源型城市应加快生产方式转变和产业结构调整，大幅度提高经济绿色化程度，不断改善生态环境，实现生态环境保护与经济协调发展协同并进。

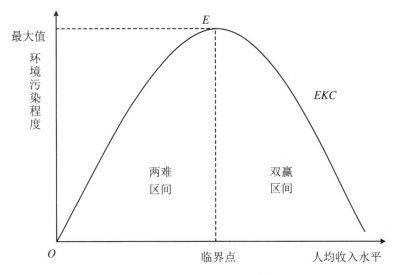

图 2-1　环境库兹涅兹曲线（EKC）

（二）外部性与规制理论

在微观经济学中，外部性（Externality）指的是当一个消费者的福利或一家企业的生产可能性直接受到经济中的另一个当事人的行为影响时，该经济中存在外部性。公共物品（Common Property）具有消费的非竞争性和受益的非排他性，即增加消费的边际成本为零，且不能排除其他人受益[166]。外部性和公共物品都是市场失灵的表现，此时市场的"无形的手"不能有效配置资源，因此，需要寻求政府干预进行调节。生态环境具有公共物品属性，此时市场的资源配置缺乏效率，需要通过公共选择调节市场供给，由于环境污染具有负外部性，使得社会成本与厂商成本之间存在较大差异，政府需要实施一定的规制（Regulation）措施对厂商的经济活动进行调节，从而达到矫正环境污染负外部性的目标。根据图 2-2 可知，MPC 为企业的私人边际成本，MSC 为边际社会成本，MD 为企业对环境造成的边际损害，MB 为企业的边际收益，企业为追逐最大的利润，会选择 $MPC = MB$ 时的产量 Q 作为其生产指标，而市场机制决定的最具有效率水平的产量为 $MSC = MB$ 时的产量 Q'，此时企业生产的该产品数量偏多，对环境影响的负外部性较大，如果对企业征收 cd 数量的单位税额，则企业的私人边际成本会上升至 $MPC + cd$，此时企业选择的产量会是 $MPC + cd = MB$ 时的产量 Q'。这与市场机制决定的最优产量一致，这样不但可以减少企业对环境造成的负面影响，还能够倒逼企业改进生产技术、转变生产方式，此外,政府获得的 $ij \times cd$ 区域的收入还能用于加大环境治理投入,从而形成环境规制的良性循环。环境规制在纠正环境污染的负外部性、改善资源型城市生态环境质量的同时,还可以通过对企业施加环境约束来影响企业的技术创新、投入和产出行为,合理引导资源型城市产业结构调整与转型升级,对于实现经济增长与生态环境保护共赢具有重要意义。

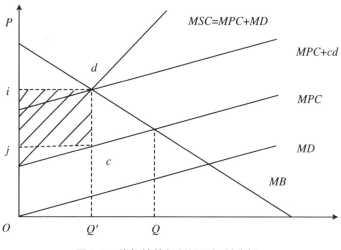

图 2-2 外部性的规制矫正机制分析

（三）波特假说理论

在短期静态视角下,企业的资源配置策略为成本最小化,新古典学派基于企业和部门的成本结构和市场结构特征,认为企业遵循环境规制的成本抬高了企业的生产成本,导致企业在市场竞争中处于不利地位。而哈佛大学波特教授等人基于动态演化研究指出,环境规制虽然使得企业需要付出较多额外的生产成本和代价,但是企业的绿色技术创新能力和市场竞争力将会得到激发。波特假说的核心观点为适当的环境规制可以促使企业进行更多的创新活动,而这些创新将提高企业的生产力,从而形成创新补偿收益,抵消由环境规制带来的成本并且提升企业在市场上的盈利能力[29-30]。波特假说具体可以分为"强波特假说""弱波特假说"和"狭义波特假说","强波特假说"认为环境规制能够显著倒逼企业创新能力和竞争力的提升,"弱波特假说"认为环境规制对于企业创新能力和竞争力提升的倒逼作用十分有限,而"狭义波特假说"认为环境规制对企业创新能力和竞争力提升的倒逼作用取决于环境规制的灵活性,包括环境规制目标的灵活性、环境规制技术的灵活性以及环境规制方式的灵活性等方面,只有设计并实施灵活的环境规制才能最大限度地促进企业创新能力和竞争力的提升。随着研究的不断深入,越来越多的学者从"行为学说""市场失灵""组织失灵"等方面进一步丰富和发展了波特假说理论[167]。因此,波特假说理论为破解我国资源型城市可持续发展困境提供了独特的思路,通过因势利导地发挥环境规制倒逼产业转型升级的作用,能够最大限度地促进我国资源型城市产业转型升级,实现生态环境保护与经济发展的双赢。

二、资源型城市的理论基础

(一) 资源诅咒理论

由比较优势理论①和资源禀赋理论②可知,拥有丰富自然资源的国家或地区通过发展当地具有比较优势的资源型经济可以带动当地经济快速发展。但是,现实情况却是,许多自然资源丰富的国家或地区并没有能够凭借当地丰富的自然资源的比较优势而获得经济的快速发展,相反,这些国家或地区的经济发展水平甚至还要落后于自然资源相对贫乏的地区,这种现象被称为"资源诅咒"(Resource Curse)[168]。造成"资源诅咒"的原因主要有以下三点:第一,依托当地自然资源兴起和发展的资源型经济占据经济结构较大的比例,导致产业结构严重失衡,非资源型经济的发展空间被挤占和抑制。第二,资源型经济的发展对于资源的依赖程度过高,导致资源的配置效率严重降低,阻碍了劳动生产率、产业竞争力以及产业技术附加值的提升,使得经济效益和利润受到严重影响。第三,发展资源型经济对于自然资源过高强度的开采以及采用不合理的资源利用方式容易造成严重的资源浪费和损耗,并且资源型产业具有"高污染、高能耗、高排放"的特征,对于生态环境造成的污染和破坏较为严重,从而容易造成"资源-环境-经济"系统的恶性循环。对于我国资源型城市而言,应积极转变经济发展方式,加快推进产业转型升级,通过实施加强技术创新、有序延伸产业链条、促进关联产业协同发展以及积极发展外向型经济等举措,充分发挥资源禀赋的比较优势,逐渐摆脱资源依赖的束缚,最大限度地规避"资源诅咒",不断提高产业竞争力和经济效益,实现资源型城市经济发展水平的提升。

---

① 比较优势理论最早由大卫·李嘉图在其著作《政治经济学及赋税原理》中提出,用以解释贸易产生的基础和贸易利得,由先天的要素禀赋或后天的学习创新形成较高附加值的相对优势均属于比较优势。
② 资源禀赋也称要素禀赋,指的是一个国家或地区拥有的各种生产要素,这里主要特指自然资源。

(二) 路径依赖理论

路径依赖理论(Path-Dependence Theory)认为,经济制度的演进存在类似于物理学中的惯性,即一旦选择了某一经济制度,由于受到适应性预期、协调效应以及既得利益群体主张等因素的影响,使得该经济制度将会沿着既定的方向不断自我强化。因此,在既定的目标下,应选择正确的路径并不断优化制度演进的轨迹,避免陷入某种无效率状态。具体而言,对于路径依赖的认识可以总结为以下几个方面:一是路径依赖是一种"锁定"(Lock-in)状态[169],也是一个动态演变的过程;二是偶发事件对系统的演变轨迹有深远的影响;三是偶发事件产生后,路径依赖在时间上的次序体现了一种"惯性"。资源型城市由于拥有丰富的煤炭、石油、天然气、黑色金属、有色金属等自然资源,在一开始便选择了一条以资源开采和资源初级加工为基础的工业化道路,在这种特殊工业城市类型的定位下,非资源型产业的发展受到严重的挤压和排斥,资源型产业占据了资源型城市产业结构的较大比例,从而成为了资源型城市的主导产业。随着时间的推移资源型产业的主导地位日益固化,并且进入了"锁定"状态,从而导致了资源型经济的发展惯性特征[170]。随着资源型城市的资源短缺甚至资源濒临枯竭,资源型城市的可持续发展受到了严重的影响,甚至出现了"矿竭城衰"。此外,路径依赖导致的资源型城市产业结构单一、产业关联度较弱等问题往往不利于技术创新能力、劳动生产率以及产业竞争力的提升,从而阻碍了资源型城市的经济发展。结合现实经验来看,处于相对稳定的外部大环境下,路径依赖的消极影响会被表面的繁荣所遮盖,而当外部大环境出现剧烈波动时,路径依赖所带来的风险就会显现出来。因此,只有通过不断地优化和调整资源型城市产业结构、推进资源型城市产业转型升级,才能有效降低资源型城市的产业路径依赖水平,并且探索建立新的产业发展路径,突破原有的瓶颈束缚,使资源型城市的可持续发展重现生机与活力。

(三) 资源型城市发展的生命周期理论

城市发展的生命周期理论认为,城市发展一般需要经历向心城市化阶段、郊区城市化阶段、逆城市化阶段和再城市化阶段的动态演化过程。资源型城市的发展同样遵循城市发展的生命周期的一般规律[171],但是,资源型城市作为一种以依托当地自然资源的开发和加工为主导产业的特殊城市类型,有其自身独特的发展特点,我们将资源型城市发展的生命周期分为成长期、成熟期、衰退期和再生期4个阶段,每个发展阶段都将对应不同的资源型城市类型(图2-3)。

在成长期,资源型城市具有充足的资源储量,产业发展处于起步阶段,生产企业数量较少,劳动力需求量大,生产技术和生产方式较为低级,产品的技术附加值和市场竞争力较弱,企业生产规模普遍较小且收益不高,并且城市的很多功能都不完善。

在成熟期,资源型城市的资源开采量不断增加,产业规模也在不断扩大,生产技术显著改进,规模经济效应和学习效应开始发挥作用,生产边际成本出现下降,产品的市场占有率和市场竞争力显著提升,形成了相对成熟稳定的产业体系,城市开发建设速度加快,吸引了大量劳动力和资金流入,城市经济发展处于鼎盛阶段。

在衰退期,资源型城市面临较大的资源枯竭压力,"资源—环境—经济"系统产生了一系列恶性循环的连锁反应,并且资源型产业发展严重衰退,产品销售出现困难,而接续替代产业尚未找准定位,城市发展逐渐衰弱。

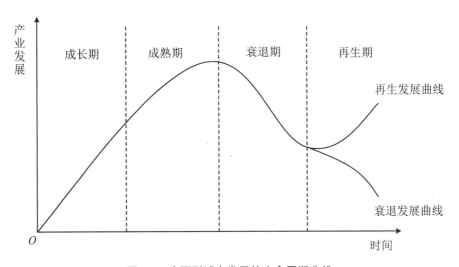

图2-3 资源型城市发展的生命周期曲线

一部分资源型城市为了避免落入"衰退陷阱",采取措施积极发展新兴产业,大力推进经济转型和产业结构调整,逐步摆脱对于资源的过度依赖,从而使得城市发展进入再生期,这为资源型城市的可持续发展奠定了重要基础。但是,这一时期接续替代产业发展还不成熟,城市转型升级仍有较大空间。根据资源型城市发展的生命周期理论,应在认清并把握资源型城市发展规律的基础上,因势利导地精准施策,助推资源型城市实现可持续发展。

三、产业转型升级的理论基础

(一)马克思社会再生产理论

马克思(1885)在《资本论》第二卷中指出,产业资本正常运行必须保持总量和结构的平衡,保持社会生产各部门之间和各部门内部的比例关系。假设社会存在生产资料和生活资料两大部门,存在生产资料和生活资料两种产品,社会总产品的价值可分解为 C,V 和 M 三大部分。由此可将第一部类和第二部类所生产的社会总产品分别表示为 $\text{I}(C+V+M)$ 和 $\text{II}(C+V+M)$。整个社会资本再生产的运作是通过第一部类内部的交换、第二部类内部的交换和第一、第二两大部类之间的交换来实现的。因此,在简单再生产的情形下,社会资本再生产平稳运行的基本条件可以概括为 $\text{I}(V+M)=\text{II}(C)$,其衍生条件为 $\text{I}(C+V+M)=\text{I}(C)+\text{II}(C)$ 以及 $\text{II}(C+V+M)=\text{I}(V+M)+\text{II}(V+M)$。在扩大再生产的情形下,第一部类生产的生产资料在弥补自身消耗之外必须大于第二部类对生产资料的消耗,第二部类生产的生活资料在弥补自身消耗之外必须大于第一部类对生活资料的消耗,由此可以得出扩大再生产的实现条件为 $\text{I}(V+\Delta V+M/X)=\text{II}(C+\Delta C)$,其衍生条件为 $\text{I}(C+V+M)=\text{I}(C+\Delta C)+\text{II}(C+\Delta C)$ 以及 $\text{II}(C+V+M)=\text{I}(V+\Delta V+M/X)+\text{II}(V+\Delta V+M/X)$。

由以上社会资本再生产平稳运行基本条件,可以发现第一部类内部、第二部类内部以及第一、第二两大部类之间存在相互依存、相互支撑、相互制约的关系,合理的产业结构及适当的比例关系对社会经济平稳运行具有十分重要的作用。资源型城市应处理好工业内部各部门之间的比例关系,一方面,要处理好基础工业和加工工业的关系,基础工业为加工工业提供初级加工品,加工工业应反哺基础工业的发展;另一方面,要调整好传统产业和新兴产业的关系,既要大力发展新兴产业,又要用先进科学技术改造传统产业,促进二者共同发展。

(二)配弟-克拉克定理

配弟-克拉克定理认为,不同产业之间收入上的差异使得劳动力会向更高收入的部门流动。在经济发展初期,劳动力先从第一产业向第二产业流动,随着人均收入水平的提高,劳动力开始由第一产业向第二、第三产业转移,并最终出现第一产业劳动力减少,第二、第三产业劳动力增加的局面[172]。该定理有3个重要的前提:一是该定理以若干国家或地区在时间推移中发生的变化为依据对产业结构演变规律进行研究;二是使用劳动力这一指标探究产业结构演变;三是该定理使用三次产业分类法,将所有经济活动分为第一产业、第二产业和第三产业。配第-克拉克定理不仅可以用于处于不同时间节点上的同一国家或地区的经济发展水平的纵向比较,也可用于处于同一时间节点上的不同国家或地区经济发展水平的横向比较。一般来说,对于处于同一时间节点上的不同经济发展水平的国家或地区,人均国民收入较低的国家或地区,第一产业劳动力所占的比例相对较大,而第二产业、第三产业劳动力所占的比例相对较小;相反,人均国民收入水平较高的国家或地区,其劳动力在第一产业中所占的比例相对较小,而第二产业、第三产业中劳动力所占的比例相对较大。因此,根据配弟-克拉克定理,资源型城市在巩固和强化第二产业优势地位的同时,应积极推进产业结构向高级化方向发展,努力扩大第三产业在城市经济中所占的比例,提升第三产业的增加值和对经济增长的贡献度水平,同时还要统筹好三次产业之间的比例关系,实现三次产业的协调发展。

(三)霍夫曼定理

霍夫曼定理揭示的是1880~1929年资本主义工业化进程中的工业结构的演变规律,霍夫曼将消费资料工业产值与资本资料工业产值的比例定义为霍夫曼系数,霍夫曼系数越大表明消费资料工业在工业结构中占据的比例越大,霍夫曼系数越小表明资本资料工业在工业结构中占据的比例越大,并且依据霍夫曼系数的大小将工业化进程划分为4个阶段(表2-1):工业化第一阶段时的霍夫曼系数为5,这一阶段消费资料工业在工业结构中占据较大的比例;工业化第二阶段时的霍夫曼系数为2.5,这一阶段消费资料工业在工业结构中占据的比例不断下降,资本资料工业在工业结构中占据的比例不断上升;工业化第三阶段时的霍夫曼系数为1,这一阶段消费资料工业在工业结构中占据的比例与资本资料工业在工业结构中占据的比例大致相当;工业化第四阶段时的霍夫曼系数为1以下,这一阶段资本资料工业在工业结构中占据较大的比例[172]。霍夫曼定理虽然研究的是19~20世纪的工业化发展状况,但是其对于工业化阶段的划分以及工业结构演变规律的解释仍具有一定的现实指导意义。我国资源型城市的霍夫曼系数相对高于全国其他类型城市的平均水平,这是由于我国资源型城市的资本资料工业相对于其他类型城市欠发达,而消费资料工业产值相对于其他类型城市发展不充分,因此,我国资源型城市应大力发展资本资料工业,延伸产业链,扩大融资规模,促进产业集聚,增强资本资料工业在城市发展中的主导地位,同时,还应完善消费资料工业建设,增加消费资料工业的种类,提高消费资料工业的供给能力,改善资源型城市的生活品质和城市功能。

表2-1 霍夫曼的工业化阶段划分

工业化阶段	第一阶段	第二阶段	第三阶段	第四阶段
霍夫曼系数	5	2.5	1	1以下

(四)钱纳里工业化阶段理论

钱纳里工业化阶段理论认为,产业部门的结构转换推动了工业经济的发展,根据人均GDP可将工业经济发展划分为6个阶段(表2-2),并且计算出了每一阶段三次产业的标准产业结构①,具体而言:第一阶段为不发达经济阶段,第一产业占据产业结构的较大比例,农业在产业结构中占主导;第二阶段为工业化初期阶段,第一产业在产业结构中的比例出现较大幅度的下降,第二产业在产业结构中的比例出现较大幅度的上升,劳动密集型产业在产业结构中占主导;第三阶段为工业化中期阶段,第一产业在产业结构中的比例继续下降,第二产业在产业结构中的比例继续上升,第三产业在产业结构中的比例出现较大幅度的上升,资本密集型产业在产业结构中占主导;第四阶段为工业化后期阶段,第一产业和第二产业在产业结构中的比例变化较为平缓,第三产业在产业结构中的比例继续上升,新兴服务业在产业结构中占主导;第五阶段为后工业化阶段,第一产业在产业结构中的比例继续下降,第二产业和第三产业在产业结构中的比例继续上升,技术密集型产业在产业结构中占主导;第六阶段为现代化阶段,第一产业在产业结构中的比例继续下降,第二产业和第三产业在产业结构中的比例继续上升,知识密集型产业在产业结构中占主导[172]。当前,我国的资源型城市基本都已进入了工业化阶段,并且大多数是处于工业化初期和工业化中期,也有部分城市进入了工业化后期、后工业化以及现代化阶段。处于工业化初期和中期阶段的资源型城市应加快工业体系建设,完善产业链条,实现产业融合式发展,而处于工业化后期、后工业化以及现代化阶段的资源型城市,应转变经济发展方式,积极推进产业转型升级,增强发展的可持续性。

---

① 钱纳里工业化阶段及标准产业结构采用的人均GDP基准水平为1980美元/年。

表 2-2　钱纳里工业化阶段及标准产业结构

工业化阶段	人均GDP(美元)	第一产业比例	第二产业比例	第三产业比例
第一阶段	<300	46.3%	13.5%	40.1%
第二阶段	300	36.0%	19.6%	44.4%
第三阶段	500	30.4%	23.1%	46.5%
第四阶段	1 000	26.7%	25.5%	47.8%
第五阶段	2 000	21.8%	29.0%	49.2%
第六阶段	4 000	18.6%	31.4%	50.0%

（五）产业再造理论

企业是产业发展的基础，产业再造理论是对企业再造理论的延伸。企业再造理论最早由美国麻省理工学院教授汉默和钱皮(1993)在《公司重组：企业革命宣言》中提出的，他们认为面对快速变化的经济社会外部环境和激烈的市场竞争，企业需要从根本上革新企业管理理念，对企业业务流程进行急剧、彻底的重新设计，提高企业组织运作和经营管理的效率和效益，从而创造出更大的企业价值，提高企业的核心竞争力[173]。产业再造在吸取企业再造精华的基础上进行了深化，产业再造不仅需要对微观层面的产业构成要素和产业组织形式进行彻底的改造，还需要对宏观层面的产业布局和产业发展战略进行优化和重组。就微观层面来说，产业再造应着力完善产业体系建设，有序延伸产业链条，提升产业配套能力，提高产业技术附加值水平，加强产业间的分工合作，促进关联产业之间协同发展。就宏观层面而言，产业再造应不断优化产业布局，提高产业结构高级化和产业结构合理化水平，加强产业的战略重组，积极推进产业转型升级，带动发展方式转变，提高产业发展的集约化程度和现代化程度。基于产业再造理论，我国资源型城市应结合内部的产业发展现状和外部的经济社会发展环境，不断完善资源型城市的产业链条和产业体系，对资源型城市的产业进行差异化的"增链"和"补链"，提高资源型产业与关联产业的关联度，不断加强生产技术和工艺革新，提高资源集约利用效率，降低边际污染治理成本。此外，还应着力调整资源型城市的三次产业结构，加大对传统产业的改造提升力度，加强对于第三产业的政策扶持，发展和壮大接续替代产业，逐步摆脱资源型城市对于资源的过度依赖，培育驱动资源型城市产业转型升级的新动能。

第三章 我国环境规制的演变及现状分析

第一节 我国环境规制政策演进

我国环境规制的政策演进始终贯穿于社会主义现代化建设的进程当中,以新中国成立、改革开放、党的十七大以及党的十八大为时间节点[①],可将我国环境规制的政策演进划分为4个重要阶段。总体来看,我国环境规制政策的目标导向由"轻环境保护、重经济增长"逐步转变为"保护生态环境与促进经济发展相协调",政府环境职责不断被强化,公众环保参与度不断提升,环境规制技术、方法及工具日趋先进[②],环境规制政策法规体系不断细化与完善,生态文明建设制度优势日益彰显,为保护生态环境与促进经济发展提供了强有力的制度保障。

一、环境规制政策体系初步建立阶段(1949~1978年)

新中国成立伊始,我国工业化处于一穷二白的境地,社会主义建设的重点任务是恢复和发展国民经济,改变我国工业基础薄弱和落后的农业国处境,这一时期我国工业化进程刚刚起步,缺乏对生态环境保护的充分认识,环境规制政策的制定也较为匮乏。但是,随着我国工业化进程的推进,环境污染和生态破坏等问题逐渐暴露,1973年全国第一次环境保护会议在北京召开,会议审议

---

① 环境规制事件及行动、重大决策、法律法规颁布等为依据划分时间节点。
② 大数据技术蓬勃兴起,经济性规制与社会性规制的协同,行政办法规制向综合运用法律、经济和技术和必要的行政办法规制。

并通过了《关于保护和改善环境的若干规定(试行草案)》,确立了环保工作的32字方针,即"全面规划、合理布局、综合利用、化害为利、依靠群众、大家动手、保护环境、造福人民",成为了我国最早的环境规制政策。同年,我国第一个环境规制标准《工业"三废"排放试行标准》出台,对于我国"三废"排放规范化及减少污染起到了重要作用。1974年国务院环境保护领导小组成立,负责制定环境保护的方针、政策和规定,组织协调和督促检查各地区、各部门的环境保护工作。此外,还颁布了《防止沿海水域污染的暂行规定》等行政法规及规范性文件。

二、环境规制政策体系形成发展阶段(1978～2007年)

改革开放使我国经济步入快车道,民主与法制建设恢复,这一时期我国环境规制的制度建设也日臻完善,以宪法、环境保护基本法、资源与环境单行法律法规以及相关行政法规、部门规章、地方性法规为主体的环境规制制度框架初步形成。1978年《中华人民共和国宪法》(以下简称《宪法》)第11条规定"国家保护环境和自然资源",标志着国家根本大法规定环境规制是国家职责和使命。1979年全国人大常委会通过了《环境保护法(试行)》,确立了"预防为主、防治结合、综合治理"以及"谁污染,谁治理"的基本原则,并规定了"三同时"、环境影响评价、排污收费等基本制度。1981年国务院发布《关于在国民经济调整时期加强环境保护工作的决定》要求抓紧解决突出的污染问题,制止对自然环境的破坏。1982年《宪法》第26条规定了"国家保护和改善生活环境和生态环境",同年颁布了《征收排污费暂行办法》。1983年召开了全国第二次环境保护会议,同年颁布实施了《水污染防治法》,1984年国务院发布了《关于环境保护工作的若干决定》,对我国环境规制机构的设置作出了明确规定。1989年全国第三次环境保护会议提出了"环境保护目标责任制、城市环境综合整治定量考核、排污许可证制度、限期治理以及污染集中控制"五项环境制度,同年《环境保护法》修订实施。1991～1996年,我国相继颁布实施《水土保持法》《大气污染防治法》《固体废物污染环境防治法》以及《环境噪声污染防治法》,进一步完善了我国环境规制的政策法规体系。1996年全国第四次环境保护会议召开并提出了"保护环境的实质是保护生产力",此后,《全国生态环境建设规划》(1998年)和《全国生态环境保护纲要》(2000年)相继出台。2002年全国第五次环境保护会议召开,同年党的十六大报告指出"可持续发展能力不断增强、生态环境得到改善"是全面建设小康社会的目标之一。《环境影响评价法》《清洁生产促进法》《放射性污染防治法》以及《可再生能源法》等大量的资源与环境单行法律法规也于这一时期颁布实施。2005年党的十六届五中全会确立了"节约资源、保护环境"基本国策。2006年全国第六次环境保护会议强调加快实现"三个转变"①,增强环境保护与经济发展的协调性。

三、环境规制政策体系巩固完善阶段(2007~2012年)

我国经济的快速发展造成了巨大的环境破坏和资源浪费,中共中央站在历史的高度提出了科学发展观,回答了"实现什么样的发展""怎样发展"的问题②,2007年党的十七大将科学发展观写入党章,强调建设"资源节约型、环境友好型社会"以及发展绿色GDP。同年,国务院发布《节能减排综合性工作方案》,将节能减排工作作为调整经济结构、转变经济增长方式的突破口和重要抓手,国家环保总局也发布了《关于开展生态补偿试点工作的指导意见》等政策文件。2009年《循环经济促进法》正式实施,与此同时《节约能源法》《可再生能源法》《水土保持法》以及《清洁生产促进法》等法律法规相继进行了修订。中国共产党第十七届四中全会把生态文明建设提升到与经济建设、政治建设、文化建设、社会建设同等重要的战略高度,形成"五位一体"总体布局。从2010年开始,中央继续出台关于重点工业污染源治理、废物资源化科技工程、重点流域水污染防治以及重点区域大气污染防治等专项规划。2011年国务院印发《关于加强环境保护重点工作的意见》,着力解决影响科学发展和损害群众健康的突出环境问题,全面提升环境综合治理水平;同年召开了第七次全国环境保护会议,强调坚持在发展中保护、在保护中发展,促进经济社会全面协调可持续发展。

四、环境规制政策体系全面深化阶段(2012年至今)

从2012年开始,以习近平同志为核心的党中央高度重视生态文明建设,加

---

① "三个转变"指从重经济增长轻环境保护转变为保护环境与经济增长并重,从环境保护滞后于经济发展转变为环境保护和经济发展同步,从主要用行政办法保护环境转变为综合运用法律、经济、技术和必要的行政办法解决环境问题。

② 科学发展观的第一要义是发展,核心是以人为本,基本要求是全面协调可持续,根本方法是统筹兼顾。

快生态文明体制改革,提出了"绿水青山就是金山银山""保护生态环境就是保护生产力"以及"用最严格制度最严密法治保护生态环境"等重要论断,探索实施环境保护主体责任制度、生态文明建设目标评价考核制度、自然资源资产离任审计制度、生态环境损害评估和赔偿制度以及国土空间开发保护制度,构建多维度生态环境监测网络、环境保护协同治理体系。2013年11月党的十八届三中全会指出生态文明体制改革是全面深化改革的重要领域,以系统工程思路抓生态建设,推动形成人与自然和谐发展的现代化建设新格局。2014年全国人大常委会对《环境保护法》再次修订,重点修订的内容体现在强化企业防治环境污染的责任、加大对企业环保违法的惩治力度以及建立环境公益诉讼制度等[①]。2015年4月,中共中央、国务院印发《关于加快推进生态文明建设的意见》,明确了生态文明建设的总体要求、目标愿景、重点任务、制度体系,为资源节约、环境治理、生态保护提供了行动纲领。同年9月,《生态文明体制改革总体方案》制定出台,搭建了生态文明制度体系的顶层设计[②],设计了改革路线图,为加快推进改革提供了重要遵循和行动指南。2017年党的十九大报告指出"建设生态文明是中华民族永续发展的千年大计",这就需要推进绿色发展,着力解决突出环境问题,加大生态系统保护力度,改革生态环境监管体制。2018年5月,全国生态环境保护大会在北京召开,习近平总书记强调"要从根本上解决生态环境问题,必须贯彻创新、协调、绿色、开放、共享的发展理念,加快形成节约资源和保护环境的空间格局、产业结构、生产方式、生活方式""对涉及生态文明体制改革的一些重要举措要尽快到位、发挥作用"[③]。同年《关于全面加强生态环境保护坚决打好污染防治攻坚战的意见》出台,对打好新时代三大攻坚战之一的污染防治工作作出全面部署。2019年生态环境部修改废止了50个规范性文件,同时,发布或联合其他部委共同发布了《中央生态环境保护督察纪律规定》《环境影响评价公众参与办法》《关于在生态环境系统推进行政执法"三项制度"实施意见》等部门规章及规范性文件,不断推进生态环境高质

---

① 2014年《环境保护法》重点修订的内容[EB/OL]. https://www.chinalawinsight.com/2014/05/articles/compliance/environmental-protection-law-big-changes-in-2014/.

② 《生态文明体制改革总体方案》分为10个部分,共56条,其中改革任务和举措47条,提出建立健全八项制度,分别为健全自然资源资产产权制度、建立国土空间开发保护制度、建立空间规划体系、完善资源总量管理和全面节约制度、健全资源有偿使用和生态补偿制度、建立健全环境治理体系、健全环境治理和生态保护市场体系、完善生态文明绩效评价考核和责任追究制度。

③ 习近平总书记2018年5月18日在全国生态环境保护大会上提出,讲话文稿以《推动生态文明建设迈上新台阶》为题发表于《求是》杂志2019年第3期。

量保护与经济社会可持续发展。

第二节 我国环境规制体系的构成要素

一、环境规制机构及其职责

我国的环境规制机构主要包括生态环境保护行政管理机构、环境监察机构、环境监测站以及核与辐射环境监测机构、科研机构、宣教机构、信息机构、环境应急(救援)机构等其他机构,其中,生态环境保护行政管理机构共有3 181个,环境监察机构共有3 039个,环境监测机构共有2 810个,核与辐射环境监测机构等其他机构共有5 782个。从我国环境规制机构人员结构来看,生态环境保护行政管理机构人员共有5.7万人,环境监察人员共有6.6万人,环境监测人员共有6.2万人,核与辐射环境监测机构等其他机构人员4.7万人[①]。

我国环境规制机构从纵向结构分为国家环境规制机构和地方环境规制机构[174]。目前,我国国家环境规制机构主要为国务院生态环境保护主管部门,即生态环境部[②],下设24个机关司局,并辖有12个派出机构、32个直属事业单位及社会团体。其中,生态环境保护行政机构共有362人,环境监察机构共有542人、环境监测站共有182人以及核与辐射环境监测机构等机构人员1 937人[③]。我国国家环境规制机构的主要职责在于贯彻并监督执行国家关于保护环境的方针、政策和法律、法令;会同有关部门拟定环境保护的条例、规定、标准和经济技术政策;统一组织环境监测,调查和掌握全国环境状况和发展趋势,提出改善措施;会同有关部门制定环境保护的长远规划和年度计划,并督促检查其执行;会同有关部门组织协调环境科学研究和环境教育事业,积极推广国内外保护环境的先进经验和技术;指导国务院所属各部门和各省、自治区、直辖市的环境保

---

① 数据来源于生态环境部网站。
② 2018年4月国务院机构改革成立生态环境部,生态环境部的前身是环境保护部。组建生态环境部是为了整合分散的生态环境保护职责,统一行使生态和城乡各类污染排放监管与行政执法职责,加强环境污染治理,保障国家生态安全。
③ 数据来源于生态环境部网站。

护工作;组织和协调环境保护的国际合作和交流等。

而我国地方环境规制机构主要包括省(自治区、直辖市)生态环境厅以及市(自治州)、县(自治县)生态环境局等各级地方生态环境保护主管部门,其中,省级环境规制机构398个,地市级环境规制机构2 319个,县级环境规制机构9 154个。从我国各级地方环境规制机构人员结构来看,省级生态环境保护行政机构共有3 920人,环境监察机构共有1 417人、环境监测站3 143人以及核与辐射环境监测机构等其他机构共有7 350人。地市级生态环境保护行政机构共有10 796人,环境监察机构共有10 176人、环境监测站17 259人以及核与辐射环境监测机构等其他机构共有11 742人。县级生态环境保护行政机构共有41 983人,环境监察机构共有54 244人、环境监测站41 084人以及核与辐射环境监测机构等其他机构共有9 385人①。我国地方各级环境规制机构的主要职责在于检查督促所辖地区内各部门、各单位执行国家保护环境的方针、政策和法律、法令;拟定地方的环境保护标准和规范;会同有关部门制定本地区环境保护长远规划和年度计划,并督促实施;组织环境监测,掌握本地区环境状况和发展趋势;会同有关部门组织本地区环境科学研究和环境教育;积极推广国内外保护环境的先进经验和技术等。

此外,国务院有关部委以及省(自治区、直辖市)、市(自治州)、县(自治县)各级地方政府的有关部门也设立了相关的环境规制机构并且行使环境规制职能,如资源管理部门、交通运输部门、公共安全部门、工业部门、水利部门、农业农村部门、林业和草原部门、住房和城乡建设部门以及卫生健康部门等,分别负责本部门的资源节约与环境保护工作,同时配合和协同生态环境部门履行生态环境保护职责,包括应对气候变化和减排、监督防止地下水污染、流域水环境保护以及监督指导农业面源污染治理职责等。

二、环境规制工具及其运用

我国的环境规制工具主要分为行政命令型环境规制工具、市场激励型环境规制工具以及社会参与型环境规制工具三种类型,其中,行政命令型环境规制工具主要包括环境影响评价制度、"三同时"制度、排污许可制度以及污染限期治理制度等,市场激励型环境规制工具主要包括排污收费制度、排污权交易制

---

① 数据来源于生态环境部网站。

度以及生态补偿制度等,社会参与型环境规制工具主要包括环境信息披露制度、环境认证制度以及环境公众参与制度等[175]。当前,行政命令型环境规制工具在我国的运用最为广泛,它能够在短期内显著地发挥作用,但是容易抑制生产的积极性并增加生产成本;市场激励型环境规制工具的技术含量较高,能够通过市场机制调节并显著降低环境规制成本,它的运用范围在我国不断扩大并且日臻成熟;社会参与型环境规制工具的运用方式较为灵活,但是由于它的发展较为滞后,因此,在我国运用得也相对较少。

(一) 行政命令型环境规制工具及其运用

1. 环境影响评价制度

环境影响评价制度是指在建设项目开工前,对建设项目建成实施后的选址、设计及对环境的潜在不利影响进行研究、预测和评价,提出防治措施,并按照法定程序进行报批①。通过实施环境影响评价制度,能够科学评价建设项目对于环境的影响程度,尽量减少建设项目对于环境的负面影响,从源头上预防建设项目对于环境造成的不良影响。我国《环境影响评价法》自实施以来分别在2016年和2018年进行过两次修订,逐渐加大了环境影响评价的违法违规行为处罚力度,仅在2018年,全国就对违反环境影响评价法律法规的255家建设单位和266名相关责任人员给予了行政处罚②。

2. "三同时"制度

"三同时"制度指的是建设项目应当与防治污染的设施"同时设计、同时施工、同时投产使用",并且防治污染的设施应当符合经批准的环境影响评价文件的要求,不得擅自拆除或者闲置③。"三同时"制度的覆盖范围包括了所有可能对环境产生负面影响的建设项目,并且贯穿于建设项目的设计、施工以及投产使用全过程当中,在建设项目污染跟踪监测和污染防治上发挥了重要作用。根据生态环境部的统计,我国自实施"三同时"制度以来,已验收建设项目的"三同时"制度的平均执行率均达到100%,在建项目的"三同时"制度的平均执行率为95%④。

---

① 2018年12月29日,第十三届全国人大常委会第七次会议通过了对《环境影响评价法》的修改。
② 生态环境部. 将加大对各类环评违法行为处罚力度[EB/OL]. https://www.yicai.com/brief/100127309.html.
③ 《建设项目环境保护管理条例》已于2017年10月1日起施行。
④ 数据来源于生态环境部网站。

3. 排污许可制度

排污许可制度规定了排污主体必须依法依规向生态环境保护主管部门申请排污许可证,在得到批准、核发排污许可证以后方可进行污染排放,排污主体的污染排放活动必须严格按照排污许可证的规定要求执行,生态环境保护主管部门对排污主体实施动态监管[①]。排污许可制度利用排污许可证将排污主体与监管部门紧密联系起来,明确了排污主体的污染治理主体责任,提升了生态环境保护部门的监管效能。截至2021年,我国共批准、核发了35万余张排污许可证,有304.24万个主要污染物排放口实现了排污许可管控[②]。

4. 污染限期治理制度

污染限期治理制度针对的是对环境造成严重污染的生产经营单位,强制要求在规定的时间期限内完成污染整改任务,将对环境污染的损害降至规定的标准以下。污染限期治理制度特别突出针对排放量大、影响范围广以及危害性大的严重污染源治理,在具体的实施过程中,有关部门将严格按照超过污染物排放标准以及超过重点污染物排放总量控制指标界定严重污染的程度,对于限期整改不到位的生产经营单位将责令关闭停产。

(二) 市场激励型环境规制工具及其运用

1. 排污收费制度

排污收费制度指的是排污主体直接向环境排放污染物,需要按照排放污染物的种类、数量和对环境的危害程度向有关部门缴纳一定的排污费用[③]。2014年新修订的《环境保护法》将"超标排放收费"更改为"申报和收费制度",意味着排污收费不再以"超标"作为征收排污费的界限,凡是对环境造成负面影响的污染物排放均需缴纳排污费。自1979年我国实施排污收费制度以来,累计征收排污费1 480亿元,这其中有相当大一部分排污费被用于环保基础设施建设和清洁生产技术改造,有效倒逼了节能减排和产业转型升级。

2. 排污权交易制度

排污权交易制度是指在限定污染物排放总量的前提下,将污染物排放指标引入市场当中进行交易,污染治理成本较高的企业将会为排污权付出较多的交

---

① 《排污许可管理办法(试行)》于2018年1月10日起颁布实施。
② 我国已核发逾35万张排污许可证[EB/OL]. http://finance.sina.com.cn/jjxw/2021-12-27/doc-ikyamrmz1396061.shtml.
③ 《排污费征收使用管理条例》自2003年7月1日起施行。

易成本,污染治理成本较低的企业将会为排污权付出较少的交易成本,在市场机制的作用下,企业为减少排污权交易成本将会采取措施降低污染治理成本。浙江省是全国第一批排污权交易试点省份,试点以来累计交易 27 亿元,租赁 3 800 万元,抵押贷款 290 亿元,并且编制了"浙江省排污权交易指数",排污权交易制度的实施取得了显著的成效[①]。

(三)社会参与型环境规制工具及其运用

1. 环境信息披露制度

根据《环境信息公开办法》中的第 19 条,国家鼓励企业自愿公开包括污染物排放、能源耗用、环保投入以及社会责任在内的企业环境信息,企业披露环境信息的时间和方式不固定,一般定期在年报、环境信息报告或者社会责任报告中进行披露,披露的环境信息内容既有财务性环境信息也有非财务性环境信息。2020 年,全国 3 567 家沪深股市上市公司中仅有 928 家上市公司披露了环境信息,披露环境信息的企业比例仅为 26%[②],这表明我国企业披露环境信息的主动性并不强。

2. 环境认证制度

ISO 14000 环境管理体系认证是一种国际通行的企业自愿性的环境认证制度,ISO 14000 环境管理体系认证具体包括了环境审核、环境标志、环境行为评价以及生命周期评估等内容,通过环境认证的企业相当于获得了社会的认可,树立了良好的企业和品牌形象,通常能扩大市场份额、提高市场竞争力,持续改进绿色生产能力,实现绿色发展的良性循环。截止到 2019 年,全国有近 3 000 家企业近 6 000 个产品通过了环保认证[③],企业和产品类型以环境监测仪器和空气污染治理居多。

3. 环境公众参与制度

公众参与是保障公众知情权的重要途径,同时也是促进公众开展环境监督、参与改进环境治理、提高环境治理效能的重要手段。环境公众参与的形式主要包括问卷调查、论证会、听证会以及网上信息沟通,通过环境公众参与既能实现公众参与的意见表达,有利于环境政策的完善,同时对于群众反映强烈的损害其切身利益的环境问题也能够得到及时的解决。

---

① 数据来源于浙江省排污权交易网,http://www.zjpwq.net/cms/。
② 数据来源于《中国上市公司环境责任信息披露评价报告(2020)》。
③ 中国环境保护产品认证发展情况[EB/OL]. http://www.sohu.com/a/343838761_673516.

三、环境规制运行机制

我国环境规制的运行机制总体上呈现出分权运行机制[176],即国务院生态环境保护主管部门,对全国生态环境保护工作实施统一监督管理,省级、地市级和县级生态环境保护主管部门,对本行政区域生态环境保护工作实施统一监督管理,而国务院有关部委以及省级、地市级和县级地方政府的有关部门依照有关法律的规定对本部门及交叉的环境保护工作实施监督管理①。

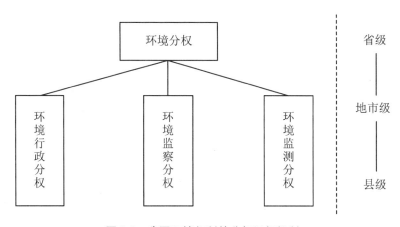

图 3-1 我国环境规制的分权运行机制

具体来说,我国的环境分权包括了环境行政分权、环境监测分权以及环境监察分权。就环境行政分权运行机制而言,国务院生态环境保护主管部门会同有关部门,根据有关法律法规制定国家环境政策、规划、制度及标准等,并督促实施,省级、地市级和县级生态环境保护主管部门同样需会同有关部门,根据国家环境政策、规划、制度及标准等,编制本行政区域的环境政策、规划、制度及标准等,并督促实施。另外,我国实行环境保护目标责任制和考核评价制度,上级政府依据环境保护目标完成情况对下级政府及生态环境主管部门实施考核,考核内容还涉及环境行政服务与管理、环保财政投入、环境公共服务、环境基础设施建设等。就环境监测分权运行机制而言,国务院生态环境保护主管部门制定监测规范,会同有关部门组织监测网络,统一规划国家环境质量监测站(点)的设置,省级地方政府负责组织有关部门或者委托专业机构,对环境状况进行调查、评价,建立环境资源承载能力监测预警机制。此外,省级生态环境保护主管

---

① 依据 2014 年修订的《环境保护法》第一章第十条。

部门统一负责本省及下辖市、县的生态环境质量监测、调查评价和考核工作,并实施直接管理,省级、地市级和县级三级环保部门建立环境监测执法信息共享机制,实时利用生态环境监测信息传输网络与大数据平台传送信息,实现信息的互联互通,加强联动与响应[①]。就环境监察分权运行机制而言,国务院生态环境保护主管部门负责监督检查环境政策法规的执行情况以及环境质量责任落实情况,省级、地市级和县级生态环境保护主管部门及其委托的环境监察机构和其他负有环境保护监督管理职责的部门,依法对存在污染环境和破坏生态等违法行为的企事业单位和其他生产经营者开展监督检查和执法监察,同时,对违反法律法规规定并造成严重后果的企业事业单位和其他生产经营者依法查封、扣押相关的设施、设备。

四、环境规制保障机制

我国环境规制的保障机制主要为生态环境保护督察机制。习近平总书记强调,"开展环境保护督察,是党中央、国务院为加强环境保护工作采取的一项重大举措,对加强生态文明建设、解决人民群众反映强烈的环境污染和生态破坏问题具有重要意义"[②]。我国生态环境保护督察实行中央和省(自治区、直辖市)两级督察机制,其中,中央生态环境保护督察设立专职督察机构,负责对省(自治区、直辖市)党委和政府、国务院有关部门以及有关中央企业等组织开展生态环境保护督察,其所采取的督察类型包括了例行督察、专项督察以及"回头看"等。而省级生态环境保护督察同样参照中央生态环境保护督察的规定执行,负责对地市级及以下地方党委和政府及其有关部门的生态环境保护进行督察,督察形式主要为例行督察、专项督察以及派驻监察等[③]。中央生态环境保护督察对省级生态环境保护督察起到了辐射带动作用,而省级生态环境保护督察能够与中央生态环境保护督察相呼应,有效形成良性互动效应,从而发挥出两级督察合力。

---

① 中共中央办公厅和国务院办公厅 2016 年 9 月印发《关于省以下环保机构监测监察执法垂直管理制度改革试点工作的指导意见》,提出对省级以下环保机构监测监察执法实施"垂直管理"。

② 坚持问题导向,严格程序规范扎实做好环境保护督察工作[EB/OL].[2016-7-7]http://politics.people.com.cn/n1/2016/0707/c1024-28531094.html.

③ 2019 年 6 月中共中央办公厅和国务院办公厅印发《中央生态环境保护督察工作规定》,首次以党内法规形式,明确了环境保护督察的制度框架、程序规范及权限责任,全书分为总则、组织机构和人员、对象和内容、程序和权限、纪律和责任、附则等 6 章。

生态环境保护督察与环境规制机构行使的环境监察职能有所不同,主要体现在以下几点:第一,监督主体不同。生态环境保护督察为党内监督,2019年6月出台的《中央生态环境保护督察工作规定》首次以党内法规的形式,明确了环境保护督察的制度框架、程序规范及权限责任,主要监督生态环境保护的党政同责、一岗双责落实情况[①],而环境监察为行政监督,主要监督环境政策法规的执行情况。第二,监督内容不同。生态环境保护督察的监督内容包括了突出生态环境问题以及处理情况、对人民群众反映的生态环境问题立行立改情况、生态环境问题立案、查处、移交、审判、执行等环节非法干预以及不予配合的情况等,而环境监察的监督内容主要为对污染源的污染物排放情况、污染防治设施运行情况、环境保护行政许可执行情况、建设项目环境保护法律法规的执行情况等的监督检查。第三,承担的职责不同。生态环境保护督察的主要职责是督察问责,通过生态环境保护督察压实党政生态环境保护责任,倒逼职能和作风转变,强化督察权威,发挥震慑作用,而环境监察的主要职责是监督执法检查,通过对污染环境和破坏生态等违法行为的执法进行监督检查或稽查,提高环境监察效能。

从2015年12月到2017年9月,第一轮中央生态环境保护督察分4批完成了对全国31个省(自治区、直辖市)以及新疆生产建设兵团的督察,2018年又分两批对20个省(自治区)的督察整改情况进行"回头看",首轮督察受理群众举报21.2万件,解决群众身边环境问题15万件,明确整改问题2 069项,移交责任追究问题509个,问责4 218人,罚款24.6亿元。从2019年开始,第二轮中央生态环境保护督察继续启动,此轮督察的范围除全国31个省(自治区、直辖市)以及新疆生产建设兵团外,还对国务院有关部门和部分央企进行督察,并且计划在2022年实施"回头看"[②]。第二轮督察相对于第一轮督察而言,督察力度更为强劲,督察靶向更加精准,督察致力于解决的是具有复杂性、长期性以及亟需解决的突出生态环境问题。

第三节 我国环境规制强度的测度

当前,学术界关于环境规制的测度方法主要分为以下4类:一是

---

① 《中央生态环境保护督察纪律规定》是2019年5月中国生态环境部党组修订的纪律规定。
② 李干杰. 依法推动中央生态环境保护督察向纵深发展[N]. 人民日报,2019-6-18(1).

Fredriksson 和 Millimet(2002)采取的单一指标法。其中,投入类指标,包括治理污染设施运行费用、治污成本占企业总成本和环境政策制定数量等指标。产出类指标,包括不同污染物的去除率、达标率以及排放密度等指标[89]。二是 Liu 等(2016)采取的分类考察法。基于不同环境规制手段、不同环境规制主体,将环境规制分为命令控制型环境规制、市场激励型环境规制及公众参与型环境规制[42]。三是 Al, Debei 等(2013)采取的赋值评分法[177]。四是 Tobias 等(2017)采取的综合指数法,即通过构建环境规制强度综合指标体系,具体包括废水排放达标率、二氧化硫去除率、工业烟(粉)尘去除率、固体废弃物综合利用率及生活垃圾无害化处理率等指标[43]。

然而,现有文献单一指标法对环境规制的衡量均从单一维度进行考察,忽视了环境规制内涵丰富;分类考察法是基于不同环境规制手段、不同环境规制主体,具有一定的片面性,难以反应环境规制的综合强度;赋值评分法在度量环境规制时的主观性过强。因此,我们选择构建环境规制综合指标体系度量环境规制强度,具体包括废水排放达标率、二氧化硫去除率、工业烟(粉)尘去除率、固体废弃物综合利用率及生活垃圾无害化处理率等5项指标。首先,对各个指标进行标准化处理,其次,采用改进熵值法确定指标权重,最后,根据权重和标准化数值计算环境规制综合指数。该综合指数得分越高,意味着环境规制强度越强。

一、环境规制强度测度方法——改进熵值算法

本书采用改进熵值算法来对环境规制强度进行测度,信息熵是对系统无序程度的度量,熵值算法是利用信息熵通过测算指标值的变异程度对多指标系统进行综合评价[178],而改进熵值算法是对指标数值预先进行标准化变换,能够剔除不同维度和不同量纲对综合评价结果的影响。具体来说,改进熵值算法如下所示:

首先,设有 m 个资源型城市,n 项评价指标,$X=(x_{ij})_{m \times n}$ 表示 m 个资源型城市 n 项评价指标构成的原始指标数据矩阵,对于某项指标的指标值 x_{ij}:

对各个指标进行标准化变换:

$$x'_{ij} = \frac{(x_{ij} - \bar{x}_j)}{s_j} \tag{3-1}$$

其中,$\bar{x}_j$ 为第 j 项指标的均值,s_j 为第 j 项指标的标准差。一般 x_{ij} 的范围为

$-5\sim5$,为消除负值,令

$$Z_{ij} = 5 + x'_{ij} \tag{3-2}$$

用 Z_{ij} 代替 x_{ij} 继续以下步骤。

接下来,采用改进熵值法确定指标权重,第 j 项指标下第 i 个资源型城市指标值的比例 p_{ij} 为

$$p_{ij} = \frac{Z_{ij}}{\sum_{i=1}^{m} Z_{ij}} \tag{3-3}$$

第 j 项指标的熵值 e_j 为

$$e_j = -k \sum_{i=1}^{m} p_{ij} \ln p_{ij} \tag{3-4}$$

其中,$k>0$,$\ln$ 为自然对数,$e_j \geqslant 0$,如果 Z_{ij} 对于给定的 j 全部相等,那么

$$p_{ij} = \frac{Z_{ij}}{\sum_{i=1}^{m} Z_{ij}} = \frac{1}{m} \tag{3-5}$$

此时 e_j 取极大值:

$$e_j = -k \sum_{i=1}^{m} \frac{1}{m} \ln \frac{1}{m} = k \ln m \tag{3-6}$$

令 $k = 1/\ln m$,有

$$e_j = -\frac{1}{\ln m \sum_{i=1}^{m} p_{ij}} \ln p_{ij} \quad (0 \leqslant e_j \leqslant 1) \tag{3-7}$$

第 j 项指标的差异性系数 g_j 为

$$g_j = 1 - e_j \tag{3-8}$$

对于给定的 j,Z_j 的差异性越小,则 e_j 越大;当 Z_j 全部相等时,$e_j = e_{\max} = 1$,此时指标 Z_j 对于资源型城市的比较无作用;各资源型城市的指标值相差越大,e_j 越小,该项指标对于资源型城市比较所起的作用越大;所以,g_j 越大,指标值差异越大,指标越重要。

据此,权数 a_j 为

$$a_j = \frac{g_j}{\sum_{j=1}^{n} g_j} \tag{3-9}$$

因此,可根据权重和标准化数值计算得出环境规制综合指数,即第 i 个资源型城市的环境规制强度 v_i 为

$$v_i = \sum_{j=1}^{n} a_j p_{ij} \tag{3-10}$$

二、我国资源型城市环境规制强度测度

从我国资源型城市2008～2020年环境规制强度变化上来看(图3-2),我国资源型城市环境规制强度总体呈现出上升的趋势,2008～2011年,环境规制强度由0.612增加至0.672;2012年环境规制强度出现了下降,到达波谷0.615;2013年环境规制强度又迅速提升为0.733;2014年继续上升;2015年出现小幅降低,为0.738;2016～2019年环境规制强度保持平稳上升趋势;2019年达到顶点0.784;之后2020年又下降至0.754。

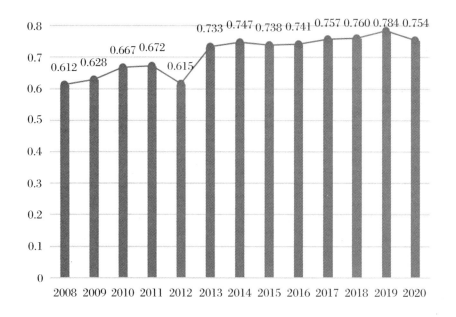

图3-2 2008～2020年我国资源型城市环境规制强度变化图

对我国资源型城市2020年的环境规制强度进行分析(表3-1),可以看出,我国资源型城市的环境规制强度的平均值达到0.754,高于平均值的资源型城市共有70个,约占资源型城市总数的60.3%,其中,环境规制强度最高的资源型城市是辽源市、枣庄市,均达到1,环境规制强度超过0.9的资源型城市共有41个,约占资源型城市总数的35.3%,环境规制强度为0.754～0.9的资源型城市共有29个,约占资源型城市总数的25%。长治市的环境规制强度为0.754,刚好处于平均值。而环境规制强度低于平均值的资源型城市共有45个,约占资源型城市总数的38.7%,环境规制强度最低的资源型城市为黑河

市,仅为 0.052,金昌市、阳泉市的环境规制强度次之,也均小于 0.2,环境规制强度处于 0.2~0.5 的资源型城市共有 17 个,约占资源型城市总数的 14.6%,环境规制强度处于 0.5~0.754 的资源型城市共有 25 个,约占资源型城市总数的 21.5%。由此可见,我国资源型城市的环境规制强度相对较高,大部分资源型城市的环境规制强度超过了平均值,而在低于平均值的资源型城市中,环境规制强度低于 0.5 的资源型城市仅占一小部分。

表 3-1　2020 年我国资源型城市环境规制强度表

城市	环境规制强度	城市	环境规制强度	城市	环境规制强度
张家口	0.571	徐州	0.969	娄底	0.960
承德	0.275	宿迁	0.905	韶关	0.784
唐山	0.707	湖州	0.992	云浮	0.663
邢台	0.960	宿州	0.875	百色	0.290
邯郸	0.857	淮北	0.953	河池	0.738
大同	0.920	亳州	0.971	贺州	0.951
朔州	0.515	淮南	0.814	广元	0.908
阳泉	0.167	滁州	0.773	广安	0.838
长治	0.754	马鞍山	0.910	南充	0.420
晋城	0.780	铜陵	0.923	自贡	0.920
忻州	0.700	池州	0.883	泸州	0.971
晋中	0.800	宣城	0.771	攀枝花	0.710
临汾	0.736	南平	0.870	达州	0.800
运城	0.315	三明	0.943	雅安	0.658
吕梁	0.742	龙岩	0.885	六盘水	0.625
包头	0.447	景德镇	0.934	安顺	0.990
乌海	0.551	新余	0.944	毕节	0.678
赤峰	0.299	萍乡	0.996	曲靖	0.762
呼伦贝尔	0.402	赣州	0.731	保山	0.847
鄂尔多斯	0.450	宜春	0.580	昭通	0.613
阜新	0.816	东营	0.937	丽江	0.983
抚顺	0.425	淄博	0.957	普洱	0.279
本溪	0.450	临沂	0.992	临沧	0.810

续表

城市	环境规制强度	城市	环境规制强度	城市	环境规制强度
鞍山	0.234	枣庄	1.000	延安	0.848
盘锦	0.896	济宁	0.930	铜川	0.983
葫芦岛	0.751	泰安	0.980	渭南	0.999
松原	0.934	莱芜	0.965	咸阳	0.644
吉林	0.467	三门峡	0.367	宝鸡	0.532
辽源	1.000	洛阳	0.451	榆林	0.862
通化	0.807	焦作	0.686	金昌	0.134
白山	0.883	鹤壁	0.953	白银	0.767
黑河	0.052	濮阳	0.992	武威	0.887
大庆	0.958	平顶山	0.981	张掖	0.786
伊春	0.701	南阳	0.718	庆阳	0.999
鹤岗	0.896	鄂州	0.845	平凉	0.930
双鸭山	0.735	黄石	0.935	陇南	0.243
七台河	0.952	衡阳	0.886	石嘴山	0.493
鸡西	0.961	郴州	0.608	克拉玛依	0.837
牡丹江	0.993	邵阳	0.673	平均值	0.754

通过对2020年我国不同区域资源型城市的环境规制强度进行对比分析（图3-3），可以看出，我国东部地区资源型城市的环境规制强度最高，为0.857；中部地区的环境规制强度次之，为0.771，低于东部地区资源型城市环境规制强度11.1%；东北地区资源型城市的环境规制强度低于东部地区和中部地区，在我国四大区域中位列第三，分别低于东部地区和中部地区资源型城市的环境规制强度17%和5.3%，达到0.732；而西部地区资源型城市环境规制强度最低，仅为0.697，低于东北地区资源型城市环境规制强度5%。

根据2020年我国不同类型的资源型城市环境规制强度对比的分析结果（图3-4），衰退型资源型城市的环境规制强度最高，达到0.840；再生型资源型城市的环境规制强度次之，为0.767，相当于衰退型资源型城市环境规制强度的91.3%；成熟型资源型城市环境规制强度为0.737，低于再生型资源型环境规制强度4%；而成长型资源型城市的环境规制强度在4种类型资源型城市当中最低，为0.675，低于成熟型资源型城市环境规制强度9.1%。

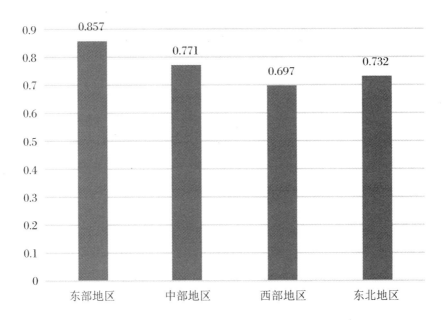

图 3-3 2020 年我国不同区域资源型城市的环境规制强度对比图

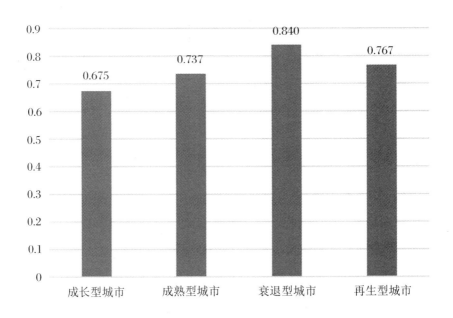

图 3-4 2020 年我国不同类型的资源型城市环境规制强度对比图

第四节 我国环境规制倒逼产业转型升级的典型实践
——以安徽省淮南市为例

一、淮南市资源型城市发展现状

安徽省淮南市是我国13个亿吨级煤炭基地之一,矿区面积达到1 571 km²,现已探明的煤炭资源储量超过153亿吨,占全国煤炭资源储量的19%,淮南市建市以来,累计为国家生产原煤18亿多吨,发电8 000多亿千瓦时,煤炭资源型产业对于经济增长的贡献率达到53.2%[①]。然而,淮南市在发展煤炭资源型经济的过程中产生了一系列严峻复杂的问题。煤层开采引发了地面沉陷,从而严重破坏了当地的生态平衡[②],而煤炭的生产加工又容易造成空气污染、水污染以及工业固体废弃物污染等诸多问题,这对淮南市的生态环境造成了严重的冲击。2014年,受经济下行压力加大以及煤炭价格大幅走低影响,淮南市煤炭资源型产业的工业总产值以及企业收益锐减,煤炭产量缩减,严重影响了就业、投资以及居民消费,从而对淮南市经济增长产生了不利影响。

二、淮南市环境规制倒逼产业转型升级实施状况

面对生态环境破坏和经济增长乏力的双重困境,淮南市坚持以绿色发展为引领,不断强化环境规制,进一步加大生态环保投入力度,转变经济发展方式,切换经济增长动能,淘汰落后和过剩产能,大力发展清洁能源和节能产业,不断提高生态效率,通过实施环境规制倒逼产业转型升级。

2015年以来,淮南市实施了一系列强化环境规制的举措。淮南市在全省率先出台了河长制和林长制的实施方案[③],进一步加大了生态环保考核在官员

---

① 数据来源于《淮南市采煤塌陷区土地综合整治规划》。
② 淮南市全市采煤沉陷区累计面积达245 km²,占全市总面积的4.4%,并且还在以超过20 km²/年的速度扩大。
③ 2016年11月淮南市出台《淮南市建立林长制的工作方案》和《淮南市全面推行河长制工作方案》。

政绩考核中的比例,强化生态文明建设目标考核,制定了包括《淮南市生态环境保护工作职责》《淮南市党政领导干部生态环境损害责任追究实施办法》《淮南市土壤污染防治工作方案》《淮南市严守生态保护红线实施方案》在内的60余部促进生态环境保护的行政规范性文件,健全和完善了淮南市生态环保制度体系。淮南市高度重视环保执法工作,累计出动环保执法人员3 000余人次,摸排企业2 500余家,查处各类环境违法行为1 500余件,因环境污染犯罪移送司法机关100余人,罚金金额达1 181.6万元[①]。此外,淮南市持续加大生态环保投入力度,2015~2018年,淮南市累计完成环保投入49.6亿元,其中生态环保专项资金为18.44亿元,固体废弃物处理专项资金为2.3亿元,水污染治理专项资金为1.4亿元,大气污染治理专项资金为1.9亿元,其他环保投入领域还涉及造林、土壤污染防治、生态修复以及污水管网改建等。

2015年以来,淮南市采取措施逐步去除"高污染、高能耗、高排放"的落后和过剩产能,共关闭退出10座煤矿,淘汰燃煤锅炉673个,取缔经营性小煤炉7 982个,累计去除煤炭落后和过剩产能约1 495万吨。同时,淮南市积极发展新经济、培育新业态,通过发展战略性新兴产业带动传统资源型产业转型升级,具体来看,淮南市以发展"现代煤化工产业园"为依托,生产新型煤化工合成材料,形成煤经甲醇制烯烃(芳烃)、煤制乙二醇、煤制清洁燃料、氮基化学品及其衍生物等的煤炭深加工产业链,促进淮南市煤炭工业产品的附加值和清洁利用水平提升;利用现代医药科技、生物工程技术以及智能制造装备改造和提升淮南市传统生物医药产业,提高生物医药产业的研发创新能力、技术生产能力以及产品的市场竞争力,打造安徽省生物医药产业的龙头和示范点,使之成为淮南市重点发展的接续替代产业;通过实施"城市云海战略",将大数据与电子信息产业发展相结合,借助于大数据在存储、交易以及应用等方面的特殊优势,促进淮南市电子信息产业向高端化发展,加快推进淮南市电子信息产业整体转型升级;加强光伏发电站以及光伏产业建设,采取新工艺、新技术拓展光伏发电工艺设备的应用领域,严格光伏发电项目选址、板材选取以及废物处置措施审查,通过开发利用绿色新能源实现淮南市能源结构调整、生态环境保护与培育新经济增长点的共赢。

---

① 树牢绿色发展理念 坚决打好污染防治攻坚战[EB/OL]. http://sthjj. huainan. gov. cn/hbyw/trhjhzrst/lsfz/104761278. html.

三、淮南市环境规制倒逼产业转型升级实施效果

2015年,淮南市工业二氧化硫排放量为60 534吨,工业废水排放量10 650万吨,工业固体废物综合利用率86.1%。2016年,淮南市工业二氧化硫排放量为35 363吨,工业废水排放量9 112万吨,工业固体废物综合利用率76.8%。2017年,淮南市加强环境规制之后,除工业固体废物综合利用率变化不明显外,工业二氧化硫排放量和工业废水排放量均出现了显著下降;2018年,淮南市工业二氧化硫排放量较2017年下降了14.6%,工业废水排放量较2017年下降了2.0%;2019年,淮南市二氧化硫排放量较2018年下降了29.8%,工业废水排放量较2018年下降了10.5%;2020年,淮南市工业二氧化硫排放量较2019年下降了33.3%,工业废水排放量较2019年下降了19.0%(图3-5)。此外,2018年,淮南市森林覆盖率15.7%,单位GDP能耗下降7.5%;2019年,淮南市森林覆盖率15.8%,单位GDP能耗增长17.3%;2020年,淮南市森林覆盖率15.9%,单位GDP能耗增长22.2%[①]。由此可见,淮南市2015年以后的环境规制实施成效显著,生态环境状况明显好转。

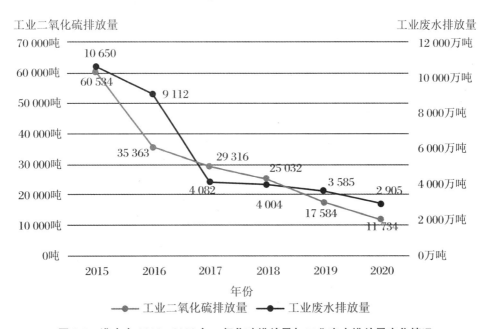

图3-5 淮南市2015~2020年二氧化硫排放量与工业废水排放量变化情况

---

① 数据来源于淮南市2015~2020年环境质量状况公报。

淮南市2015年、2016年和2017年的GDP分别为901.1亿元、971.6亿元和1 060.2亿元,在2015年淮南市强化环境规制以后,淮南市的GDP开始回升,2018年GDP增长至1 133.3亿元、2019年GDP增长至1 296.2亿元、2020年GDP增长至1 337.2亿元,其中,2018年和2019年的GDP增幅均超过5%[①]。从淮南市煤炭行业和战略性新兴产业的增加值产业结构变化上来看,2018年煤炭行业的增加值同比下降2.1%,战略性新兴产业产值增长19.6%;2019年煤炭行业的增加值同比增长1.9%,战略性新兴产业产值增长12.1%;2020年淮南市煤炭行业增加值同比增长11.0%,战略性新兴产业产值增长30.4%。从产业结构变化上来看,2018年淮南市第一产业增加值占GDP的比例比2017年增长3.2个百分点,第二产业增加值占GDP的比例比2017年增加4.1个百分点,而第三产业增加值占GDP的比例比2017年提高4.9个百分点。2019年淮南市第一产业增加值、第二产业增加值和第三产业增加值占GDP的比例分别为10.0∶40.7∶49.3。2020年,淮南市第一产业增加值占GDP的比例较上年增长1.0%,第二产业增加值占GDP的比例较上年增长4.6%,第三产业增加值占GDP的比例较上年增长2.4%。可以看出,淮南市第三产业增加值占GDP的比例显著提升,第一产业增加值和第二产业增加值的比例结构也得到了合理优化(图3-6)。

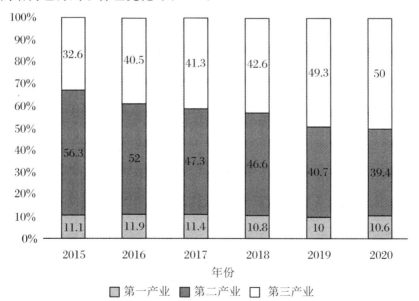

图3-6　淮南市2015～2020三次产业增加值占GDP比例变化情况

---

① 数据来源于淮南市2015～2020年国民经济和社会发展统计公报。

第四章 我国资源型城市产业转型升级的特征事实分析

第一节 我国资源型城市产业结构特征分析①

一、我国资源型城市三次产业产值结构分析

产值结构是反映产业结构的重要特征,从我国资源型城市2008~2020年三次产业产值结构变化上来看(图4-1),我国资源型城市第一产业产值比例总体呈现出下降的趋势,由2008年的18.54%一直下降至2020年的13.55%;而第二产业和第三产业产值比例的变化较为复杂,其中,第二产业产值比例2009年下降至48.68%,2012年上升至53.12%,2013年又继续下降至51.95%,之后又继续上升,2015年达到峰值55.13%,之后一直下降至2020年的46.03%;而第三产业产值比例从2008年开始上升,2009年到达33.87%,之后转为下降趋势,2012年到达波谷31.69%,2013年上升至33.45%,2014年下降至32.14%,2015年又继续上升至31.10%,并在此之后一直保持上升的势头,在2020年达到40.42%。

对我国资源型城市2020年的三次产业产值结构进行分析(表4-1),可以看

---

① 本节数据全部来源于2008~2020年《中国城市统计年鉴》,由笔者挑选出全国116个地级资源型城市的相关指标统计数据进行整理和计算得出。这是由于在我国126个地级资源型城市中,有10个地级资源型城市因处于偏远地区或者少数民族自治地区以及因行政区划变动调整导致统计数据缺失太多,故将其剔除,最终选择116个地级资源型城市。

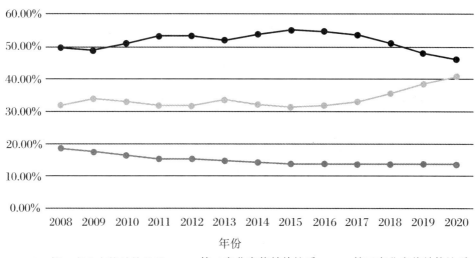

图 4-1　2008~2020 年我国资源型城市三次产业产值结构变化图

出,我国资源型城市的三次产业产值比例平均值分别为第一产业 13.55%、第二产业 46.03%、第三产业 40.42%,其中,第一产业产值比例和第二产业产值比例分别高于全国城市平均水平 5.65% 和 5.53%,而第三产业产值比例则低于全国城市平均水平 11.18%。具体来看,第一产业产值比例最高的资源型城市是黑河市,达到了 47.35%,而第一产业产值比例最低的为乌海,仅为 0.85%,第一产业产值比例高于全国城市平均水平的资源型城市共有 85 个,约占资源型城市总数的 73.2%。第二产业产值比例最高的资源型城市是攀枝花市,达到了 70.5%,其次是克拉玛依市,达到了 69.55%,而第二产业产值比例超过 50% 的资源型城市有 44 个,第二产业产值比例高于全国城市平均水平的资源型城市共有 88 个,约占资源型城市总数的 75.8%。第三产业产值比例高于全国平均水平的资源型城市仅有 3 个,分别是大同市、鞍山市和陇南市,而 97.4% 的资源型城市第三产业产值比例达不到全国城市平均水平,甚至有 6 个资源型城市的第三产业产值比例不足 30%,第三产业产值比例最低的攀枝花市仅为 26.12%。由此可见,我国资源型城市第一产业产值比例和第二产业产值比例相对较高,而第三产业产值比例却低于全国平均水平,三次产业产值比例相对不协调。

第四章 我国资源型城市产业转型升级的特征事实分析

表4-1 2020年我国资源型城市三次产业产值结构表

城市	产值结构			城市	产值结构			城市	产值结构		
	一产	二产	三产		一产	二产	三产		一产	二产	三产
张家口	18.15%	37.32%	44.53%	徐州	9.35%	43.28%	47.38%	娄底	14.72%	48.31%	36.98%
承德	16.53%	45.79%	37.68%	宿迁	11.71%	48.49%	39.81%	韶关	13.76%	36.64%	49.6%
唐山	9.43%	55.07%	35.5%	湖州	5.58%	48.13%	46.29%	云浮	20.16%	41.38%	38.46%
邢台	13.65%	46.86%	39.49%	宿州	19.25%	37.94%	42.82%	百色	16.36%	53.37%	30.27%
邯郸	12.5%	47.24%	40.26%	淮北	7.7%	56.34%	35.95%	河池	22.95%	30.41%	46.64%
大同	5.84%	36.52%	57.65%	亳州	19.72%	38.71%	41.57%	贺州	21.51%	40.82%	37.67%
朔州	6.13%	43.05%	50.82%	淮南	12.29%	47.17%	40.55%	广元	16.13%	46.58%	37.3%
阳泉	1.65%	48.03%	50.31%	滁州	15.85%	49.71%	34.44%	广安	15.78%	51.64%	32.58%
长治	4.83%	50.92%	44.25%	马鞍山	5.61%	55.4%	38.99%	南充	21.5%	46.06%	32.44%
晋城	4.75%	52.88%	42.37%	铜陵	5.12%	59.5%	35.38%	自贡	11.03%	57.54%	31.43%
忻州	8.84%	44.11%	47.05%	池州	12.08%	43.77%	44.15%	泸州	12.02%	59.1%	28.89%
晋中	9.93%	42.95%	47.12%	宣城	12.06%	47.47%	40.47%	攀枝花	3.38%	70.5%	26.12%
临汾	7.96%	46.56%	45.48%	南平	22.11%	42.14%	35.75%	达州	21.42%	41.55%	37.03%
运城	16.49%	36.31%	47.2%	三明	14.81%	50.1%	35.09%	雅安	14.04%	53.41%	32.55%

69

续表

城市	产值结构 一产	产值结构 二产	产值结构 三产	城市	产值结构 一产	产值结构 二产	产值结构 三产	城市	产值结构 一产	产值结构 二产	产值结构 三产
吕梁	5.39%	55.79%	38.82%	龙岩	11.79%	51.01%	37.2%	六盘水	9.55%	50.24%	40.21%
包头	2.46%	47.11%	50.43%	景德镇	7.37%	55.53%	37.1%	安顺	17.69%	32.38%	49.93%
乌海	0.85%	56.58%	42.57%	新余	6.15%	52.07%	41.78%	毕节	21.19%	38%	40.81%
赤峰	15.12%	47%	37.88%	萍乡	5.71%	55%	39.29%	曲靖	18.9%	49.68%	31.41%
呼伦贝尔	15.33%	44.67%	40%	赣州	15.15%	41.64%	43.21%	保山	24.67%	34.89%	40.44%
鄂尔多斯	2.44%	55.71%	41.85%	宜春	15.49%	45.07%	39.43%	昭通	19.52%	42.07%	38.41%
阜新	23.65%	27.17%	49.19%	东营	3.5%	62.17%	34.33%	丽江	15.31%	38.91%	45.79%
抚顺	6.74%	50.38%	42.88%	淄博	3.42%	52.48%	44.1%	普洱	26.83%	34.43%	38.74%
本溪	8.84%	43.46%	47.7%	临沂	8.91%	43.12%	47.97%	临沧	28.08%	33.73%	38.19%
鞍山	6.84%	35.84%	57.32%	枣庄	7.56%	51.24%	41.19%	延安	10.86%	53.02%	36.11%
盘锦	12.05%	45.52%	42.44%	济宁	11.17%	45.32%	43.51%	铜川	7.67%	51.9%	40.42%
葫芦岛	16.89%	34.76%	48.36%	泰安	8.47%	44.79%	46.74%	渭南	15.1%	46.03%	38.87%
松原	16.28%	41.9%	41.82%	莱芜	7.84%	50.14%	42.02%	咸阳	14.44%	57.93%	27.63%
吉林	9.8%	43.02%	47.18%	三门峡	9.31%	56.49%	34.2%	宝鸡	8.87%	63.51%	27.62%

续表

城市	产值结构 一产	产值结构 二产	产值结构 三产	城市	产值结构 一产	产值结构 二产	产值结构 三产	城市	产值结构 一产	产值结构 二产	产值结构 三产
辽源	7.72%	57.19%	35.09%	洛阳	6.13%	46.89%	46.98%	榆林	5.86%	60.61%	33.53%
通化	8.91%	47.7%	43.39%	焦作	6.39%	59.28%	34.33%	金昌	9.97%	50.11%	39.92%
白山	8.42%	54.43%	37.15%	鹤壁	8.03%	65.21%	26.76%	白银	14.02%	40.28%	45.71%
黑河	47.35%	14.95%	37.7%	濮阳	11.17%	54.76%	34.07%	武威	23.45%	36.98%	39.57%
大庆	7.17%	56.07%	36.76%	平顶山	9.68%	49.04%	41.28%	张掖	25.61%	27.54%	46.86%
伊春	42.28%	19.7%	38.03%	南阳	16.55%	43.8%	39.65%	庆阳	14.3%	48.17%	37.53%
鹤岗	34.28%	29.91%	35.81%	鄂州	12.18%	54.47%	33.34%	平凉	28.04%	24.79%	47.17%
双鸭山	36.23%	22.09%	41.68%	黄石	8.74%	55.26%	36%	陇南	21.73%	21.57%	56.7%
七台河	14.69%	36.52%	48.79%	衡阳	15.09%	41.53%	43.38%	石嘴山	5.08%	63%	31.92%
鸡西	35.65%	24.27%	40.08%	郴州	9.81%	52.06%	38.13%	克拉玛依	0.86%	69.55%	29.59%
牡丹江	16.76%	35.63%	47.61%	邵阳	21.36%	35.53%	43.11%	平均值	13.55%	46.03%	40.42%

通过对比分析我国不同区域资源型城市的三次产业产值结构(图4-2)可以看出,我国东北地区资源型城市的第一产业产值最高,达到18.98%,而东北地区资源型城市的第二产业产值比例相对较低;我国东部地区和中部地区资源型城市的第一产业产值比例相对较低,分别为11.52%和10.28%,并且东部地区和中部地区资源型城市的第二产业产值比例相对较高,分别为47.14%和48.79%;我国西部地区资源型城市的第三产业产值比例最低,仅为38.22%。

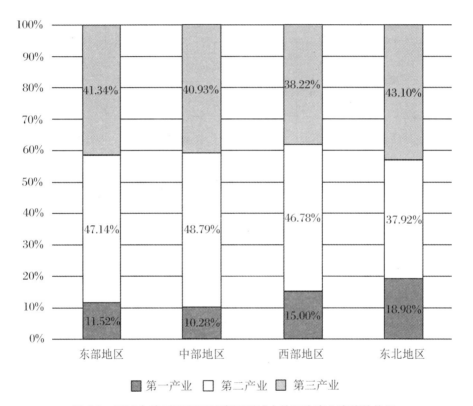

图4-2 2020年我国不同区域资源型城市的三次产业产值结构图

通过对比分析我国不同类型资源型城市的三次产业产值结构(图4-3),可以看出,再生型资源型城市的第一产业产值比例最低,仅为10.61%,而再生型资源型城市的第三产业比例显著高于其他类型的资源型城市,达到了50%;衰退型资源型城市的第二产业比例相对高于成熟型资源型城市和成长型资源型城市,分别高出2.19%和2.36%,衰退型资源型城市的第三产业比例和第一产业比例均最低,分别仅为39.25%和12.76%;成熟型资源型城市的第二产业比例和第三产业比例分别高于成长型资源型城市0.17%和0.15%,而成熟型资源型城市的第一产业比例低于成长型资源型城市0.32%。

第四章 我国资源型城市产业转型升级的特征事实分析

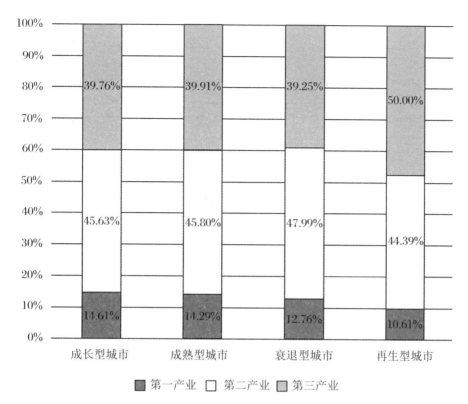

图 4-3 2020 年我国不同类型资源型城市的三次产业产值结构图

二、我国资源型城市三次产业就业结构分析

就业结构是与产值结构紧密相关的产业结构特征指标,从我国资源型城市 2008～2020 年三次产业就业结构变化上来看(图 4-4),我国资源型城市三次产业就业结构的变化幅度较为平缓,但波动较为复杂,第一产业就业比例总体呈现出下降的趋势,从 2008 年的 5.57% 下降至 2007 年的 5.21%,之后上升至 2010 年的 5.28%,2011 年以后继续下降,2013 年降至谷底 4.53%,2014 年升至 4.64%,之后又继续下降,2018 年又升至 3.04%,2020 年降至 2.98%。第二产业就业比例 2008～2011 年持续上升,2012 年下降至 43.66%,之后继续下降,2015 年上升至 44.74%,2016 年达到峰顶 44.98%,之后一直保持下降趋势。而第三产业就业比例总体表现为上升趋势,2008～2009 年不断上升,2010 年出现下降;2011 年降至谷底 50.59%,2012 年之后又继续上升,2015 年下降至谷底 51.18%,2016～2018 年继续保持上升的态势,2019 年降至 51.58%,

73

2020年又上升至52.82%。

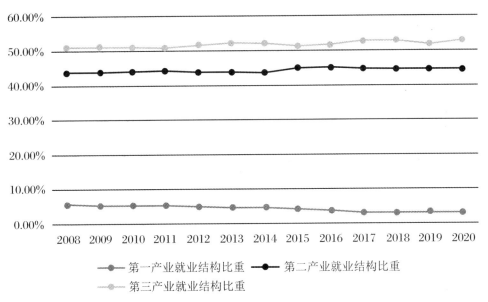

图4-4 2008~2020年我国资源型城市三次产业就业结构变化图

对我国资源型城市2020年的三次产业就业结构进行分析(表4-2),可以看出,我国资源型城市的三次产业就业比例平均值分别为第一产业2.98%、第二产业44.31%、第三产业52.71%,其中,第一产业就业比例低于全国城市平均水平24.02%,第二产业就业比例高于全国城市平均水平16.21%,第三产业就业比例高于全国城市平均水平7.81%。具体而言,第一产业就业比例低于全国城市平均水平的资源型城市共有112个,约占资源型城市总数的96.5%,其中,第一产业就业比例低于0.5%的资源型城市就有49个,约占资源型城市总数的42.2%;第二产业就业比例最高的资源型城市是鹤壁市,达到67.41%,其次是鄂州市、金昌市,分别为66.52%、66.28%,第二产业就业比例高于全国城市平均水平的资源型城市有103个,约占资源型城市总数的88.7%;第三产业就业比例高于全国城市平均水平的资源型城市有84个,约占资源型城市总数的72.4%,其中,贺州市和丽江市的第三产业就业比例均超过80%,而第三产业就业比例最低的盘锦市仅为26.11%。据此可知,我国资源型城市第二产业就业比例相对较高,第一产业就业比例相对较低,而第三产业就业比例高于全国城市平均水平,就业结构与产值结构之间存在一定程度上的脱节。

表 4-2 2020 年我国资源型城市三次产业就业结构表

城市	就业结构 一产	就业结构 二产	就业结构 三产	城市	就业结构 一产	就业结构 二产	就业结构 三产	城市	就业结构 一产	就业结构 二产	就业结构 三产
张家口	1.2%	26.52%	72.28%	徐州	1.36%	56.21%	42.42%	娄底	0.5%	49.95%	49.55%
承德	1.06%	30.86%	68.08%	宿迁	0.1%	64.22%	35.68%	韶关	0.5%	50.6%	48.9%
唐山	2.01%	46.04%	51.95%	湖州	0.04%	65.05%	34.91%	云浮	0.28%	48.48%	51.24%
邢台	0.14%	40.34%	59.52%	宿州	2.71%	33.42%	63.87%	百色	1.34%	27%	71.66%
邯郸	0.22%	46.68%	53.1%	淮北	0.01%	63.48%	36.51%	河池	1.72%	23.51%	74.77%
大同	0.31%	51.16%	48.53%	亳州	0.08%	30.6%	69.32%	贺州	1.46%	17.34%	81.19%
朔州	1.13%	42.67%	56.2%	淮南	1.87%	51.21%	46.92%	广元	0.24%	28.63%	71.13%
阳泉	0.13%	62.51%	37.36%	滁州	2.68%	40.09%	57.23%	广安	0.45%	27.16%	72.38%
长治	0.32%	51.69%	47.99%	马鞍山	0.34%	53.49%	46.17%	南充	0.24%	41.82%	57.94%
晋城	0.36%	61.73%	37.91%	铜陵	1.98%	55.49%	42.53%	自贡	0.29%	45.34%	54.37%
忻州	0.99%	27.07%	71.95%	池州	0.77%	34.14%	65.09%	泸州	0.27%	55.56%	44.17%
晋中	0.32%	40.7%	58.98%	宣城	1.27%	37.52%	61.22%	攀枝花	0.94%	53.61%	45.45%
临汾	0.87%	34.07%	65.05%	南平	3.07%	34.16%	62.77%	达州	0.69%	40.81%	58.5%
运城	0.56%	32.41%	67.03%	三明	1.64%	36.04%	62.33%	雅安	0.69%	31.16%	68.16%

续表

城市	就业结构			城市	就业结构			城市	就业结构		
	一产	二产	三产		一产	二产	三产		一产	二产	三产
吕梁	0.19%	45.28%	54.52%	龙岩	1.16%	39.02%	59.82%	六盘水	0.11%	48.64%	51.25%
包头	0.68%	52.9%	46.42%	景德镇	3.16%	46.42%	50.42%	安顺	0.72%	34.13%	65.15%
乌海	0.17%	58.77%	41.06%	新余	0.27%	64.88%	34.85%	毕节	0.26%	20.83%	78.91%
赤峰	4.47%	32.86%	62.67%	萍乡	0.28%	55.75%	43.98%	曲靖	0.47%	54.59%	44.94%
呼伦贝尔	27.21%	25.37%	47.42%	赣州	0.99%	39.86%	59.15%	保山	1.46%	45.62%	52.92%
鄂尔多斯	0.91%	46.87%	52.22%	宜春	1.11%	51.13%	47.76%	昭通	0.79%	22.78%	76.43%
阜新	2.28%	33.93%	63.79%	东营	0.03%	61.02%	38.95%	丽江	0.56%	18.27%	81.17%
抚顺	1.62%	50.9%	47.48%	淄博	0.09%	65.55%	34.37%	普洱	0.56%	38.24%	61.2%
本溪	0.37%	53.48%	46.15%	临沂	0.25%	50.67%	49.08%	临沧	7.29%	31.97%	60.75%
鞍山	0.61%	50.12%	49.27%	枣庄	0.08%	58.37%	41.55%	延安	0.71%	42.58%	56.71%
盘锦	37.42%	36.47%	26.11%	济宁	0.16%	57.64%	42.19%	铜川	0.18%	45.51%	54.31%
葫芦岛	2.27%	41.47%	56.27%	泰安	0.35%	58.35%	41.3%	渭南	1.32%	39.57%	59.11%
松原	7.68%	45.97%	46.34%	莱芜	0%	65.69%	34.31%	咸阳	0.34%	51.08%	48.59%
吉林	2.53%	43.9%	53.57%	三门峡	0.29%	52.28%	47.44%	宝鸡	0.67%	50.45%	48.88%

第四章 我国资源型城市产业转型升级的特征事实分析

续表

城市	就业结构 一产	就业结构 二产	就业结构 三产	城市	就业结构 一产	就业结构 二产	就业结构 三产	城市	就业结构 一产	就业结构 二产	就业结构 三产
辽源	1.94%	54.7%	43.36%	洛阳	0.13%	49.04%	50.83%	榆林	0.96%	41.63%	57.41%
通化	1.57%	54.48%	43.95%	焦作	0.1%	59.37%	40.53%	金昌	2.51%	66.28%	31.21%
白山	11.19%	36.12%	52.69%	鹤壁	0.05%	67.41%	32.55%	白银	1.16%	44.49%	54.36%
黑河	20.35%	15.62%	64.03%	濮阳	0.03%	59.35%	40.62%	武威	2.03%	38.04%	59.93%
大庆	0.58%	50.06%	49.37%	平顶山	0.08%	55.33%	44.59%	张掖	8.68%	28.67%	62.64%
伊春	54.32%	12.97%	32.71%	南阳	0.5%	45.5%	54%	庆阳	0.29%	35.6%	64.11%
鹤岗	27.82%	35.69%	36.5%	鄂州	0.1%	66.52%	33.37%	平凉	0.85%	41.13%	58.03%
双鸭山	4.42%	37.05%	58.53%	黄石	0.35%	59.51%	40.13%	陇南	9.69%	18.73%	71.57%
七台河	4.86%	51.17%	43.96%	衡阳	0.14%	44.79%	55.07%	石嘴山	0.43%	46.01%	53.56%
鸡西	24.34%	35.32%	40.34%	郴州	0.47%	37.92%	61.61%	克拉玛依	0.08%	64.4%	35.52%
牡丹江	15.38%	29.29%	55.33%	邵阳	0.81%	37.96%	61.23%	平均值	2.98%	44.31%	52.71%

77

通过对比分析我国不同区域资源型城市的三次产业就业结构(图4-5),可以看出,我国东北地区资源型城市第一产业就业比例最高,达到11.66%;西部地区资源型城市第一产业就业比例次之,为2.1%;中部地区和东部地区资源型城市第一产业就业比例相对较低,分别为0.71%和0.09%。从资源型城市第二产业就业比例来看,我国东部地区和中部地区资源型城市第二产业就业比例相对较高,分别达到50.08%和48.42%;东北地区资源型城市第二产业就业比例为40.46%;西部地区资源型城市第二产业就业比例最低,仅为39.45%。我国西部地区第三产业就业比例反而最高,中部地区和东部地区资源型城市第三产业就业比例分别为50.87%和49.23%,东北地区资源型城市第三产业就业比例最低,仅为47.88%。

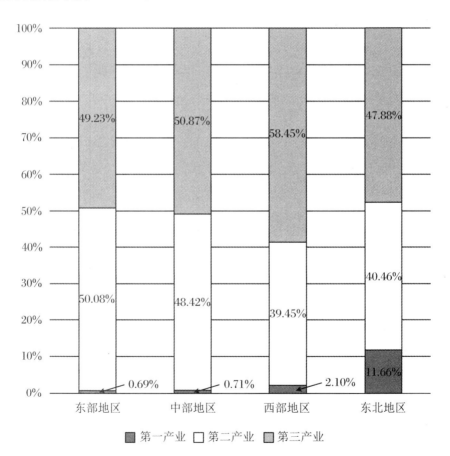

图4-5　2020年我国不同区域资源型城市的三次产业就业结构图

通过对比分析我国不同类型资源型城市的三次产业就业结构(图4-6),可以看出,成熟型资源型城市第一产业就业比例最低,仅为1.85%,再生型资源型城市和成长型资源型城市第一产业就业比例均为3.7%左右,而衰退型资源型城市第一产业就业比例达到了5.11%。成长型资源型城市第二产业就业比例相对较低,仅为36.94%,成熟型资源型城市达到43.34%,而再生型资源型城市和衰退型资源型城市第二产业就业比例相对较高,分别达到47.54%和49.39%。成长型资源型城市和成熟型资源型城市第三产业就业比例相对较高,分别为59.27%和54.81%,再生型资源型城市第三产业就业比例低于成熟型资源型城市6.12%,而衰退型资源型城市第三产业就业比例最低,仅为45.5%。

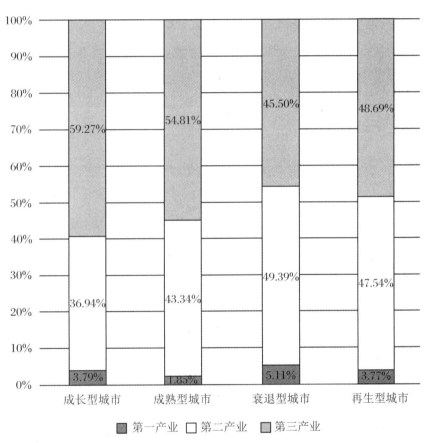

图4-6 2020年我国不同类型资源型城市的三次产业就业结构图

三、我国资源型城市企业总产值及利润分析

企业总产值及利润反映了企业的生产情况和盈利能力,从我国资源型城市2008～2020年企业总产值及利润总额的变化上来看(图4-4),我国资源型城市

内资企业总产值、外资企业总产值以及利润总额的变化总体均呈现出上升的趋势,其中,内资企业总产值2008~2012年增幅较大,由2 804 167万元上升至8 226 534万元,2012~2013年增幅较小,2013年达到8 963 624万元,2014年之后继续保持上升的趋势,2018年达到顶点的21 440 259万元,2019年略微下降,2020年回升至20 833 269万元。外资企业总产值的基数相对较小,并且增长幅度相对较缓,2008~2012年增长相对较快,由217 864万元上升至861 483万元,2013年以后增长开始放缓,2018年达到1 715 995万元,2019年出现小幅下降,2020年又回升至1 615 210万元。从利润总额的变化上来看,2008~2015年保持较为快速的上升趋势,2015年达到1 409 318万元,2016~2018年继续上升,由1 427 979万元增长到1 456 901万元,2019年小幅下降至1 431 665万元,2020年回升至1 447 918万元。

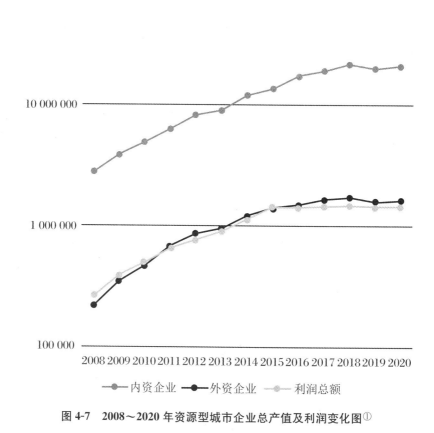

图4-7 2008~2020年资源型城市企业总产值及利润变化图①

---

① 制图时采取对数刻度,设置边界最小值为100 000。

对我国资源型城市2020年的企业总产值及利润进行分析(表4-3),可以看出,我国资源型城市内资企业总产值和外资企业总产值的平均值分别为20 833 269万元和1 615 210万元,而利润总额的平均值为1 171 918万元,具体来看,内资企业总产值最高的是东营市,达到124 920 991万元;其次是徐州市,达到124 425 144万元。在我国资源型城市中内资企业总产值超过平均值的共有35个,约占资源型城市总数的30.1%,而内资企业总产值最低的是伊春市,仅为资源型城市平均水平的4.1%。外资企业总产值最高的是淄博市,达到13 553 012万元,其外资企业总产值约为内资企业总产值的12.7%;其次是唐山市,达到13 417 785万元,其外资企业总产值约为内资企业总产值的15.5%。外资企业总产值高于平均值的资源型城市有35个,约占资源型城市总数的30.1%,此外,金昌市、平凉市以及陇南市均没有收集到外资企业总产值。从利润总额来看,利润总额最高的资源型城市是徐州市,达到11 088 900万元;其次是淄博市,达到8 039 058万元。利润总额为负的资源型城市有12个,其中,利润总额最低的资源型城市是攀枝花市,为−638 345万元。利润总额高于平均值的资源型城市有33个,约占资源型城市总数的28.4%。由此看来,我国资源型城市的内资企业总产值显著高于外资企业总产值,而利润总额在资源型城市之间差距较大。

通过对比分析我国不同区域资源型城市的企业总产值和利润总额(图4-8),可以看出,我国东部地区资源型城市的内资企业总产值、外资企业总产值以及利润总额均最高,分别为47 947 713万元、4 984 870万元以及3 029 751万元。中部地区资源型城市的内资企业总产值、外资企业总产值以及利润总额均次之,分别为20 635 368万元、1 590 569万元、1 105 722万元。西部地区资源型城市的内资企业总产值、外资企业总产值和利润总额分别比中部地区资源型城市低39.4%、74.2%以及38.2%,而东北地区资源型城市的内资企业总产值、外资企业总产值和利润总额均最低,分别为10 251 959万元、655 258万元以及374 528万元。

表 4-3 2020 年我国资源型城市企业总产值及利润表

城市	企业总产值(万元) 内资	企业总产值(万元) 外资	利润总额(万元)	城市	企业总产值(万元) 内资	企业总产值(万元) 外资	利润总额(万元)	城市	企业总产值(万元) 内资	企业总产值(万元) 外资	利润总额(万元)
张家口	11 246 516	1 319 318	666 647	徐州	124 425 144	12 018 456	11 088 900	娄底	18 310 028	1 145 253	1 127 384
承德	17 219 874	218 960	875 343	宿迁	36 791 163	4 175 837	3 919 300	韶关	10 486 600	1 888 777	753 932
唐山	86 259 039	13 417 785	4 381 435	湖州	35 163 790	10 896 717	2 952 594	云浮	9 510 046	2 706 048	715 151
邢台	26 592 789	2 743 716	1 635 038	宿州	17 694 418	792 106	767 385	百色	14 093 496	654 671	200 219
邯郸	46 620 284	3 930 440	2 394 116	淮北	17 321 579	937 835	741 417	河池	3 382 659	62 741	449 514
大同	7 840 129	178 166	118 965	亳州	10 508 301	75 179	610 598	贺州	4 270 080	496 272	267 357
朔州	7 180 337	245 173	458 485	淮南	9 289 222	787 629	512 202	广元	7 702 695	492 747	424 213
阳泉	5 217 513	149 664	52 596	滁州	26 279 185	2 326 922	2 760 835	广安	16 355 922	346 179	619 429
长治	14 741 029	696 878	755 635	马鞍山	25 447 457	2 660 096	1 158 296	南充	24 111 141	581 464	1 766 946
晋城	6 521 434	1 897 225	562 903	铜陵	19 095 654	5 073 960	429 486	自贡	17 722 878	451 724	715 029
忻州	6 702 431	33 817	242 328	池州	7 720 502	331 871	512 519	泸州	19 881 340	297 476	1 194 496
晋中	11 194 801	808 709	−186 279	宣城	18 237 768	963 389	1 334 981	攀枝花	16 394 127	110 331	−638 345
临汾	12 488 587	289 279	−38 883	南平	17 035 093	1 647 684	1 021 596	达州	10 022 038	90 846	139 874
运城	12 906 742	244 402	385 206	三明	34 327 281	1 732 627	898 112	雅安	5 339 354	200 767	302 408

第四章 我国资源型城市产业转型升级的特征事实分析

续表

城市	企业总产值（万元）内资	外资	利润总额（万元）	城市	企业总产值（万元）内资	外资	利润总额（万元）	城市	企业总产值（万元）内资	外资	利润总额（万元）
吕梁	12 565 410	1 407 652	114 583	龙岩	18 237 300	2 544 813	718 769	六盘水	15 692 715	130 909	402 722
包头	33 134 171	1 274 887	1 124 819	景德镇	11 008 947	784 714	542 072	安顺	5 940 175	183 937	710 613
乌海	9 720 767	119 333	160 327	新余	12 615 363	2 844 396	713 118	毕节	9 773 200	105 200	437 000
赤峰	20 485 733	624 306	607 167	萍乡	16 489 943	937 822	1 952 260	曲靖	15 643 729	398 967	250 519
呼伦贝尔	12 340 995	486 966	470 518	赣州	27 689 223	7 722 140	2 372 327	保山	3 932 307	90 648	302 145
鄂尔多斯	4 562 0597	2 834 422	6 348 583	宜春	36 262 890	4 825 743	3 477 321	昭通	3 171 888	87 764	603 040
阜新	2 426 075	226 246	107 332	东营	124 920 991	8 425 470	6 117 941	丽江	1 276 817	37 549	14 047
抚顺	7 588 840	403 915	395 846	淄博	106 562 145	13 553 012	8 039 058	普洱	2 274 141	184 965	39 998
本溪	6 021 244	1 422 497	235 375	临沂	97 154 490	11 152 315	5 223 531	临沧	2 870 387	42 714	99 120
鞍山	10 778 264	690 915	194 890	枣庄	32 528 414	2 007 379	1 655 215	延安	10 290 266	19 644	−13 694
盘锦	14 661 449	1 064 844	1 867 393	济宁	52 217 214	2 779 293	3 440 945	铜川	5 557 164	41 136	135 864
葫芦岛	5 541 140	183 708	127 995	泰安	54 107 458	2 207 001	3 544 959	渭南	21 012 892	410 830	590 382
松原	21 015 631	352 044	471 168	莱芜	17 548 641	331 770	552 454	咸阳	32 893 760	2 521 290	3 654 950
吉林	30 442 978	1 795 833	1 182 779	三门峡	33 848 362	2 226 905	1 617 846	宝鸡	26 989 117	2 307 336	1 358 461

续表

城市	企业总产值(万元) 内资	企业总产值(万元) 外资	利润总额(万元)	城市	企业总产值(万元) 内资	企业总产值(万元) 外资	利润总额(万元)	城市	企业总产值(万元) 内资	企业总产值(万元) 外资	利润总额(万元)
辽源	14 997 966	539 310	311 153	洛阳	71 909 027	2 564 296	2 760 032	榆林	32 478 159	246 802	3 923 800
通化	22 537 975	993 406	1 501 017	焦作	56 865 821	2 066 532	3 625 275	金昌	7 925 258	0	−127 640
白山	13 477 000	886 900	253 600	鹤壁	19 527 564	514 499	1 096 827	白银	5 839 497	114 303	−7 337
黑河	1 287 270	61 181	76 508	濮阳	36 718 483	1 463 187	1 782 568	武威	4 696 092	4 875	60 852
大庆	25 454 272	2 910 522	−97 238	平顶山	25 512 885	1 146 376	1 849 713	张掖	3 471 697	98 523	50 320
伊春	856 990	37 199	−42 017	南阳	46 579 625	1 609 681	2 057 267	庆阳	5 186 599	21 762	387 395
鹤岗	1 869 872	10 567	−37 678	鄂州	13 054 693	1 188 307	405 200	平凉	1 659 401	0	14 893
双鸭山	2 413 631	124 389	−20 573	黄石	17 339 500	3 558 400	765 700	陇南	1 707 056	0	100 124
七台河	1 442 228	2 997	−38 874	衡阳	20 187 050	1 719 717	1 043 671	石嘴山	8 694 300	183 430	609 397
鸡西	2 009 178	190 380	34 125	郴州	30 165 282	1 892 934	1 772 600	克拉玛依	9 854 504	8 352	−429 811
牡丹江	9 965 227	553 061	593 245	邵阳	20 471 436	740 205	657 307	平均值	20 833 269	1 615 210	1 171 918

第四章 我国资源型城市产业转型升级的特征事实分析

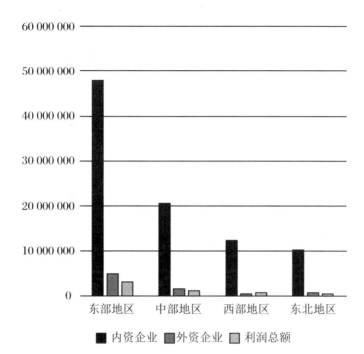

图4-8 2020年我国不同区域资源型城市的企业总产值及利润图

通过对比分析我国不同类型资源型城市的企业总产值和利润总额(图4-9)，可以看出，再生型资源型城市内资企业总产值、外资企业总产值和利润总额均最高，分别为45 768 640万元、4 366 354万元以及2 900 553万元；而衰退型资源型城市的内资企业总产值与利润总额均最低，分别为1 140 694万元和694 894；成长型资源型城市内资企业总产值为16 232 616万元，利润总额为1 338 300万元，而外资企业总产值仅为574 773万元；成熟型资源型城市内资企业总产值高于成长型资源型城市11.7%，外资企业总产值高于成长型资源型城市58.7%，利润总额却低于成长型资源型城市32.6%。

四、我国资源型城市三次产业比较劳动生产率分析

劳动生产率是反映社会生产力和劳动效率的重要指标，由于这里研究的是我国资源型城市不同产业部门之间劳动生产率水平的差异，因此采用比较劳动生产率计算较为合适[①]。根据我国资源型城市2008～2020年的三次产业比较

---

① 第一产业比较劳动生产率=(第一产业的产值/三次产业的产值总和)/(第一产业的就业人数/三次产业的就业人数总和)。第二产业比较劳动生产率与第三产业比较劳动生产率的计算公式以此类推。

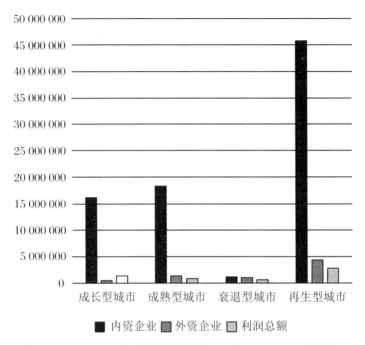

图4-9 2020年我国不同类型资源型城市的企业总产值及利润图

劳动生产率计算结果(图4-4),我国资源型城市第一产业比较劳动生产率变化幅度相对较大,并且呈现上升的趋势;第二产业比较劳动生产率和第三产业比较劳动生产率波动幅度较小,并且第二产业比较劳动生产率总体呈现下降的趋势,第三产业比较劳动生产率总体呈现上升的趋势。第一产业比较劳动生产率2008～2009年平稳增长,2010年和2011年略微下降,2012年回升至16.55,2013年又出现下降,2015年之后迅速增长,2016年到达顶点30.93,2017～2018年又出现下降,2019年回升至34.06,2020年又回落至32.38。第二产业比较劳动生产率2008～2009年小幅下降,2010～2012年由1.23上升至1.30,2013年继续保持1.30,之后一直保持平稳上升趋势,2015年到达顶点1.41,2016～2020年持续下降,由1.34下降至1.09。第三产业比较劳动生产率2008～2009年上升0.04,2010年和2011年保持0.69,2012年开始下降,2013年回升,2014～2015年又出现下降,2016年回升至0.65,2017～2020年一直保持上升势头,由0.71持续上升至0.80。

对我国资源型城市2020年三次产业比较劳动生产率进行分析(表4-4),可以发现,我国资源型城市三次产业比较劳动生产率的平均值分别为第一产业比较劳动生产率32.38、第二产业比较劳动生产率1.09、第三产业比较劳动生产率0.80。

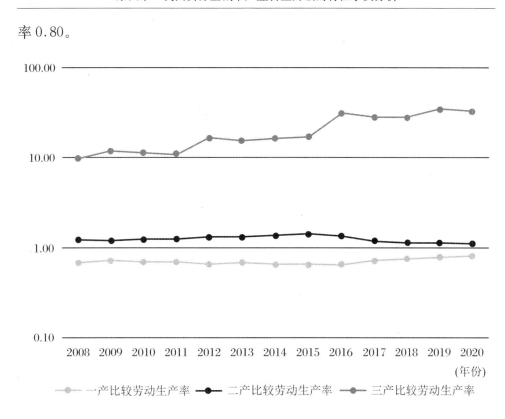

图4-10　2008～2020年我国资源型城市三次产业比较劳动生产率变化图①

具体来看,第一产业比较劳动生产率最高的是濮阳市,达到335.85,为第一产业比较劳动生产率平均值的10.37倍;最低的是淮北市和莱芜市。第一产业比较劳动生产率小于1的资源型城市仅有6个,约占资源型城市总数的5%,第一产业比较劳动生产率高于平均值的资源型城市有33个,约占资源型城市总数的28.4%。

第二产业比较劳动生产率最高的是贺州市,为2.35,为第二产业比较劳动生产率平均值的2.93倍;最低的是双鸭山市和平凉市,均仅为0.6。第二产业比较劳动生产率超过1的资源型城市共有62个,约占资源型城市总数的53.4%;第二产业比较劳动生产率高于平均值的资源型城市有46个,约占资源型城市总数的39.6%。

第三产业比较劳动生产率最高的是盘锦市,达到1.63,为第三产业比较劳动生产率平均值的2.03倍;最低的是百色市,仅为0.42。第三产业比较劳动生

① 制图时采取对数刻度和逆序刻度值,设置边界最小值为0.1。

产率超过1的资源型城市共有21个,约占资源型城市总数的18.1%;第三产业比较劳动生产率高于平均值的资源型城市有51个,约占资源型城市总数的43.9%。

据此可知,我国资源型城市第一产业比较劳动生产率相对较高,第二产业比较劳动生产率和第三产业比较劳动生产率相对较低,并且第三产业比较劳动生产率相对于第二产业比较劳动生产率更低。一般情况下,第一产业比较劳动生产率应保持在1以下,第二产业比较劳动生产率和第三产业比较劳动生产率应保持在1以上,而我国资源型城市的第一产业比较劳动生产率却大部分在1以上,第二产业比较劳动生产率和第三产业比较劳动生产率大部分在1以下,因此,三次产业比较劳动生产率严重制约了部门经济的发展。

通过对比分析我国不同区域资源型城市的比较劳动生产率(图4-11),可以看出,中部地区资源型城市第一产业比较劳动生产率最高,达到67.26;东部地区资源型城市第一产业比较劳动生产率相对较高,为47.89;而西部地区和东北地区资源型城市第一产业比较劳动生产率相对较低,分别为25.18和5.48。西部地区资源型城市第二产业比较劳动生产率为1.27,这主要是西部地区资源型城市第二产业从业人员数较少所导致的,中部地区资源型城市的第二产业比较劳动生产率均超过了1,表明中部地区资源型城市第二产业比较劳动生产率相对较高,而东部地区和东北地区资源型城市第二产业比较劳动生产率分别为0.99和0.96。东北地区资源型城市第三产业比较劳动生产率相对较高,达到0.93,东部地区资源型城市第三产业比较劳动生产率达到0.89,中部地区资源型城市第三产业比较劳动生产率低于东部地区0.06,而西部地区资源型城市第三产业比较劳动生产率最低,仅为0.67。

表 4-4 2020 年我国资源型城市三次产业比较劳动生产率分析

城市	比较劳动生产率			城市	比较劳动生产率			城市	比较劳动生产率		
	第一产业	第二产业	第三产业		第一产业	第二产业	第三产业		第一产业	第二产业	第三产业
张家口	15.07	1.41	0.62	徐州	6.86	0.77	1.12	娄底	29.39	0.97	0.75
承德	15.58	1.48	0.55	宿迁	113.76	0.76	1.12	韶关	27.29	0.72	1.01
唐山	4.69	1.20	0.68	湖州	138.74	0.74	1.33	云浮	72.19	0.85	0.75
邢台	95.34	1.16	0.66	宿州	7.10	1.14	0.67	百色	12.19	1.98	0.42
邯郸	57.69	1.01	0.76	淮北	0.00	0.89	0.98	河池	13.37	1.29	0.62
大同	19.07	0.71	1.19	亳州	248.34	1.26	0.60	贺州	14.68	2.35	0.46
朔州	5.44	1.01	0.90	淮南	6.56	0.92	0.86	广元	66.03	1.63	0.52
阳泉	12.53	0.77	1.35	滁州	5.92	1.24	0.60	广安	34.84	1.90	0.45
长治	15.02	0.99	0.92	马鞍山	16.59	1.04	0.84	南充	89.33	1.10	0.56
晋城	13.35	0.86	1.12	铜陵	2.58	1.07	0.83	自贡	37.72	1.27	0.58
忻州	8.95	1.63	0.65	池州	15.68	1.28	0.68	泸州	45.02	1.06	0.65
晋中	30.96	1.06	0.80	宣城	9.52	1.27	0.66	攀枝花	3.58	1.32	0.57
临汾	9.13	1.37	0.70	南平	7.21	1.23	0.57	达州	31.16	1.02	0.63
运城	29.24	1.12	0.70	三明	9.06	1.39	0.56	雅安	20.49	1.71	0.48

续表

城市	比较劳动生产率			城市	比较劳动生产率			城市	比较劳动生产率		
	第一产业	第二产业	第三产业		第一产业	第二产业	第三产业		第一产业	第二产业	第三产业
吕梁	27.81	1.23	0.71	龙岩	10.17	1.31	0.62	六盘水	83.66	1.03	0.78
包头	3.61	0.89	1.09	景德镇	2.33	1.20	0.74	安顺	24.59	0.95	0.77
乌海	5.04	0.96	1.04	新余	22.74	0.80	1.20	毕节	81.67	1.82	0.52
赤峰	3.38	1.43	0.60	萍乡	20.72	0.99	0.89	曲靖	39.99	0.91	0.70
呼伦贝尔	0.56	1.76	0.84	赣州	15.34	1.04	0.73	保山	16.87	0.76	0.76
鄂尔多斯	2.67	1.19	0.80	宜春	13.91	0.88	0.83	昭通	24.74	1.85	0.50
阜新	10.36	0.80	0.77	东营	117.21	1.02	0.88	丽江	27.27	2.13	0.56
抚顺	4.16	0.99	0.90	淄博	39.57	0.80	1.28	普洱	47.55	0.90	0.63
本溪	23.84	0.81	1.03	临沂	35.98	0.85	0.98	临沧	3.85	1.06	0.63
鞍山	11.17	0.72	1.16	枣庄	94.56	0.88	0.99	延安	15.40	1.25	0.64
盘锦	0.32	1.25	1.63	济宁	68.05	0.79	1.03	铜川	42.61	1.14	0.74
葫芦岛	7.45	0.84	0.86	泰安	24.54	0.77	1.13	渭南	11.44	1.16	0.66
松原	2.12	0.91	0.90	莱芜	0.00	0.76	1.22	咸阳	42.82	1.13	0.57
吉林	3.87	0.98	0.88	三门峡	32.64	1.08	0.72	宝鸡	13.27	1.26	0.57

续表

城市	比较劳动生产率			城市	比较劳动生产率			城市	比较劳动生产率		
	第一产业	第二产业	第三产业		第一产业	第二产业	第三产业		第一产业	第二产业	第三产业
辽源	3.98	1.05	0.81	洛阳	46.12	0.96	0.92	榆林	6.12	1.46	0.58
通化	5.68	0.88	0.99	焦作	64.19	1.00	0.85	金昌	3.97	0.76	1.28
白山	0.75	1.51	0.71	鹤壁	173.15	0.97	0.82	白银	12.14	0.91	0.84
黑河	2.33	0.96	0.59	濮阳	335.85	0.92	0.84	武威	11.55	0.97	0.66
大庆	12.44	1.12	0.74	平顶山	123.80	0.89	0.93	张掖	2.95	0.96	0.75
伊春	0.78	1.52	1.16	南阳	32.87	0.96	0.73	庆阳	50.08	1.35	0.59
鹤岗	1.23	0.84	0.98	鄂州	119.61	0.82	1.00	平凉	33.17	0.60	0.81
双鸭山	8.20	0.60	0.71	黄石	24.63	0.93	0.90	陇南	2.24	1.15	0.79
七台河	3.02	0.71	1.11	衡阳	107.10	0.93	0.79	石嘴山	11.83	1.37	0.60
鸡西	1.46	0.69	0.99	郴州	20.76	1.37	0.62	克拉玛依	10.66	1.08	0.83
牡丹江	1.09	1.22	0.86	邵阳	26.24	0.94	0.70	平均值	32.38	1.09	0.80

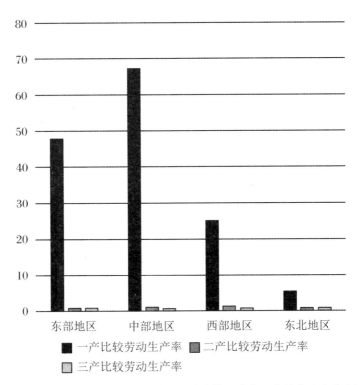

图 4-11 2020 年我国不同区域资源型城市的三次产业比较劳动生产率图

通过对比分析我国不同类型资源型城市的比较劳动生产率(图 4-12),可以看出,衰退型资源型城市第一产业比较劳动生产率相对最高,达到 67.38;成熟型资源型城市和成长型资源型城市第一产业比较劳动生产率分别为 35.01 和 29.31;再生型资源型城市第一产业比较劳动生产率最低,为 23.84。从第二产业比较劳动生产率来看,成长型资源型城市和成熟型资源型城市均超过 1,表明成长型资源型城市和成熟型资源型城市第二产业比较劳动生产率相对较高;衰退型资源型城市和再生型资源型城市第二产业比较劳动生产率均为 0.99。再生型资源型城市第三产业比较劳动生产率达到 0.98,成熟型资源型城市第三产业劳动生产率低于再生型资源型城市 0.22,而成长型资源型城市的第三产业比较劳动生产率相对最低,仅为 0.68%。

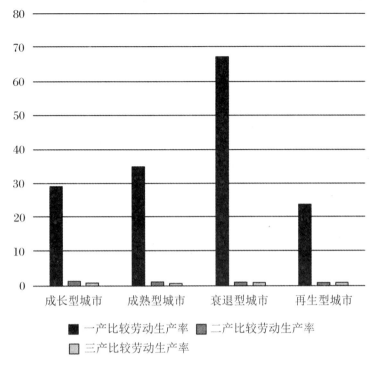

图 4-12 2020 年我国不同类型资源型城市的三次产业比较劳动生产率图

第二节 我国资源型城市产业发展的困境分析

一、产业结构不协调,产业转型升级阻力大

我国资源型城市的产业结构较为单一且低级,其中,第二产业的产值占据了三次产业的主要比例,而第一产业和第三产业的产值所占三次产业的比例相对较小,且第三产业的产值所占比例在不同地区和不同类型的资源型城市间具有较大的差异性。由于我国的资源型城市是在特殊历史时期形成的,并且是以依托当地的矿产等自然资源发展和资源开发和原材料初级加工为主导产业的特殊类型城市,因此,其产业结构倚重于"高污染、高能耗、高排放"为特征的第二产业,这类产业的生产方式较为粗放,资源浪费及污染程度相对严重。同时,

我国资源型城市的第一产业基础相对较为薄弱,且第三产业发展的不够充分,在资源与环境的双重约束下,三次产业结构关系严重失调[179]。从产值结构与就业结构的协调关系上来看,我国资源型城市的产值结构与就业结构的偏离度较大,产值结构与就业结构之间存在脱节现象,且就业结构的变化调整滞后于产值结构的演进,因此,我国资源型城市的劳动力市场存在较大的供需缺口,劳动力个体特质与劳动力市场的岗位需求不能完全相匹配,我国资源型城市的就业压力不断增大,劳动力市场的结构性失衡困境进一步凸显[180]。此外,我国资源型城市的第一产业比较劳动生产率严重虚高,而第二产业比较劳动生产率和第三产业比较劳动生产率却相对较低,即使是与非资源型城市差距最小的第二产业比较劳动生产率仍远远低于非资源型城市,这表明我国资源型城市三次产业比较劳动生产率严重不合理,并且效率较低,从而制约了部门经济的发展①,这给我国资源型城市的产业转型升级带来了较大的阻力。

二、产业间关联度不强,产业竞争力相对较弱

由于我国资源型城市的主导产业多以投入型产业或者中间投入型产业为主,这类产业通常仅与前向产业关联度高,而与后向产业和旁向产业的关联度较低,并且关联产业之间的分工合作协同度也不高,资源型城市产业对于周边产业的辐射带动能力相对较弱[181]。从表4-5可知,2020年我国影响力系数②后五位的产业基本上都是资源型产业。此外,我国资源型城市产业链条普遍相对较短且匮乏,产业链条向下游延伸不足,上游、中游以及下游产业链条之间衔接不畅,并且产业配套能力相对较弱,资源型城市产业体系尚不健全。产业发展的微观要素是企业个体,我国资源型城市的企业收益虽然呈现逐年上涨的趋势,但是与非资源型城市的企业收益相比仍存在较大差距,这其中很大的原因是我国资源型城市产业的技术创新能力整体偏弱,从而导致生产制造的产品附加值较低,企业在市场竞争中缺乏足够的竞争力[51]。当前,我国中部地区和西部地区资源型城市较多的企业采用粗放型、污染型的原材料初级加工生产方式,这种生产方式不仅资源消耗浪费程度较高、对生态环境污染破坏的负外部

---

① 刘易斯拐点认为,资本、劳动力及技术等生产要素的转移将会按照由劳动生产率低的部门向劳动生产率高的部门流动的轨迹进行,当三次产业的劳动生产率趋近相同时才能实现产业结构的均衡及边际产出最大化。

② 在产业经济学中,影响力系数是反映产业间关联度的重要指标。

性大,还严重制约了企业生产效率和经营绩效的提升。而我国东北地区资源型城市的企业的资源捕获能力以及产业基础具有一定的比较优势,但是资源精深加工能力不强,并且产业组织结构较为僵硬,东部地区资源型城市的企业虽然已经较多的采用集约型、清洁型的资源精深加工生产方式,但是生产技术和工艺还有待改进提升,边际污染治理成本仍相对较高。同时,我国资源型城市的产业因产业集聚以及优势要素资源整合能力弱,导致规模经济效应和范围经济效应的生产优势难以发挥,资源集约利用效率和长期平均生产成本难以降下,从而严重阻碍了产业转型升级和产业竞争力提升。

表4-5 2020年我国影响力系数前五位产业和后五位产业[①]

影响力系数前五位产业	影响力系数	影响力系数后五位产业	影响力系数
金融和房地产	1.524	金属冶炼、加工及制品	1.098
信息传输、软件和信息技术服务	1.438	炼油、炼焦和化学产品	1.069
机械设备纺织、交通运输设备、电子电器及其他设备	1.432	木材加工、家具、造纸印刷和文教工美产品	1.031
建筑业	1.366	采掘产品	1.028
纺织、服装、鞋及皮革羽绒制品	1.352	非金属矿物制品	0.015

三、资源型产业贡献率衰退,非资源型产业发展乏力

随着我国不可再生资源可供开采储量的下降、资源型产业市场竞争力的减退以及经济发展对于可替代能源需求的持续增加,我国资源型产业对于资源型城市经济增长的贡献率正逐步衰退,而我国非资源型产业同样也是推动资源型城市经济增长的重要力量[182]。由图4-13可以看出,2008~2020年我国资源型产业对经济增长的贡献率大致呈现下降的趋势,而非资源型产业对经济增长的贡献率大致呈现出上升的趋势,到了2020年,我国资源型产业与非资源型产业贡献率基本持平。但是,由于我国资源型产业的发展对于资源型城市生产要素的过度挤占,从而影响了非资源型产业对于生产资料的正常获取[②];同时,由于

---

① 数据来源于《中国统计年鉴(2020)》并经笔者整理而成。
② 由于资源型产业具有较强的资源依赖性特征,并且影响到与之相关的生产资料的供求弹性与要素流动,容易形成垄断经济,从而导致资源型城市的生产要素过度集中于资源型产业,而非资源型产业因为受到资源型产业的"要素挤出",使得缺乏相应的生产要素流入。

我国资源型行业的退出壁垒以及非资源型行业的进入壁垒均较高①,因此,我国非资源型产业发展需要承担较高的市场交易成本和制度性交易成本,从而导致发展较为乏力且滞后[183]。从我国不同类型的资源型城市角度来看,资源型产业与非资源型产业的发展情况存在较大差异,其中,成长型资源型城市和成熟型资源型城市具有充足的资源保障,资源型产业的发展处于上升期,资源型产业对于经济增长的贡献率较大;而非资源型产业的发展缺乏相应的市场空间,因而非资源型产业在成长型及成熟型资源型城市产业构成中的所占比例相对较少。衰退型资源型城市由于面对资源枯竭的压力以及"资源-环境-经济"一系列恶性循环的连锁反应,导致资源型产业严重衰退,而非资源型产业由于处在转型探索时期,产业生成机制和发展机制尚不成熟,因此非资源型产业同样处于发展较为困难且落后的境地。再生型资源型城市由于基本完成了经济转型,并且找到了城市产业定位与接续替代产业,因此,非资源型产业发展充满了蓬勃朝气,而资源型产业逐步退出产业舞台,资源型城市的资源型产业与非资源型产业协调发展步入良性轨道。

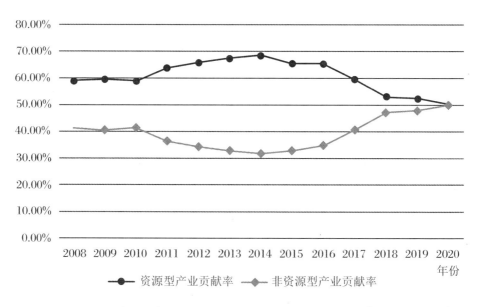

图 4-13 资源型产业与非资源型产业贡献率变化图②

---

① 资源型行业的退出壁垒以及非资源型行业的进入壁垒主要涉及市场需求刚性、宏观政策约束以及市场竞争障碍等多方面壁垒。
② 数据来源于 2008~2020 年《中国城市统计年鉴》,并经笔者计算整理得出。

四、产业发展与资源开发利用、生态环境保护之间不平衡、不协调的矛盾加剧

新中国在建立初期采取的是集中力量优先发展重工业的经济战略①,这一时期为支持资源型城市建设产生了一系列不科学、不合理的资源开发和利用行为,例如,在"工业大跃进"和"以钢为纲"运动的影响下为片面追求钢铁工业产量,全国上下掀起了"大炼钢铁"热潮②等,这种粗放型的资源开发和利用模式虽然为我国国民经济的快速恢复以及社会主义现代化工业体系的建设奠定了坚实的基础③,但是由于过高强度的自然资源开采,并且对资源的集约高效利用水平较低,造成了较为严重的资源浪费和损耗,同时这一时期不合理的资源开发和利用造成了土地塌陷、水土污染以及空气质量降低等诸多负外部性,对生态环境的污染和破坏严重影响到资源型城市的可持续发展。伴随着资源开发的不断推进,我国一大批资源型城市相继进入了成熟期和衰退期,一些资源型城市甚至出现了"矿竭城衰"的现象,在更加趋紧的资源与环境的双重约束下,我国资源型城市的产业发展将会面临着更为严峻的困境。当前,我国资源型城市的产业发展对于资源的依赖性依然较强,资源的短缺枯竭以及资源开采技术难度、开采成本的不断增大给资源型产业的发展带来了一定的阻碍[184],同时在日趋严格的环境规制政策约束下,以"高污染、高能耗、高排放"为典型代表的资源型产业落后产能正在逐步淘汰,资源型产业唯有采取更加清洁型的生产方式并且不断加强生产技术革新,全面推进产业转型升级,才能最大限度地减少资源型产业发展对于生态环境污染和破坏的负面影响,补齐生态短板,逐步形成资源型产业"绿色、低碳、循环"的良性发展模式[185],由此可见,我国资源型城市产业的发展与资源开发利用、生态环境保护之间不平衡、不协调的矛盾更加突出。

---

① 新中国成立后,虽然经过 3 年恢复期,但直到 1953 年全国钢铁年产量也只有 177 万吨,这个产量仅仅能满足社会需要量的 1/3,大规模的经济建设遭遇"钢铁荒"。
② 1958 年开始的全国"大炼钢铁"热潮参加人数最多时达到 9 000 万人,为冶炼钢铁搭建的土高炉、小高炉 60 多万座,全国实际生产钢铁 1 073 万吨,但其中有 300 万吨土钢基本为"废钢"或"弃钢",造成了严重的资源浪费,并对生态环境带来了较大的污染和破坏。
③ 1952~1978 年间,我国钢铁工业产量平均每年递增 12.9%,产值每年递增 11.8%,到 1978 年,我国的钢铁产量为 3 178 万吨,占世界钢产量的 4.5%,居世界第 4 位。

第三节　我国资源型城市产业转型升级的制约因素分析

一、资源与环境约束日趋严峻，部分行业落后和过剩产能堆积严重

随着我国矿产资源以及不可再生能源的高强度开发和利用，已经有越来越多的资源型城市出现了能源资源短缺甚至是资源濒临枯竭[①]，从而导致我国资源型城市产业发展的后备资源储备严重不足。由图4-14可以看出，2008～2020年我国煤炭产量占比从79%下降至68%左右，我国煤炭消费量占比也由73%下降到了62%左右，表明我国绝大部分的资源型城市的产业发展仍然对资源依赖具有刚性，资源型城市产业的创新驱动发展与资源配置方式转换均亟需能源资源的支撑保障，因此，能源资源的约束对于我国资源型城市产业转型升级的负面影响较为严重。同时，在绿色发展理念和生态文明制度的约束下，我国资源型城市的污染治理力度不断加大、生态考评日趋强化，资源型城市产业发展的环境质量要求以及生态环境保护监督执法变得更加严格[186]。因此，在日趋强化的环境规制下资源型城市产业要被迫付出较多额外的生产成本和代价，而只有不断地推进绿色技术创新和产业转型升级，形成创新补偿收益和环境效益，才能弥补资源型城市产业因遵循环境规制而造成的成本损失。此外，我国资源型城市的煤炭、钢铁（金属熔炼、铸造、轧钢）等行业存在较多的落后和过剩产能[②③]，这些产能普遍采取落后的生产技术和粗放型的生产方式，生产效率和产品竞争力极低，并且具有高污染、高能耗以及高排放的特征。过剩产能的存在占据了相当多的一部分社会资源，不仅造成了资源过度消耗和浪

---

① 2019年调查数据显示，我国资源型城市的煤炭资源可供应年限仅剩31年。

② 根据《国家发展改革委关于加强分类引导培育资源型城市转型发展新动能的指导意见》，煤炭和钢铁行业是我国资源型城市存在落后和过剩产能最为严重的两大行业。

③ 《国务院关于化解产能严重过剩矛盾的指导意见》和《关于做好2019年重点领域化解过剩产能工作的通知》指出，"去产能"是供给侧结构性改革的首要任务，由于我国部分行业的产能利用率较低，要结合具体行业的特点和区域实际，坚决遏制产能盲目扩张、清理整顿建成违规产能、淘汰和退出落后产能，不断实现产业结构的优化升级，自2016年以来我国累计压减粗钢产能1.5亿吨以上，退出煤炭落后产能8.1亿吨。

费,还严重影响和干扰了资源型城市产业的市场结构调整和资源优化配置,制约和阻碍了我国资源型城市的产业转型升级。

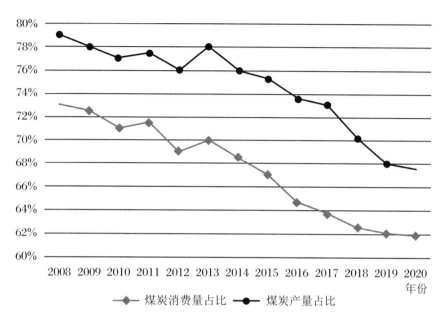

图 4-14 我国煤炭消费量和煤炭产量占比变化趋势曲线①

二、资源型城市经济下行压力持续增大,产业融资困难进一步加剧,资源性产品市场价格低位震荡

受全球经济持续低迷以及中美贸易战②的影响,我国资源型城市经济下行压力持续增大,2016~2020 年我国资源型城市的 GDP 增长率依次为 4.3%、3.1%、4.5%、5.8% 和 2.2%,分别低于全国 GDP 平均增长率 2.5%、3.8%、2.2%、0.2% 和 0.1%③,由此可见,我国资源型城市的经济下行压力比非资源型城市更大,并且资源型城市的经济结构调整速度滞后于全国平均水平。我国资源型城市的居民消费、社会投资以及进出口贸易等受到经济下行压力的影响均出现了持续减弱的一系列连锁反应,资源型城市的产业融资也受到了严峻的制约,由于我国资源型城市产业的资源利用效率和清洁生产水平相对较低,并

---

① 数据来源于 2008~2020 年《中国煤炭行业发展报告》。
② 2018 年开始的中美贸易战,美国对从中国进口的钢铁和铝加征大量的关税。
③ 笔者根据 2016~2020 年《中国统计年鉴》和《中国城市统计年鉴》相关统计数据计算得出。

且资源型城市产业的技术创新水平、产品附加值以及市场竞争力普遍不强,同时资源型城市产业还存在融资成本较高以及融资渠道较为狭窄等问题[187],因此,对于投资商缺乏足够的投资吸引力,又因为资源型产业对于经济增长的贡献率逐渐衰退,而非资源型产业的成长尚不成熟,这就更加加剧了我国资源型城市产业融资的困难程度。从另一角度来看,近年来,受国际能源资源市场变动的不稳定性影响,我国资源性产品的市场价格出现了较大幅度的低位震荡。由图4-15可知,2020年资源性产品市场综合价格同比下降12%,由于资源性产品属于一种典型的中间需求产品,其价格的起伏波动能够通过市场供求关系的变化影响到资源型产业上、中、下游产业链的价格,并且会由现货市场的价格变化传导到期货市场的价格变化并形成"乘数效应",甚至还会波及前向、后向以及旁向关联产业的市场价格变化[188],资源性产品市场价格的低位震荡造成了生产价格要素的扭曲,产生了较大的社会福利损失,并且影响了市场竞争的公平秩序,干扰了正常的资源配置结构,从而不利于我国资源型城市产业的转型升级。

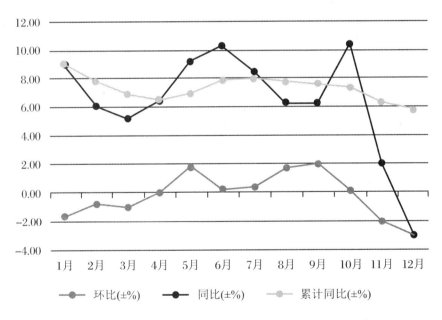

图4-15 2020年资源性产品市场综合价格涨跌幅趋势图①

---

① 数据来源于中国现货交易网,http://www.dzspl.cn/。

三、人才和技术供给严重匮乏,发展接续替代产业的支撑保障能力不足

由于我国的资源型城市在东部沿海地区分布较少,而在中西部内陆偏远地区分布较多,资源型城市所在地区具有经济相对欠发达、产业基础较为薄弱、公共服务体系不够健全等区位劣势,并且科研平台建设严重滞后,"政产学研用"协同体系尚不成熟,此外,还缺乏相应的高素质人才激励和配套政策。因此,我国资源型城市的区位劣势相对较为显著,从而难以吸引人才、留住人才,甚至也难以培养出适应资源型城市产业发展需求的专门人才[189]。目前,虽然我国东部地区的资源型城市产业已经取得了较大的生产率提升和技术进步,但是,我国整体资源型城市产业的生产技术和工艺还相对较为落后,特别是我国中西部地区的资源型城市企业,仍较多地采用粗放型的生产方式,从而导致了资源利用效率极低,环境污染和生态破坏较为严重。由于我国资源型城市R&D经费的投入不足,生产技术和工艺革新较慢,对于关键核心技术的自主创新突破不够,严重匮乏降低边际污染治理成本和提升资源集约高效利用效率的技术供给[190],因此,在一定程度上限制了我国资源型城市的产业转型升级。我国资源型城市实现产业转型升级需要结合自身实际找准并培育接续替代产业,然而我国资源型城市发展接续替代产业的支撑保障能力尚且不足,资源型城市接续替代产业发展的科技支撑体系、人才支撑体系较为薄弱,产业投融资机制和财政金融支持体系尚不健全,环境治理及社会保障体系和能力有待提升,这给我国资源型城市推进产业转型升级带来了一定的压力。

四、自然资源地理分布分散,资源型产业空间分布不均衡

我国自然资源的地理分布较为广阔分散,并且具有显著的区域分布性特征[191]。例如,我国东部地区的自然资源以有色金属和黑色金属为主,中部地区的煤炭、黑色金属以及有色金属分布较多,西部地区的石油、天然气资源储量较大,东北地区的煤炭、石油以及森林资源较为丰富。由于我国资源型城市是依托当地自然资源而兴起或发展的,资源型城市及资源型城市的产业空间分布基本上服从于自然资源的空间分布,因此,我国资源型城市的产业空间分布存在严重的不均衡性。同时,我国资源型城市包含成长型资源型城市、成熟型资源

型城市、衰退型资源型城市、再生型资源型城市4种类型,不同类型的资源型城市的产业基础条件、资源依赖特征以及产业转型升级动力均有所差异,因此,这就进一步加剧了资源型城市的产业空间分布的不均衡性。产业空间分布不均衡不但影响到了要素资源配置的结构和效率、阻碍了生产要素的流通,还固化了资源型城市产业发展对于资源的路径依赖,资源型城市的产业结构单一、产业竞争力弱、非资源型产业发展乏力以及环境负外部性影响恶劣等"老大难"问题难以解决,从而对于推进我国资源型城市产业转型升级造成了较大的阻碍。此外,从资源型城市产业空间分布的内部结构来看,资源型城市产业空间分布不均衡还导致了严重的"矿城分离",使得资源型城市的城市功能分散独立、土地利用混杂并且发展空间受限,不利于资源型城市产业发展与城市功能完善的协调及可持续发展。

第五章 环境规制影响资源型城市产业转型升级:理论模型与实证检验

第一节 理论模型构建与研究假设

Alvarez-Cuadrado 模型是建立在家庭消费决策、生产部门决策以及金融市场出清基础上的多部门产业结构模型,阐释了政府决策诱导产业结构变迁的路径和机理[192]。通过对 Alvarez-Cuadrado 模型的改进,我们可以将生产部门划分为清洁型生产部门(Clean Production Department)和污染型生产部门(Polluting Production Department)两类,其中,清洁型生产部门通过技术变革采取了清洁型生产方式,而污染型生产部门没有进行技术变革,仍旧采用污染型生产方式。假设政府对污染型生产部门实施的环境规制是 g_p,则污染型生产部门环境规制强度的参数为 ϕ_p。类似地,假设政府对清洁型生产部门实施的环境规制为 g_c,清洁型生产部门环境规制强度的参数为 ϕ_c。此外,由于清洁型生产部门实施了技术变革,因此需要支付一定的技术变革成本,这一技术变革成本与政府实施的环境规制有关,需要以边际成本(t)加以衡量。

设定清洁型生产部门的市场价格、劳动量、工资、资本量、利率以及产出水平分别为 $P_c, l_c, w_c, k_c, r_c, X_c$;清洁型生产部门的全要素生产率、劳动效率、资本效率分别为 a_c, θ_c, β_c,那么清洁型生产部门的利润最大化函数可表示为

$$\max((1-t)P_c a_c l_c^{\theta_c} k_c^{\beta_c} g_c^{\phi_c} - (w_c l_c + k_c r_c)) \tag{5-1}$$

同理,设定污染型生产部门的市场价格、工资和利率以及产出水平分别为 P_p, w_p, r_p, X_p;劳动量和资本量分别为 l_p, k_p;污染型生产部门的全要素生产率、劳动效率、资本效率分别为 a_p, θ_p, β_p;X_p 表示采用污染型生产方式的生产

部门的产出水平,污染型生产部门的利润最大化函数可表示为

$$\max(p_p a_p l_p^{\theta_p} k_p^{\beta_p} g_p^{\phi_p} - (w_p l_p + k_p r_p)) \tag{5-2}$$

在社会储蓄水平为 S 的情况下,清洁型生产部门和污染型生产部门的社会消费量为 C_c 和 C_p,清洁型生产部门和污染型生产部门的生产规模需满足下列约束方程:

$$P_c C_c + P_p C_p + S = l_c w_c + l_p w_p + k_c r_c + k_p r_p \tag{5-3}$$

$$s = i = \dot{k} = (\delta_c + n_c) k_c + (\delta_p + n_p) k_p \tag{5-4}$$

式中,s 和 i 分别表示社会储蓄率和投资率;δ_c 和 δ_p 分别为清洁型生产部门和污染型生产部门的折旧率;n_c 和 n_p 分别为清洁型生产部门和污染型生产部门配置新资本的变化率。

根据上述分析,可以推导出清洁型生产部门和污染型生产部门的价格函数、工资函数、利率函数,其中,清洁型生产部门和污染型生产部门的价格函数分别用式(5-5)和式(5-6)表示:

$$p_c = u_c C_c^{u_c - 1} \lambda^{-1} \tag{5-5}$$

$$p_p = u_p C_p^{u_p - 1} \lambda^{-1} \tag{5-6}$$

同理,清洁型生产部门和污染型生产部门的工资函数分别为式(5-7)和式(5-8)所示:

$$\frac{w_c}{P_c} = \theta_c (1 - t) a_c l_c^{\theta_c - 1} k_c^{\beta_c} g_c^{\phi_c} = \frac{\theta_c (1 - t) X_c g_c^{\phi_c}}{l_c} \tag{5-7}$$

$$\frac{w_p}{P_p} = \theta_p a_p l_p^{\theta_p - 1} k_p^{\beta_p} g_p^{\phi_p} = \frac{\theta_p X_p g_p^{\phi_p}}{l_p} \tag{5-8}$$

根据式(5-5)和式(5-6)以及式(5-7)和式(5-8),可以得出清洁型生产部门和污染型生产部门的相对价格水平(p)和相对工资水平(w):

$$p = \frac{P_c}{P_p} = \frac{u_c C_c^{u_c - 1}}{u_p C_p^{u_p - 1}} \tag{5-9}$$

$$w = \frac{\left(\frac{w_c}{P_c}\right)}{\left(\frac{w_p}{P_p}\right)} = \frac{\theta_c (1 - t) X_c g_c^{\phi_c} l_p}{(\theta_p X_p l_c g_p^{\phi_p})} \tag{5-10}$$

在已知相对价格水平和相对工资水平的条件下,根据式(5-3)可以得出清洁型生产部门和污染型生产部门的利率函数 r_c 和 r_p,分别为

$$r_c = \frac{\beta_c (1 - t) X_c p_c g_c^{\phi_c}}{k_c} \tag{5-11}$$

$$r_p = \frac{\beta_p X_p p_p g_p^{\phi_p}}{k_p} \tag{5-12}$$

根据上述两部门的利率函数，可以进一步推导出两部门相对资本累积水平(k)，即为

$$k = \frac{k_c}{k_p} = (1-t)^{u_c} \frac{(\delta_p + n_p)}{(\delta_c + n_c)} \cdot \frac{(\theta_c + \beta_c)g_c^{\phi_c} - 1}{(\theta_p + \beta_p)g_p^{\phi_p} - 1} \cdot \frac{u_c}{u_p} \cdot \frac{X_c^{u_c}}{X_p^{u_p}} \tag{5-13}$$

一般而言，清洁型生产部门包含了更多的产业结构高级化和产业结构合理化倾向，而污染型生产部门的产业结构高级化和产业结构合理化程度均较低。因此，采用清洁型生产部门与污染型生产部门劳动量的比值能够较为直观地反映产业转型升级情况(Antweilere et al,2001)[193]，具体公式如下：

$$\frac{l_c}{l_p} = p^{\nu_1} w^{\nu_2} k^{\nu_3} \tag{5-14}$$

清洁型生产部门与污染型生产部门劳动量的比值主要体现在相对价格水平、相对工资水平以及相对资本累积水平三个方面，ν_1, ν_2, ν_3 分别表示反映相对价格水平、相对工资水平以及相对资本水平弹性的参数。将式(5-9)、式(5-10)、式(5-13)分别代入式(5-14)，可以得到清洁型生产部门与污染型生产部门劳动量比值的计算公式：

$$\frac{l_c}{l_p} = \left(\frac{u_c}{u_p}\right)^{\frac{\nu_1}{\nu_2+1}} \left(\frac{\theta_c g_c^{\phi_c}}{\theta_p g_p^{\phi_p}}\right)^{\frac{\nu_2}{\nu_2+1}} \left(\frac{\delta_p + n_p}{\delta_c + n_c} \cdot \frac{(\theta_c + \beta_c)g_c^{\phi_c} - 1}{(\theta_p + \beta_p)g_c^{\phi_c} - 1} \cdot \frac{u_c}{u_p}\right)^{\frac{\nu_3}{\nu_3+1}}$$
$$(1-t)^{\frac{(u_c-1)\nu_1+\nu_2+u_c\nu_3}{\nu_2+1}} X_c^{\frac{(u_c-1)\nu_1+\nu_2+u_c\nu_3}{\nu_2+1}} X_p^{-\frac{(u_p-1)\nu_1+\nu_2}{\nu_2+1}} \tag{5-15}$$

由于清洁型生产部门受政府实施环境规制影响而支付的技术革新边际成本反映了政府环境规制对于产业转型升级的倒逼效应，因此，从长期效应来看，可将清洁型生产部门支付的技术革新边际成本与清洁型生产部门产出水平的乘积看成是政府实施的环境规制对于清洁型生产部门和污染型生产部门的约束条件，从而式(5-15)调整为

$$\frac{l_c}{l_p} = \left(\frac{u_c}{u_p}\right)^{\frac{\nu_1}{\nu_2+1}} \left(\frac{\theta_c(tX_c - g_p)^{\phi_c}}{\theta_p(tX_c - g_c)^{\phi_p}}\right)^{\frac{\nu_2}{\nu_2+1}}$$

$$\left(\frac{\delta_p + n_p}{\delta_c + n_c} \cdot \frac{(\theta_c + \beta_c)(tX_c - g_p)^{\phi_c} - 1}{(\theta_p + \beta_p)(tX_c - g_c)^{\phi_p} - 1} \cdot \frac{u_c}{u_p}\right)^{\frac{\nu_3}{\nu_2+1}}$$

$$(1-t)^{\frac{(u_m-1)\nu_1+\nu_2+u_m\nu_3}{\nu_2+1}} X_c^{\frac{(u_c-1)\nu_1+\nu_2+u_c\nu_3}{\nu_2+1}} X_p^{-\frac{(u_p-1)\nu_1+\nu_2}{\nu_2+1}} \tag{5-16}$$

由上式可以看出，g_c 的增加将会导致 $\theta_p(tX_c - g_c)^{\phi_p}$ 相对变小，进而会导

致 $\dfrac{l_c}{l_p}$ 相对变大,而 g_p 的增加将会导致 $\theta_p(tX_c-g_p)^{\phi_p}$ 相对变小,进而会导致 $\dfrac{l_c}{l_p}$ 相对变小,这意味着从长期效应来看,在政府实施环境规制的作用下,通过技术变革采用清洁型生产方式的生产部门相对工资水平得到提升,而继续采用污染型生产方式的生产部门的相对工资水平出现了下降。g_c 的增加又会使 $(\theta_p+\beta_p)(tX_c-g_c)^{\phi_p}-1$ 相对变小,进而会导致 $\dfrac{l_c}{l_p}$ 相对变大,而 g_p 的增加又会使 $(\theta_c+\beta_c)(tX_c-g_p)^{\phi_c}-1$ 相对变小,进而会导致 $\dfrac{l_c}{l_p}$ 相对变小。这意味着从长期效应来看,在政府实施环境规制的作用下,通过技术变革采用清洁型生产方式的生产部门的相对资本累积水平将会不断增加,而继续采用污染型生产方式的生产部门的相对资本累积水平将会减少。清洁型生产部门虽然在短期内相对于污染型生产部门需要付出更多的技术变革成本,但是从长期来看能够通过提高相对工资水平、增加相对资本累积水平来促进产业转型升级。

政府对清洁型生产部门和污染型生产部门实施的环境规制目的是实现最优的产业转型升级效果,因此,政府实施的环境规制必须选择一个最优值,对于下式进行求解:

$$\max \dfrac{l_c}{l_p} = \left(\dfrac{u_c}{u_p}\right)^{\frac{\nu_1}{\nu_2+1}} \left(\dfrac{\theta_c g_c^{\phi_c}}{\theta_p g_p^{\phi_p}}\right)^{\frac{\nu_2}{\nu_2+1}} \left(\dfrac{\delta_p+n_p}{\delta_c+n_c} \cdot \dfrac{(\theta_c+\beta_c)g_c^{\phi_c}-1}{(\theta_p+\beta_p)g_c^{\phi_c}-1} \cdot \dfrac{u_c}{u_p}\right)^{\frac{\nu_3}{\nu_3+1}}$$

$$(1-t)^{\frac{(u_c-1)\nu_1+\nu_2+u_c\nu_3}{\nu_2+1}} X_c^{\frac{(u_c-1)\nu_1+\nu_2}{\nu_2+1}} X_p^{-\frac{(u_p-1)\nu_1+\nu_2}{\nu_2+1}}$$

s.t. $tX_c = g_c + g_p$ (5-17)

可得

$$X_c(1-\hat{t}) = \dfrac{(u_c-1)\nu_1+\nu_2+u_c\nu_3}{\dfrac{(\nu_2+\nu_3)\phi_c}{g_c} - \dfrac{(\nu_2+\nu_3)\phi_p}{g_p}} \quad (5-18)$$

由式(5-18)可见,通过实施与最优值 X_c 相适应的政府环境规制能够实现相对工资水平、相对资本累积水平的最优调整,从而最优地促进产业转型升级。

基于上述理论模型分析,可以提出以下两个研究假设:

研究假设1:环境规制对资源型城市产业转型升级具有倒逼效应,并且环境规制对我国不同区域、不同类型资源型城市产业转型升级的倒逼效应具有差异性。

研究假设2:环境规制对资源型城市产业转型升级的影响可能存在门槛效应,并且环境规制对我国不同区域、不同类型资源型城市产业转型升级影响的门槛效应具有差异性。

第二节 实证检验:线性影响分析

一、计量模型与估计方法

为检验环境规制倒逼资源型城市产业转型升级的研究假说能否成立,本书构建的计量模型如下:

$$IND_{i,t} = \alpha_0 + \alpha_1 ERI_{i,t} + \sum_{j=1}^{5}\beta_j X_{i,t}^j + u_i + v_t + \varepsilon_{i,t} \quad (5\text{-}19)$$

其中,下标 i 代表城市,t 代表年份;$IND_{i,t}$ 表示产业转型升级指数,$IND_{i,t-1}$ 表示滞后一期的产业转型升级指数,$ERI_{i,t}$ 表示环境规制强度;$X_{i,t}$ 表示可能影响产业转型升级的其他控制变量;α_0 为常数项,α_1 和 β_j 分别为估计系数,u_i 和 v_t 分别表示刻画地区特征和时期特征的个体固定效应和时间固定效应,$\varepsilon_{i,t}$ 为随机扰动项。

在模型估计方法的选择方面,Wooldridge(2010)指出当数据不存在组内自相关的时候宜选用混合 OLS 估计方法,而当无法观测的个体效应在数据中存在时则需要进一步考虑其与解释变量之间的关系[194]。当无法观测的个体效应与模型中观测的解释变量相关时,应当采用固定效应估计方法(FE),如果个体效应与解释变量不相关,则应当选用随机效应估计方法(RE)。基于此,我们对数据分别进行了 F 检验和豪斯曼检验,F 检验结果显示($F=32.513, P<0.01$)数据采取固定效应估计方法优于混合 OLS 估计方法,而豪斯曼检验结果显示($Chi-Sq=20.368, P<0.05$)数据采取固定效应估计方法优于随机效应估计方法,因此我们最终选择采用固定效应估计方法检验计量模型。

二、指标选取与数据来源

（一）核心解释变量

环境规制(ERI):环境规制是指以环境保护为目的而制定实施的各项政策

与措施的总和。目前,学术界关于环境规制的测度方法主要可以分为以下4类:一是Fredriksson和Millimet(2002)采取的单一指标法。其中,投入类指标,包括治理污染设施运行费用、治污成本占企业总成本和环境政策制定数量等指标。产出类指标,包括不同污染物的去除率、达标率以及排放密度等指标[89]。二是Liu等(2016)采取的分类考察法。基于不同环境规制手段、不同环境规制主体,将环境规制分为命令控制型环境规制、市场激励型环境规制及公众参与型环境规制[42]。三是Al-Debei等(2013)采取的赋值评分法[177]。四是Tobias等(2017)采取的综合指数法,即通过构建环境规制强度综合指标体系,具体包括废水排放达标率、二氧化硫去除率、工业烟(粉)尘去除率、固体废弃物综合利用率及生活垃圾无害化处理率等指标[43]。

然而,现有文献单一指标法对环境规制的衡量均从单一维度进行考察,忽视了环境规制内涵丰富;分类考察法是基于不同环境规制手段、不同环境规制主体,存在一定的片面性,难以反应环境规制的综合强度;赋值评分法在度量环境规制时的主观性过强。因此,我们在上述第四种环境规制指标量化方法的基础上进行了改进,利用熵值法构建环境规制综合指标体系度量环境规制强度。首先,对废水排放达标率、二氧化硫去除率、工业烟(粉)尘去除率、固体废弃物综合利用率及生活垃圾无害化处理率等5项指标进行标准化处理;其次,采用改进熵值法确定指标权重;最后,根据权重和标准化数值计算环境规制综合指数。该综合指数得分越高,意味着环境规制强度越强。

(二) 被解释变量

产业转型升级(IND):产业转型升级包含了双重含义,第一重表示产业结构向高级化方向发展,即是由第一产业转向第二产业进而向第三产业演进的过程[①]。学术界通常采用第三产业产值与第二产业产值的比值(干春晖,2011)来进行表征[②]。第二重表示产业间的聚合质量,反映了产业间的协调程度以及资源有效利用程度,我们可以将其看作是对要素投入结构和产出结构耦合程度的一种度量。学术界提出的测度方法主要有标准结构法、结构效益指数、产业结构偏离度和泰尔指数等。但是,由于各个城市经济基础、资源禀赋、产业构成等

---

① 克拉克定律采用非农业产值比例作为产业结构升级的度量。吴敬琏(2008)指出第三产业的增长率要快于第二产业的增长率,是经济结构的服务化,而"经济结构服务化"又是产业结构升级的一种重要特征。

② 原毅军等学者采用第三产业增加值与第二产业增加值的比例来度量产业结构高级化,这相当于在干春晖等学者提出的方法基础上的改进。

差异较大,因此标准结构法对本书不合适。同时,各行业资本投入量数据缺失导致无法采用结构效益指数进行度量。而产业结构偏离度将各产业"一视同仁",忽视了各产业的相对重要性程度,同时绝对值的计算也为研究带来不便。为此,我们采用泰尔指数来进行度量。

泰尔指数是由荷兰经济学家 H Theil 在 20 世纪 60 年代提出的一种衡量产业结构合理性的指数方法,我们在此基础上进行了改进,计算公式如下:

$$TL = \sum_{i=1}^{n}\left(\frac{Y_i}{Y}\right)\ln\left(\frac{\frac{Y_i}{L_i}}{\frac{Y}{L}}\right) = \sum_{i=1}^{n}\left(\frac{Y_i}{Y}\right)\ln\left(\frac{Y_i}{Y}\frac{L}{L_i}\right) \quad (1 < i < 3) \quad (5\text{-}20)$$

其中,i 表示第 i 产业,n 为产业部门数,Y 和 L 分别表示产值和就业人数,因此,Y/L 则表示生产率水平。基于古典经济学理论,当经济处于最终均衡状态时,各部门间的生产率水平相同,则有

$$\frac{Y_i}{L_i} = \frac{Y}{L}$$

从而有

$$TL = 0$$

反之,如果产业结构偏离了均衡状态,此时泰尔指数不为 0,表示产业结构不合理。

最后,我们利用熵值法将表征第一重含义的第三产业产值与第二产业产值的比值与表征第二重含义的泰尔指数合成为产业转型升级指数。

(三)控制变量

本章选取的控制变量主要包括以下几点:

1. 自然资源禀赋(NRE)

它不仅反映了不同地区在产业结构选择中的资源约束,而且体现了经济发展的"比较优势"原则。选取采掘业从业人员与年末总人口之比作为自然资源禀赋的替代变量[①]。

2. 居民消费水平(CON)

选取人均社会消费品零售总额作为居民消费水平的替代变量(徐春华等,2013),在计算人均社会消费品零售总额之前,先利用价格平减指数对社会消费

---

① 采掘业包括煤炭、石油、天然气、金属和非金属矿采选业、木材采伐及自来水的生产与供应等与自然资源直接关联的细分行业,能够全面准确地反映资源型城市产业发展对自然资源的依赖情况。

品零售总额进行调整,再计算人均结果。

3. 基础设施社会投资强度(INVEST)

选取全社会固定资产投资占 GDP 的比例作为社会投资强度的替代变量。这里需要对社会投资强度做两个处理,一是考虑折旧因素,将折旧率设为 9.96%(张军,2004),计算折旧后的资本存量。二是扣除全社会固定资产投资当中的外商投资额再计算其占 GDP 的比例。

4. 政府干预程度(GOV)

选取国有及国有控股企业工业总产值占规模以上工业总产值的比例来衡量。

5. 技术创新能力(TECH)

选取 R&D 人员全时当量作为技术创新能力的替代变量。

6. 贸易开放程度(OPN)

选取进出口总额占 GDP 的比例作为贸易开放程度的替代变量。

表 5-1 变量释义

变量	符号	含义	度量方法
被解释变量	IND	产业转型升级	产业转型升级指数
核心解释变量	ERI	环境规制	环境规制综合指数
控制变量	NRE	自然资源禀赋	采掘业从业人员/年末总人口之比
	CON	居民消费水平	人均社会消费品零售总额
	INVEST	社会投资强度	全社会固定资产投资/GDP
	GOV	政府干预程度	国有及国有控股企业工业总产值/规模以上工业总产值
	TECH	技术创新能力	R&D 人员全时当量
	OPN	贸易开放程度	进出口总额/GDP

(四)数据来源与变量描述性统计

本章选取的数据主要来源于《中国城市统计年鉴》等统计年鉴、中国经济社会发展统计数据库等数据库以及相关网站发布的统计信息,其中,环境规制的数据来源于《中国城市统计年鉴》和《中国环境统计年鉴》,产业转型升级的数据来源于《中国城市统计年鉴》和《中国工业经济统计年鉴》,自然资源禀赋的数据来源于《中国城市统计年鉴》和中经网数据库,居民消费水平、社会投资强度以及政府干预程度的数据来源于《中国城市统计年鉴》和国研网数据库,技术创新能力的数据来源于《工业企业科技活动统计年鉴》和国民经济与发展统计公报,贸易开放程度的数据来源于中国经济社会发展统计数据库。受制于数据的可获得性以及年鉴统计口径的前后差异性,我们选取2005~2017年的中国116个资源型城市的面板数据作为研究样本①,同时对所有变量均取对数,这样有利于消除异方差并突出弹性意义。本章变量的描述性统计结果如表5-2所示。

表5-2 变量描述性统计

变量	样本数	均值	标准差	最大值	最小值
IND	1 508	0.892	0.504	1.247	0.094
ERI	1 508	0.327	0.286	1.519	0.005
NRE	1 508	0.125	0.191	0.659	0.002
CON	1 508	1.135	0.595	1.907	0.540
$INVE$	1 508	0.561	0.275	1.312	0.258
GOV	1 508	0.694	0.142	0.861	0.237
$TECH$	1 508	0.024	0.083	0.095	0.002
OPN	1 508	0.348	0.375	1.762	0.034

三、回归结果分析

(一)静态回归结果

表5-3的回归结果显示,ERI对IND的回归系数显著为正,ERI每提高1%,IND相应会提高0.043%,表明环境规制能够有效倒逼我国资源型城市产业转型升级。具体而言,由于以"高污染、高能耗、高排放"为特征的污染密集型企业在我国资源型城市广泛存在,趋紧的环境规制政策和严格的环境规制执行将使污染型企业需要承担一定的污染治理成本[195],企业通过调整和改进生产方式,提高资源利用效率和清洁生产水平,从长期来看企业的绿色生产能力与

---

① 我国共有126个地级资源型城市,其中有10个地级资源型城市因处于偏远地区或者少数民族自治地区以及因行政区划变动调整导致统计数据缺失太多,故将其剔除,最终选择116个地级资源型城市,对于这些样本中的部分缺失数据,采用线性插值法和平均趋势法予以补全。

产品竞争力将会得到显著提升,在一定程度上能够降低边际污染治理成本,从而获取绿色生产的比较优势。而对于继续采取污染型生产技术的企业,一方面将无法达到清洁生产的环境规制的要求,另一方面又将无法获取创新补偿收益,其所背负的污染治理成本也将越来越沉重,从而将会作为落后产能被市场所淘汰。因此,企业由污染型生产方式转变为清洁型、技术密集型生产方式不仅实现了企业自身的生产结构改变及生产率提升[196],更推动了整体行业的产业结构调整和资源优化配置,从而对资源型城市产业转型升级起到了重要促进作用。

进一步考察 NRE、CON、$INVE$、GOV、$TECH$、OPN 等控制变量对资源型城市产业转型升级的影响,根据表 5-3 中(2)至(9)列的回归结果,依次放入这些控制变量结果如下:NRE 对 IND 的回归系数在 5% 的显著性水平上为负,这说明自然资源禀赋对资源型城市产业转型升级产生了抑制作用,资源型城市的产业发展主要依托自然资源,因此对于自然资源的依赖度较高并且形成了路径依赖,严重制约了资源型城市产业转型升级。

CON 对 IND 的回归系数为 0.024,且在 5% 水平上显著,表明居民消费水平的提升倒逼了资源型城市的产业结构调整与升级。$INVE$ 对 IND 的回归系数为 0.078,且在 1% 水平上显著,表明固定资产投资能够显著推动资源型城市产业转型升级。

GOV 对 IND 的回归系数为 -0.002,且在 10% 水平上显著,表明较高的政府干预程度抑制了资源型城市的产业转型升级,国有及国有控股企业在资源型城市的经济结构中占较大比例不利于产业转型升级。$TECH$ 对 IND 的回归系数为 6.590,且在 1% 水平上显著,说明技术创新能力的提升将会改进资源型城市产业的生产技术,对促进资源型城市的产业转型升级具有正向影响。

OPN 对 IND 的回归系数为 0.287,且在 1% 水平上显著,这意味着贸易开放程度的提升带动了国内市场的产业转型升级。

表 5-3 全样本计量回归结果

解释变量	(1)	(2)	(3)	(4)	(5)	(6)	(8)
ERI	0.043*** (0.01)	0.043*** (0.01)	0.049*** (0.01)	0.044*** (0.01)	0.044*** (0.01)	0.031*** (0.01)	0.020** (0.01)
NRE	—	-0.019** (0.01)	-0.020** (0.01)	-0.021** (0.01)	-0.021** (0.01)	-0.029*** (0.01)	-0.015** (0.01)
CON	—	—	0.024** (0.02)	0.132*** (0.04)	0.133*** (0.04)	0.185*** (0.03)	0.396*** (0.04)
INVE	—	—	—	0.078*** (0.02)	0.078*** (0.02)	0.006 (0.02)	0.087*** (0.02)
GOV	—	—	—	—	-0.002 (0.01)	-0.013* (0.01)	-0.021** (0.01)
TECH	—	—	—	—	—	6.590*** (0.45)	6.135*** (0.45)
OPN	—	—	—	—	—	—	0.287*** (0.02)
cons	-0.853*** (0.1)	-0.861*** (0.1)	-0.694*** (0.19)	-0.627*** (0.19)	-0.629*** (0.19)	-54.796*** (3.72)	-51.540*** (3.62)
F	35.845	20.341	13.922	14.327	11.460	46.523	54.787
R-squared	0.026	0.029	0.030	0.041	0.041	0.175	0.364
Obs	1430	1430	1430	1430	1430	1430	1430

注:"***""**""*"分别表示在 0.01、0.05 以及 0.1 的显著性水平上显著,括号内数值为稳健标准误差。

(二) 稳健性检验

为进一步增强计量模型估计结果的稳健性,本书选用产业结构调整指数作为度量产业转型升级的其他代理变量,并且构建动态面板模型,采用广义矩估计方法(GMM)对样本数据进行稳健性检验。通过借鉴肖兴志和李少林(2013)等人的做法[71],产业结构调整指数(INS)定义如下:

$$INS = \sum_{i=1}^{3} l_i \times i = l_1 \times 1 + l_2 \times 2 + l_3 \times 3 \quad (1 < i < 3) \quad (5\text{-}21)$$

其中,l_i 表示 i 产业就业人数占三次产业就业人数的比例。INS 的取值范围为 1~3,该值越趋近于 1,反映出产业结构越需调整,产业结构合理性和产业结构高级化程度越不理想;而该值越趋近于 3,就表明产业结构越合理和高级或者产业结构调整成效显著。

差分矩估计方法和系统矩估计方法都属于广义矩估计方法(GMM),这种估计方法通过将被解释变量的滞后期引入模型当中,能够显著降低因解释变量产生的内生性问题或者参数不稳定性而造成的模型估计结果偏误,从而增强了实证估计结果的稳健性。这里我们同时采取固定效应估计方法、差分矩估计方法(Difference-GMM)①以及系统矩估计方法(System-GMM)②估计并且比较这 3 种估计方法的估计结果。本书构建如下的动态面板模型用以稳健性检验:

$$IND_{i,t} = \alpha_0 + \lambda IND_{i,t-1} + \alpha_1 ERI_{i,t} + \sum_{j=1}^{5} \beta_j X_{i,t}^j + u_i + v_t + \varepsilon_{i,t}$$

(5-22)

在模型(5-22)中,下标 i 代表城市,t 代表年份;$IND_{i,t-1}$ 表示滞后一期的产业结构调整指数③,$ERI_{i,t}$ 表示环境规制强度,$X_{i,t}$ 表示可能影响产业结构调整的其他控制变量;α_0 为常数项,λ,α_1 和 β_j 分别为估计系数,u_i 和 v_t 分别表示刻画地区特征和时期特征的个体固定效应和时间固定效应,$\varepsilon_{i,t}$ 为随机扰动项。

---

① 差分矩估计方法首先需要构造模型的差分方程,再使用一组滞后的解释变量作为差分方程的工具变量进行估计。

② 做系统矩估计时需要同时构建模型的差分方程和水平方程,还要利用一组滞后的差分变量作为水平方程的工具变量进行估计。

③ 这里引入滞后一期的产业结构调整指数作为动态面板模型的解释变量,主要有以下几点原因:第一,环境规制变量具有一定的惯性特征,当期的环境规制对产业结构调整产生影响可能在下一期才会表现出来。第二,产业结构调整是一个复杂的动态变化过程,通过引入其滞后项能够最真实地反映这种动态变化特征。第三,模型滞后项的加入能够有效克服可能产生的联立性偏误问题和内生性问题。

表 5-4　INS 与 IND 的 System-GMM 计量回归结果

解释变量	INS			IND		
	FE	DIF-GMM	SYS-GMM	FE	DIF-GMM	SYS-GMM
INS_{t-1}/IND_{t-1}	0.849*** (0.02)	0.643*** (0.13)	0.896*** (0.05)	0.778*** (0.02)	0.784*** (0.12)	0.604*** (0.15)
ERI	0.022*** (0.01)	0.116** (0.05)	0.083*** (0.03)	0.002*** (0.00)	0.015** (0.01)	0.010** (0.01)
NRE	-0.003* (0.00)	-0.009* (0.02)	-0.037* (0.08)	-0.001* (0.00)	-0.009** (0.00)	-0.001** (0.01)
CON	0.825* (0.32)	-0.250 (0.12)	12.901 (4.87)	0.102 (0.04)	-0.001 (0.03)	1.172 (0.50)
INVE	0.018* (0.01)	0.180** (0.06)	0.285* (0.15)	0.000* (0.00)	0.004* (0.01)	0.026 (0.02)
GOV	-0.072*** (0.01)	-0.037 (0.06)	-0.006 (0.20)	-0.003 (0.00)	-0.011 (0.01)	-0.012* (0.02)
TECH	0.088*** (0.02)	0.280** (0.07)	0.897*** (0.24)	0.000 (0.00)	0.025** (0.02)	0.059** (0.02)
OPN	0.014** (0.01)	0.009 (0.03)	0.147* (0.08)	0.001** (0.00)	0.001* (0.00)	0.010* (0.01)
cons	-7.456*** (2.60)	0.723** (1.11)	0.886*** (1.52)	0.281* (0.28)	1.033** (0.66)	1.613** (0.78)
F	408.640	1 312.47	1 059.52	259.732	367.94	759.29
R-squared	0.731	—	—	0.633	—	—
AR(2)	—	0.509	0.324	—	0.429	0.344
SARGAN	—	0.205	0.481	—	0.214	0.234
Obs	1430	1430	1430	1430	1430	1430

注:"***""**""*"分别表示在 0.01,0.05 以及 0.1 的显著性水平上显著,括号内数值为稳健标准误差。

从表 5-4 的回归结果来看,在加入 INS 的滞后一期变量后,ERI 对 INS 的固定效应回归结果为 0.022($P<0.1$),而差分矩估计和系统矩估计的回归系数分别在 5% 的显著性水平上和 1% 的显著性水平上为 0.116 和 0.083,控制变量中 NRE 和 GOV 的回归结果显著为负,INVE、TECH、OPN 的回归结果显著为正,而 CON 的回归结果不显著。对比 IND 的动态估计结果可以看出,ERI 对

IND 的固定效应回归系数在 1% 的显著性水平上为 0.002，差分矩估计和系统矩估计的回归结果分别为 0.015（$P<0.1$）和 0.01（$P<0.5$），因此，3 种估计方法的估计结果均与 INS 的动态估计结果保持一致，而其控制变量的估计结果也基本上与 IND 的静态估计结果相一致。此外，根据 AR（2）检验和 SARGAN 检验结果，INS 和 IND 的动态面板模型的二阶序列相关性检验和额外工具变量过度识别检验的伴随概率值均大于 0.1，因此，可以认为该模型的设定和估计结果均具有较强的稳健性。

四、不同区域资源型城市回归结果分析

由于我国不同区域资源型城市的自然资源禀赋、环境规制实施情况以及产业发展水平均有所差异，因此，环境规制对不同区域资源型城市产业转型升级的倒逼效应可能也会不同，我们将样本数据划分为我国东部地区、中部地区、西部地区及东北地区，采用广义矩估计方法分析环境规制对我国不同区域资源型城市产业转型升级的倒逼效应的差异性。

根据表 5-5 不同区域资源型城市的计量回归结果，我国东部地区资源型城市 ERI 对 IND 的回归系数最高（$B=0.149, P<0.05$），表明我国东部地区环境规制对资源型城市产业转型升级的倒逼效应最为显著，而控制变量中 NRE 的回归结果不显著，CON、INVE、TECH、OPN 的回归结果均显著为正，GOV 的回归结果均显著为负，说明我国东部地区资源型城市企业技术创新能力较强，并且较多地采用了清洁型生产技术和工艺，同时，社会消费结构和投资结构倾向于绿色导向，贸易开放有助于加快资源型城市产业转型升级[197]。我国中部地区资源型城市 ERI 对 IND 的回归系数为 0.133，且在 5% 水平上显著，意味着我国中部地区的环境规制能够相对有效地推进资源型城市产业转型升级。从控制变量的回归结果来看，NRE 的回归系数为 -0.050；CON、INVE、TECH 的回归结果均显著为正但相对较小；GOV、OPN 的回归结果为负，这主要是由于我国中部地区具有较多的资源型城市和人口，它们承接了东部地区资源型城市大量的产业转移，并且具有较大的潜在消费市场，但是，中部地区资源型城市产业的生产技术革新较慢，资源综合利用效率不高，并且对于生态环境破坏的负外部性较大，因此，容易产生相对较高的边际污染治理成本，从而在一定程度上影响了资源型城市的产业转型升级。

表 5-5 不同区域资源型城市 SYS-GMM 计量回归结果

解释变量	东部地区	中部地区	西部地区	东北地区
IND_{t-1}	0.709*** (0.06)	0.589*** (0.12)	0.274*** (0.15)	0.545*** (0.13)
ERI	0.149** (0.08)	0.133** (0.07)	0.040** (0.02)	0.082** (0.05)
NRE	−0.101 (0.07)	−0.050* (0.12)	−0.070* (0.04)	0.112** (0.05)
CON	0.318** (0.29)	0.974** (0.98)	−0.186 (0.38)	0.625 (0.52)
INVE	0.320* (0.21)	0.234*** (0.05)	0.272*** (0.07)	−0.307* (0.17)
GOV	−0.131** (0.25)	−0.282*** (0.08)	−0.007** (0.07)	−0.266*** (0.15)
TECH	0.212* (0.18)	0.139*** (0.11)	0.266** (0.11)	0.281** (0.44)
OPN	0.267* (0.09)	−0.038*** (0.07)	−0.032** (0.03)	−0.234 (0.07)
cons	−0.565** (2.53)	6.779*** (7.40)	0.210** (3.51)	−7.998*** (5.79)
F	3797.42	3348.52	95.86	68.90
AR(2)	0.529	0.626	0.196	0.838
SARGAN	0.917	0.990	0.237	0.900
Obs	260	481	520	247

注:"***"、"**"、"*"分别表示在 0.01、0.05 以及 0.1 的显著性水平上显著,括号内数值为稳健标准误差。

然而,我国西部地区和东北地区资源型城市 ERI 对 IND 的回归系数相对较小,分别为 0.040($P<0.05$)和 0.082($P<0.05$),这表明环境规制对资源型城市产业转型升级的倒逼效应在西部地区和东北地区的作用效果较弱。结合控制变量的回归结果,我国西部地区资源型城市 NRE,GOV,OPN 的回归系数分别为 −0.070,−0.007,−0.032;INVE,TECH 的回归系数分别为 0.272,0.266,而 CON 的回归结果不显著,这是因为我国西部地区虽然有较多资源储量,但是开采难度较大,并且生态环境较为脆弱,同时西部地区资源型企业较多

的采用粗放型、污染型的原材料初级加工生产方式,在发展经济的过程中极易造成生态环境破坏和资源浪费,从而制约了资源型城市的产业转型升级。我国东北地区资源型城市 NRE 的回归结果是四大区域中唯一显著为正的,这表明东北地区丰富的自然资源和优厚的产业基础对于推进资源型城市产业转型升级发挥了重要作用,TECH 的回归结果为正,然而 INVE 和 GOV 的回归结果为负,并且 CON、OPN 的回归结果不显著,东北地区受传统计划经济体制和资源路径依赖的影响,产业组织结构较为僵硬,资源配置效率较低,技术创新能力不足,并且社会投资、居民消费以及贸易开放受到较大的削弱,因此,对资源型城市产业转型升级造成了一定的阻碍。

五、不同类型资源型城市回归结果分析

由于我国资源型城市主要包括成长型、成熟型、衰退型以及再生型4种类型,而每种类型资源型城市的主导产业以及城市发展阶段可能有所差异,因而环境规制对不同类型资源型城市产业转型升级的倒逼效应也可能不尽相同。我们将样本数据分为成长型资源型城市、成熟型资源型城市、衰退型资源型城市以及再生型资源型城市4类,同样采用广义矩估计方法分析环境规制对我国不同类型资源型城市产业转型升级的倒逼效应的差异性。

从表5-6所示不同类型资源型城市的计量回归结果来看,成长型资源型城市 ERI 对 IND 的回归系数为 0.068,且在10%水平上显著,可以认为,成长型资源型城市的环境规制能够倒逼产业转型升级,控制变量中 NRE 的回归系数为 -0.016,CON、INVE、TECH、OPN 的回归结果均显著为正,GOV 的回归结果不显著,这是由于成长型资源型城市具有充足的资源储量,资源优势较为显著。但是,这些城市的产业基础较为薄弱,资源型城市产业的生产加工技术和生产方式较为低级且落后,因此,环境规制倒逼产业转型升级的影响系数相对较小。成熟型资源型城市 ERI 对 IND 的回归系数在4种类型的资源型城市中最高($B=0.131$,$P<0.1$),表明成熟型资源型城市环境规制对推进产业转型升级最显著,从控制变量的回归结果来看,NRE 的回归结果显著为负,其余控制变量的回归结果均显著为正,说明成熟型资源型城市经过长时间的发展形成了相对稳定的产业体系,资源集约开发利用程度较高,边际污染治理成本显著降低,并且产品附加值和市场竞争力得到有效提升,因此,通过实施环境规制能够有效地推进产业转型升级。

表 5-6 不同类型资源型城市 SYS-GMM 计量回归结果

解释变量	成长型	成熟型	衰退型	再生型
IND_{t-1}	0.751***	0.212*	0.866***	0.705***
	(0.06)	(0.12)	(0.16)	(0.07)
ERI	0.068*	0.131*	0.009***	0.013***
	(0.04)	(0.07)	(0.02)	(0.05)
NRE	-0.016***	-0.089**	-0.220**	-0.003
	(0.06)	(0.10)	(0.07)	(0.09)
CON	0.002***	0.066***	-1.192**	-1.291***
	(0.29)	(0.32)	(0.57)	(1.00)
INVE	0.071***	0.074***	-0.373***	0.042***
	(0.07)	(0.22)	(0.28)	(0.17)
GOV	-0.178	0.419*	-0.226	-0.532**
	(0.15)	(0.23)	(0.12)	(0.22)
TECH	0.091***	0.148***	0.431*	0.499***
	(0.14)	(0.38)	(0.26)	(0.40)
OPN	0.017***	0.110***	-0.055	0.111***
	(0.06)	(0.10)	(0.14)	(0.09)
cons	-1.502***	-3.145***	6.427***	9.925***
	(2.42)	(4.02)	(5.21)	(8.72)
F	4043.70	48.08	109.13	698.44
AR(2)	0.172	0.121	0.602	0.203
SARGAN	0.877	0.387	0.997	1.000
Obs	260	858	312	208

注:"***""**""*"分别表示在 0.01,0.05 以及 0.1 的显著性水平上显著,括号内数值为稳健标准误差。

衰退型资源型城市和再生型资源型城市 ERI 对 IND 的回归系数显著低于前两种类型的资源型城市。其中,衰退型资源型城市 ERI 对 IND 的回归系数最低,仅为 0.009($P<0.01$),这反映出衰退型资源型城市环境规制对产业转型升级的作用效果最弱,NRE、CON、INVE 的回归系数分别为 -0.220,-0.045,-0.373,仅有 TECH 的回归结果为正,而 GOV、OPN 的回归结果均不显著,由于衰退型资源型城市面临较大的资源枯竭压力,"资源-环境-经济"系统产生了一系列恶性循环的连锁反应,资源型城市产业发展严重衰退,而接

续替代产业尚未找准定位,从而导致产业转型升级在环境规制的约束下受阻。再生型资源型城市 *ERI* 对 *IND* 的回归系数为 0.013,且在 1% 水平上显著,可以看出,再生型资源型城市环境规制对产业转型升级具有一定的正向作用,在控制变量回归中,*NRE* 的回归结果不显著,而 *INVE*、*TECH*、*OPN* 的回归结果均显著为正,仅有 *CON* 和 *GOV* 的回归结果为负,这是因为再生型资源型城市基本完成了经济转型,产业结构调整取得成效,但是由于处于新兴产业发展、摆脱资源过度依赖的过渡阶段,接续替代产业发展还不成熟,因此,产业转型升级仍有较大空间。

第三节 实证拓展:非线性影响分析

上述研究验证了环境规制对我国资源型城市产业转型升级的倒逼效应,并且实证分析了环境规制对我国不同区域及不同类型资源型城市产业转型升级的影响效应。但是,这些研究结论是建立在环境规制对我国资源型城市产业转型升级的线性影响假设前提下的,根据 Porter 等人的研究,环境规制必须设定在合理的区间范围内才能最优的促进产业转型升级,倘若无限制地加大环境规制强度,反而会对产业转型升级起到严重的抑制作用。因此,我们有必要将环境规制对我国资源型城市产业转型升级的非线性影响纳入研究假设,通过构建面板门槛回归模型(Panel Threshold Regression Model)探究环境规制对我国资源型城市产业转型升级影响的"门槛效应"是否存在,分析不同强度区间的环境规制对我国资源型城市产业转型升级的影响效应以及不同区域、不同类型的资源型城市应该设置何种强度的环境规制才能最优地促进我国资源型城市产业转型升级。

一、门槛模型构建

面板门槛回归模型在设定门槛变量的前提下,通过对样本数据进行估算找出可能存在的所有特定门槛值,根据这些门槛值对样本区间进行划分,分析不同区间的样本组对被解释变量的影响(Hansen,1999;Che,2013)[198]。由于环境规制是影响资源型城市产业转型升级的重要变量,此外,根据第三章第三节的研究内容,环境规制强度在我国不同区域及不同类型的资源型城市具有较大的异质性,基于此,我们将环境规制强度(ERI)设为门槛变量。但是,由于我们还没有对样本数据进行门槛效应检验,因而无法判断模型中存在的具体门槛值个数。因此,我们将可能出现的单门槛、双门槛及三门槛模型列示出来,再根据门槛效应检验结果进行选择。本书构建如下的面板门槛回归模型:

$$IND_{i,t} = \theta_0 + \theta_1 ERI_{i,t} \cdot D(ERI_{i,t} \leqslant \eta_1) + \\ \theta_2 ERI_{i,t} \cdot D(ERI_{i,t} > \eta_1) + \gamma X_{i,t} + \zeta_{i,t} \quad (5\text{-}23)$$

$$IND_{i,t} = \theta_0 + \theta_1 ERI_{i,t} \cdot D(ERI_{i,t} \leqslant \eta_1) + \\ \theta_2 ERI_{i,t} \cdot D(\eta_1 \leqslant ERI_{i,t} \leqslant \eta_2) + \\ \theta_3 ERI_{i,t} \cdot D(ERI_{i,t} \geqslant \eta_2) + \gamma X_{i,t} + \zeta_{i,t} \quad (5\text{-}24)$$

$$IND_{i,t} = \theta_0 + \theta_1 ERI_{i,t} \cdot D(ERI_{i,t} \leqslant \eta_1) \\ + \theta_2 ERI_{i,t} \cdot D(\eta_1 \leqslant ERI_{i,t} \leqslant \eta_2) + \\ \theta_3 ERI_{i,t} \cdot D(\eta_2 \leqslant ERI_{i,t} \leqslant \eta_3) \\ + \theta_4 ERI_{i,t} \cdot D(ERI_{i,t} \geqslant \eta_3) + \gamma X_{i,t} + \zeta_{i,t} \quad (5\text{-}25)$$

在模型(5-23)、模型(5-24)及模型(5-25)中,$D(\cdot)$表示示性函数;$ERI_{i,t}$表示门槛变量;η_1,η_2,η_3表示特定区间的门槛边界;$X_{i,t}$表示包含自然资源禀赋、居民消费水平、社会投资强度、政府干预程度、技术创新能力、贸易开放程度等控制变量的集合;θ_0为常数项,θ_1,θ_2,θ_3,θ_4及γ分别为门槛估计系数;$\zeta_{i,t}$为随机扰动项。

二、门槛效应检验

根据 Hansen(1999)等人提出的门槛效应检验原理,采用 Bootstrap 自抽样方法反复抽样 300 次对样本数据进行门槛效应检验[①]。根据表 5-7 的检验结果,单门槛的 F 值为 17.790,且在 10% 的显著性水平上显著;双门槛的 F 值为 24.650,且在 5% 的显著性水平上显著;三门槛的 F 值为 10.090,但 P 值为 0.173,因此,未通过显著性检验。这表明环境规制对我国资源型城市产业转型升级的非线性影响关系得以验证,且这种非线性影响存在两个门槛值,应当采用双门槛模型进行拟合。同时,门槛效应检验能够有效克服内生性问题,进一步增强估计结果的稳健性。

---

① P 值表示门槛模型的风险值,用以判断 F 统计量在多大的显著性水平上能够通过门槛效应检验。

表 5-7 门槛效应检验

门槛个数	F 值	P 值	BS 次数	10%临界值水平	5%临界值水平	1%临界值水平
1	17.790*	0.091	300	19.615	25.050	34.530
2	24.650**	0.003	300	12.299	14.919	18.717
3	10.090	0.173	300	11.531	12.747	22.714

注:"***","**","*"分别表示在0.01,0.05以及0.1的显著性水平上显著,括号内数值为稳健标准误差。

此外,我们利用极大似然比估计法[①]对两个门槛值分别进行了估计,门槛变量值 η_1 的门槛值估计结果为 0.854,对应的 95% 的置信区间为[0.843,0.857],门槛变量值 η_2 的门槛值估计结果为 0.743,对应的 95% 的置信区间为[0.735,0.750]。为了能更直观地反映估计结果,我们还绘制了门槛变量值 η_1 和 η_2 估计结果的极大似然比函数图(图 5-1、图 5-2)。

表 5-8 门槛值估计结果

门槛变量值	门槛值估计结果	95%的置信区间
η_1	0.854	[0.843,0.857]
η_2	0.743	[0.735,0.750]

三、门槛回归结果分析

根据表 5-9 的面板门槛回归结果,不同区间的 ERI 强度对于 IND 的影响效应是不同的,因此,可以认为环境规制对我国资源型城市产业转型升级的影响是非线性的,假设 2 得到验证。具体而言,当 ERI 小于 0.743 时,ERI 对 IND 的回归系数为 0.110,且在 10% 的显著性水平上显著,表明当环境规制强度小于 0.743 时,环境规制每提高 1% 的强度,对资源型城市产业转型升级的倒逼效应将会提高 11%。当 ERI 介于 0.743~0.854 时,ERI 对 IND 的回归系数为 0.273,且在 1% 的显著性水平上显著,这意味着当环境规制强度介于 0.743~0.854 时,环境规制对资源型城市产业转型升级的倒逼效应将显著加

---

① 极大似然比估计法的门槛值估计原理是根据极大似然比统计量 LR 趋近于 0 时的函数估计结果即为门槛值,LR 与水平虚线交点对应的横坐标区间为 95% 置信区间。

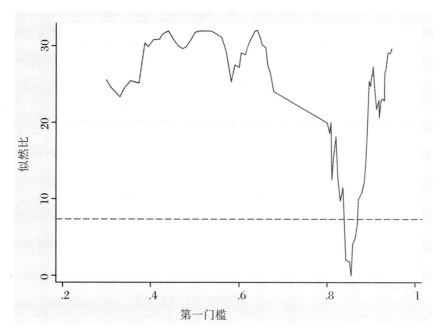

图 5-1　η_1 门槛值极大似然比函数图

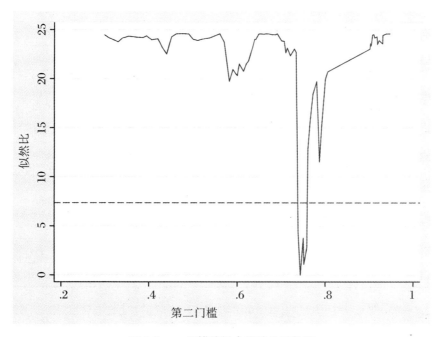

图 5-2　η_2 门槛值极大似然比函数图

强,环境规制每提高1%,对资源型城市产业转型升级的倒逼效应相应地会提高 27.3%,这一区间定义为最优环境规制强度区间。当环境规制强度大于 0.854 时,ERI 对 IND 的回归系数为 0.185,且在 1% 的显著性水平上显著,这表明当环境规制强度大于 0.854 时,环境规制对资源型城市产业转型升级的倒逼效应又将出现减弱,环境规制每提高 1%,对资源型城市产业转型升级的倒逼效应相应的会提高 18.5%,这一区间定义为次优环境规制强度区间。从控制变量的面板门槛回归结果来看,NRE,CON 和 INVE 的回归系数分别为 −0.025,0.027 和 0.083,且在 10% 的显著性水平上显著,GOV 的回归结果不显著,TECH 和 OPN 的回归系数分别为 0.174 和 0.123,分别在 5% 和 1% 的显著性水平上显著,这表明除了自然资源禀赋的影响为负外,其余的控制变量回归结果均为正。此外,面板门槛回归模型的 F 值和 R-squared 值分别为 34.24 和 0.45,均高于平均水平,表明面板门槛回归模型具有较好的拟合优度,回归结果具有较好的稳健性。

表 5-9 面板门槛回归结果分析

变量	估计系数	t 统计量	$P>\|t\|$
$ERI<0.743$	0.110*	1.13	0.057
$0.743 \leqslant ERI \leqslant 0.854$	0.273*	3.30	0.001
$ERI>0.854$	0.185*	3.21	0.001
NRE	−0.025***	−5.11	0.000
CON	0.027***	5.67	0.000
INVE	0.083***	4.44	0.000
GOV	−0.002	0.01	0.994
TECH	0.174**	15.89	0.000
OPN	0.123*	1.72	0.098
cons	0.791***	16.36	0.000
F	34.24***		
R-squared	0.45		
Obs	1430		

注:"***""**""*"分别表示在 0.01,0.05 以及 0.1 的显著性水平上显著,括号内数值为稳健标准误差。

四、不同区域和不同类型资源型城市的门槛分组分析

根据门槛效应检验与门槛回归结果分析,将研究样本的116个资源型城市按环境规制强度所处的门槛区间进行分析,进一步研究环境规制对我国不同区域、不同类型的资源型城市产业转型升级倒逼效应的影响。从表5-10中可以看出,ERI小于0.743的资源型城市共有52个,占资源型城市样本总数的44.8%,ERI介于0.743~0.854的资源型城市共有31个,占资源型城市样本总数的26.7%,ERI大于0.854的资源型城市共有33个,占资源型城市样本总数的28.5%。由此可见,仅有26.7%的资源型城市进入了最优环境规制强度区间(ERI>0.854),有28.5%的资源型城市进入了次优环境规制强度区间,但尚未进入最优环境规制强度区间(0.743≤ERI≤0.854),而有44.8%的资源型城市处于最优环境规制强度区间和次优环境规制强度区间以外(ERI<0.743)。

从不同区域资源型城市的门槛分组情况来看,东部地区有4个资源型城市的ERI小于0.743,占东部地区资源型城市的20%,有6个资源型城市的ERI介于0.743~0.854,占比约30%,有10个资源型城市的ERI大于0.854,占比约50%。中部地区有14个资源型城市的ERI小于0.743,占中部地区资源型城市的37.8%,有13个资源型城市的ERI介于0.743与0.854之间,占比约35.1%,有10个资源型城市的ERI大于0.854,占比约27.1%。西部地区有28个资源型城市的ERI小于0.743,占西部地区资源型城市的70%,有5个资源型城市的ERI介于0.743~0.854,占比约12.5%,有7个资源型城市的ERI大于0.854,占比约17.5%。东北地区有6个资源型城市的ERI小于0.743,占东北地区资源型城市的31.6%,有7个资源型城市的ERI介于0.743~0.854,占比约36.8%,有6个资源型城市的ERI大于0.854,占比约31.6%。可以看出,我国东部地区接近于最优环境规制强度区间和次优环境规制强度区间的资源型城市比例最高,约占80%,这是由于东部地区资源型城市产业发展的技术创新能力较强、清洁程度较高,环境规制的实施较为成熟。中部地区处于最优环境规制强度区间和次优环境规制强度区间的资源型城市占比低于东部地区,这主要是由于中部地区资源型城市的产业发展落后于东部地区,因而环境规制的优化难以跟上。西部地区处于最优环境规制强度区间和次优环境规制强度区间以外的资源型城市比例最高,达到70%,这是因为西部地区资源

型城市的产业发展水平较低,并且生产方式较为粗放,对生态环境破坏较为严重,因此,为促进产业发展设定的环境规制强度较低,环境规制的实施相对欠成熟。东北地区处于最优环境规制强度区间、次优环境规制强度区间以及在这二者区间以外的资源型城市占比相对较为均匀,约各占1/3,处于最优环境规制强度区间和次优环境规制强度区间的资源型城市比例略高于中部地区,这是因为东北地区资源型城市具有优良的产业基础,但受路径依赖影响在一定程度上制约了产业发展,因此环境规制的优化具有一定的空间[199]。

从不同类型资源型城市的门槛分组情况来看,有10个成长型资源型城市的 ERI 小于0.743,占成长型资源型城市的66.7%,有2个成长型资源型城市的 ERI 介于0.743~0.854,占比约13.3%,有3个成长型资源型城市的 ERI 大于0.854,占比约20%。有27个成熟型资源型城市的 ERI 小于0.743,占成熟型资源型城市的42.8%,有18个成熟型资源型城市的 ERI 介于0.743~0.854,占比约28.6%,有18个成熟型资源型城市的 ERI 大于0.854,占比约28.6%。有8个衰退型资源型城市的 ERI 小于0.743,占衰退型资源型城市的34.8%,有8个衰退型资源型城市的 ERI 介于0.743~0.854,占比约34.8%,有7个衰退型资源型城市的 ERI 大于0.854,占比约30.4%。有7个再生型资源型城市的 ERI 小于0.743,占再生型资源型城市的46.7%,有3个再生型资源型城市的 ERI 介于0.743~0.854,占比约20%,有5个再生型资源型城市的 ERI 大于0.854,占比约33.3%。可以看出,成长型资源型城市处于最优环境规制强度区间和次优环境规制强度区间以外的比例相对较高,占66.7%,这是因为成长型资源型城市的工业生产和产业发展均处于上升阶段,产生的环境污染相对较少,同时,环境规制的实施尚处于探索阶段,因此,环境规制强度的设定具有一定的优化空间。成熟型资源型城市处于最优环境规制强度区间和次优环境规制强度区间的比例超过60%,这是由于成熟型资源型城市的产业发展相对成熟,但是却已造成了一定的环境负外部性影响,环境规制强度有所增加并且得到优化。衰退型资源型城市处于最优环境规制强度区间的比例占34.8%,而处于次优环境规制强度区间的比例同样相对较高,这主要是由于衰退型资源型城市面临较大的资源枯竭和生态环境破坏压力,产业衰退较为严重,因此,环境规制强度继续加大,同时环境规制的优化更加显著。再生型资源型城市处于最优环境规制强度区间和次优环境规制强度区间以外的比例略低于成长型资源型城市,这是因为再生型资源型城市尚处于新兴产业发展、摆脱资源过度依赖的过渡阶段,接续替代产业发展还不成熟,因此,环境规制强度有所下降,环境规制的优化仍有较大空间。

表 5-10 我国资源型城市的门槛分组结果

环境规制强度区间	资源型城市	数量(个)		
$ERI<0.743$	张家口市、承德市、唐山市、大同市、朔州市、阳泉市、长治市、晋城市、运城市、吕梁市、包头市、乌海市、赤峰市、呼伦贝尔市、鄂尔多斯市、抚顺市、本溪市、鞍山市、葫芦岛市、吉林市、白山市、马鞍山市、三明市、三门峡市、洛阳市、焦作市、黄石市、衡阳市、郴州市、百色市、河池市、贺州市、广安市、攀枝花市、六盘水市、安顺市、毕节市、曲靖市、保山市、昭通市、普洱市、铜川市、渭南市、宝鸡市、榆林市、金昌市、白银市、武威市、张掖市、平凉市、陇南市、石嘴山市	东部地区:4	成长型城市:10	合计:52
		中部地区:14	成熟型城市:27	
		西部地区:28	衰退型城市:8	
		东北地区:6	再生型城市:7	
$0.743{\leqslant}ERI{\leqslant}0.854$	邢台市、邯郸市、忻州市、晋中市、临汾市、松原市、辽源市、通化市、伊春市、鹤岗市、双鸭山市、七台河市、宿州市、铜陵市、池州市、南平市、龙岩市、新余市、赣州市、宜春市、鹤壁市、平顶山市、南阳市、邵阳市、韶关市、云浮市、自贡市、雅安市、丽江市、延安市、克拉玛依市	东部地区:6	成长型城市:2	合计:31
		中部地区:13	成熟型城市:18	
		西部地区:5	衰退型城市:8	
		东北地区:7	再生型城市:3	
$ERI>0.854$	阜新市、盘锦市、黑河市、大庆市、鸡西市、牡丹江市、徐州市、宿迁市、湖州市、淮北市、亳州市、淮南市、滁州市、宣城市、景德镇市、萍乡市、东营市、淄博市、临沂市、枣庄市、济宁市、泰安市、莱芜市、濮阳市、鄂州市、娄底市、广元市、南充市、泸州市、达州市、临沧市、咸阳市、庆阳市	东部地区:10	成长型城市:3	合计:33
		中部地区:10	成熟型城市:18	
		西部地区:7	衰退型城市:7	
		东北地区:6	再生型城市:5	

第六章 环境规制影响资源型城市产业转型升级:作用机制分析

第一节 作用机制理论分析框架

前文验证了环境规制对我国资源型城市产业转型升级的倒逼效应,并且分析了环境规制对我国不同区域、不同类型资源型城市产业转型升级倒逼效应的差异性。此外,还进一步研究了不同强度的环境规制对我国资源型城市产业转型升级的非线性影响以及我国不同区域、不同类型的资源型城市所处的门槛区间。但是,上述研究并没有对环境规制如何影响资源型城市产业转型升级做出解释,因此,我们需要对环境规制影响资源型城市产业转型升级的作用机制进行理论分析和实证检验,从而更深入地研究环境规制对资源型城市产业转型升级的影响机制。根据国内外学术界以及地方政府关于环境规制影响资源型城市产业转型升级的理论探讨和实践经验,并且结合本书前几章节对于我国环境规制的演变及现状分析、我国资源型城市产业转型升级的特征事实分析以及环境规制对于我国资源型城市产业转型升级倒逼效应的实证检验,这里我们基于政府环境规制竞争、绿色技术创新、产业集聚以及外商直接投资四个维度,研究环境规制影响资源型城市产业转型升级的作用机制。

根据本书第二章"环境规制影响产业转型升级作用机制的文献综述"分析可知,政府环境规制竞争、绿色技术创新、产业集聚以及外商直接投资均是影响资源型城市产业转型升级的重要因素,环境规制在与政府环境规制竞争、绿色技术创新、产业集聚以及外商直接投资的共同作用下,对资源型城市产业转型升级的影响机理和作用路径即为环境规制影响资源型城市产业转型升级的作

用机制,具体如下:

第一,政府环境规制竞争作为地方政府间在实施环境规制的过程中因竞争而产生的策略互动行为,受到了多维政策环境和制度背景的约束,如我国财政分权制度结构背景、官员晋升激励机制以及地方政府政绩考核偏向等。在这些因素的影响下,政府环境规制竞争可以表现为"逐顶竞争"或者"逐底竞争"两种竞争态势,因此,有必要通过实证检验的方式分析我国资源型城市的环境规制竞争具体处于哪种竞争态势,以及对资源型城市产业转型升级的影响和作用机制。

第二,技术创新是"波特假说"成立的关键因素,同时也是环境规制影响产业转型升级的重要传导机制,环境规制带来的创新补偿收益是否能够超越遵循环境规制成本是决定环境规制倒逼产业转型升级能否成立的一个重要条件,前文已经验证了环境规制对我国资源型城市产业转型升级的倒逼效应,但是没有深入研究这种倒逼效应是否由于企业实施绿色技术创新所获取的创新补偿收益带来的,并且也没有详细阐释企业绿色技术创新的过程,因此,有必要对绿色技术创新的作用机制进行深入研究。

第三,产业集聚是影响产业转型升级的重要因素,然而,当前学术界关于产业集聚的作用机制研究主要建立在污染产业转移与"污染避难所效应"的理论基础上,即污染产业由环境规制趋紧地区转移至环境规制较为宽松的地区,从而形成污染集聚以降低环境规制成本,而建立在产业区位选择基础之上,通过环境规制引导将污染型产业规划至特定区域发展以实现污染管控与产业转型升级共赢的理论推演却鲜有涉及。因此,有必要对这一理论进行验证,实证分析产业集聚对资源型城市产业转型升级的作用机制能否成立。

第四,外商直接投资影响产业转型升级具有"两重性",一方面,外商直接投资可能会将"高污染、高排放、高能耗"的污染型产业引入国内;另一方面,环境规制能够"甄选"出具有较为合理且高级的产业结构以及清洁程度较高的外商直接投资,并且通过技术外溢效应、人力资本流动效应与示范效应的发挥形成辐射带动,共同推进资源型城市产业转型升级。因此,有必要对外商直接投资的作用机制做进一步的研究。

一、机制分析与研究假设之一——政府环境规制竞争

从理论上来看,在我国财政分权制度结构的大背景下,中央政府与地方政

府之间的财权与事权划分、事权与支出责任划分出现了结构性扭曲,导致地方政府在中央财政集中度逐渐上升的约束下,为满足不断扩张的事权与支出责任所承担的财政资金缺口压力也在不断增加。同时,我国地方政府实行严格的经济考核,GDP一直以来在地方政府政绩考核中占据重要的地位,这就导致了"重经济、轻生态"成为很多地方政府官员追求的政绩考核目标,甚至在地方政府间形成了"晋升锦标赛"的恶性循环[200]。因此,地方政府将会被迫选择削减环境污染治理支出,下调环境规制执行力度和标准,凡是在短期内能够拉动地区经济增长的企业"高污染""高排放""高能耗"也能受到政府的亲睐(地方政府官员甚至会与企业合谋),地方政府的这种占优策略行为又将引起地方政府间的"逐底竞争"(Barret,1994)策略互动行为[92]。在环境规制"逐底竞争"的格局下,地方政府间将会纷纷跟随和效仿削减环境污染治理支出、下调环境规制执行力度和标准的行为做法,并且逐渐蔓延开来,形成恶性循环,这将造成更严重的环境污染、产能过剩和资源浪费等问题。因此,环境规制的"逐底竞争"在一定程度上抑制了资源型城市的产业转型升级。

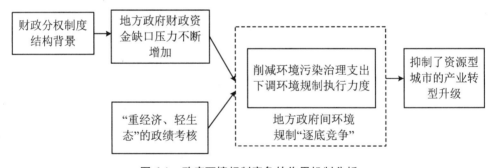

图6-1 政府环境规制竞争的作用机制分析

根据上述分析,提出假设一:在地方政府财政压力增大和"重经济、轻生态"的政绩考核约束下,地方政府间出现了削减环境污染治理支出、下调环境规制执行力度和标准的环境规制"逐底竞争",这在一定程度上抑制了资源型城市的产业转型升级。

二、机制分析与研究假设之二——绿色技术创新

环境规制作为一种矫正环境污染负外部性的政府行为,企业需要为此负担一定的污染治理成本。在环境规制的约束下,企业通过实施绿色技术创新将会获取一定的创新补偿收益,不仅能够抵消因遵循环境规制而付出的污染治理成

本,还将促进生产力的大幅度提升,从而产生更大的企业收益。换言之,环境规制激发了企业进行绿色技术创新的意愿。而对于没有进行绿色技术创新的企业而言,它们将无法获取到创新补偿收益,并且还将背负更加沉重的污染治理成本,从而只能作为落后产能被市场所淘汰。企业的绿色技术创新主要包括绿色工艺创新和绿色产品创新(Pelin Demirel,Effie Kesidou,2011)[201],其中,绿色工艺创新表现为企业生产工艺和技术的改进,企业的清洁生产水平和资源利用效率能够得到提升,而绿色产品创新表现为企业产品的技术附加值提高以及企业产品质量的改善[202],企业产品越来越能够满足消费群体的绿色消费偏向和消费层次升级需求。通过绿色技术创新,企业的市场竞争力将会显著增强,同时,企业的生产方式将实现由污染型生产方式向清洁型、技术密集型生产方式的转变,企业的生产结构也随之发生改变,这将促进企业实现转型升级,而企业个体的转型升级将推动行业整体的转型升级(Ryan,2012)[28],从而对推进资源型城市产业转型升级起到积极的作用。

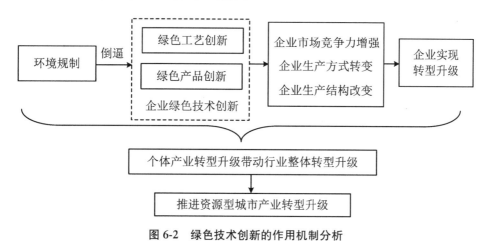

图 6-2 绿色技术创新的作用机制分析

根据上述分析,提出假设二:环境规制激发了企业进行绿色技术创新的意愿,企业通过绿色技术创新将实现转型升级,企业个体转型升级能够带动行业整体转型升级,从而对推进资源型城市产业转型升级具有积极的作用。

三、机制分析与研究假设之三——产业集聚

在环境规制的引导下,通过将"高污染、高能耗、高排放"的企业及生产要素集中到资源型城市的特定区域实施统一的规划管理,不仅能够节约集约用地,严格控制污染排放,提高环境规制效率,还能够通过污染要素的局部集聚降低

环境污染负外部性对于资源型城市其他区域的影响(Srholec,2014)[113],从而最大限度地限制污染溢出。同时,在此集聚区域内,产业集聚的优势能够显著地发挥出来,一方面,产业集聚能够提高劳动力、资本、技术以及管理等生产要素的流动速率,并且有利于促进各种要素资源的整合,从而形成要素充分流动、资源互补以及资源共享的良性互动机制,有利于进一步深化产业分工合作,促进关联产业之间协同发展,打造特色产业集群,实现产业集聚、共生以及增容的效果[203]。另一方面,产业集聚能够发挥规模经济效应、范围经济效应以及学习效应,有利于扩大企业的生产规模,降低企业的长期平均生产成本,提高资源集约利用效率,并且通过清洁生产技术的传播扩散,实现技术外溢和知识共享,从而在一定程度上提高了企业的绿色技术创新能力和绿色生产效率,推进企业不断实现生产技术进步,增强产业的竞争力(Stefan Amber et al,2012)[204]。因此,通过在环境规制的引导下形成产业集聚,促进了资源型城市实现污染管控与产业转型升级的共赢。

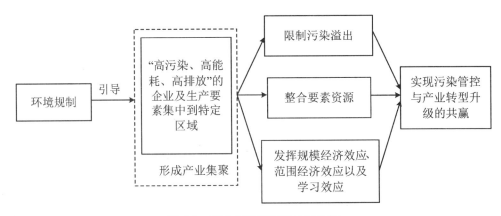

图 6-3　产业集聚的作用机制分析

根据上述分析,提出假设三:在环境规制的引导下,将"高污染、高能耗、高排放"的企业及生产要素集中到特定区域形成产业集聚,促进了资源型城市实现污染管控与产业转型升级的共赢。

四、机制分析与研究假设之四——外商直接投资

外商直接投资的对象既包括清洁型、技术密集型的产业,也包括"高污染、高能耗、高排放"的产业。"污染避难所"效应认为发展中国家的环境规制相对于发达国家而言普遍较为宽松,发达国家的企业为规避本国较强的环境规制,

尽量减少污染治理成本,并且获取发展中国家更具价格优势的生产要素(原毅军,谢荣辉,2015)[48],会选择将一些污染型产业转移到发展中国家,进而将发展中国家变成了"污染避难所"。发展中国家的环境规制对于外商直接投资的引进具有"甄选"作用,能够"过滤"掉"高污染、高能耗、高排放"的外商直接投资,并且"筛选"出清洁型、技术密集型的外商直接投资。由于引进的外商直接投资具有较为合理且高级的产业结构,并且清洁程度较高,因而,外商直接投资的引进直接优化和改善了资源型城市的产业结构,从而促进了资源型城市的产业转型升级[205]。此外,外商直接投资还带来了先进的清洁生产技术、管理技术以及科学的发展理念,并且能够通过技术外溢效应、人力资本流动效应与示范效应的发挥形成辐射带动(Costantini等,2012)[142],资源型城市的企业通过对外商直接投资的企业进行学习、模仿以及引进消化吸收再创新,通过发挥"后发优势",能够不断增强绿色技术创新能力、绿色生产能力以及市场竞争力,从而间接促进了资源型城市的产业转型升级。因此,外商直接投资在环境规制的"甄选"作用下通过发挥直接效应和间接效应,共同推进了资源型城市的产业转型升级。

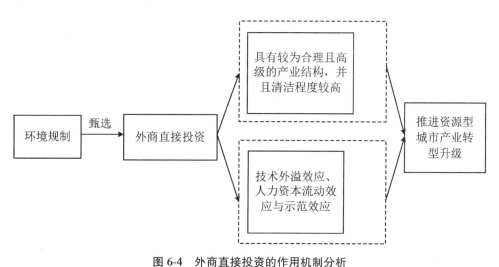

图 6-4　外商直接投资的作用机制分析

根据上述分析,提出假设四:环境规制能够"甄选"出具有较为合理且高级的产业结构以及清洁程度较高的外商直接投资,并且通过技术外溢效应、人力资本流动效应与示范效应的发挥形成辐射带动,共同推进资源型城市产业转型升级。

第二节 模型设定与指标选取

一、计量回归模型设定

基于上述作用机制的理论分析,我们分别构建政府环境规制竞争、绿色技术创新、产业集聚以及外商直接投资的作用机制计量模型,进一步研究环境规制在政府环境规制竞争、绿色技术创新、产业集聚以及外商直接投资作用下对资源型城市产业转型升级的影响机制。

为验证研究假设一,构建如下的计量模型:

$$IND_{i,t} = \alpha_0 + \alpha_1 ERI_{i,t} + \alpha_2 LFP_{i,t} + \alpha_3 ERI_{i,t} \times LFP_{i,t}$$
$$+ \alpha_4 PEB_{i,t} + \alpha_5 ERI_{i,t} \times PEB_{i,t}$$
$$+ \sum_{j=1}^{5} \beta_j X_{i,t}^j + u_i + v_t + \varepsilon_{i,t} \qquad (6\text{-}1)$$

为验证研究假设二,构建如下的计量模型:

$$IND_{i,t} = \alpha_0 + \alpha_1 ERI_{i,t} + \alpha_2 GTI_{i,t} + \alpha_3 ERI_{i,t} \times GTI_{i,t}$$
$$+ \sum_{j=1}^{5} \beta_j X_{i,t}^j + u_i + v_t + \varepsilon_{i,t} \qquad (6\text{-}2)$$

为验证研究假设三,构建如下的计量模型:

$$IND_{i,t} = \alpha_0 + \alpha_1 ERI_{i,t} + \alpha_2 IA_{i,t} + \alpha_3 ERI_{i,t} \times IA_{i,t}$$
$$+ \sum_{j=1}^{5} \beta_j X_{i,t}^j + u_i + v_t + \varepsilon_{i,t} \qquad (6\text{-}3)$$

为验证研究假设四,构建如下的计量模型:

$$IND_{i,t} = \alpha_0 + \alpha_1 ERI_{i,t} + \alpha_2 FD_{i,t} + \alpha_3 ERI_{i,t} \times FD_{i,t}$$
$$+ \sum_{j=1}^{5} \beta_j X_{i,t}^j + u_i + v_t + \varepsilon_{i,t} \qquad (6\text{-}4)$$

在模型(6-1)～(6-4)中,下标 i 代表城市,t 代表年份;$IND_{i,t}$ 表示产业转型升级指数,$ERI_{i,t}$ 表示环境规制强度,$LFP_{i,t}$ 表示地方政府财政压力,$PEB_{i,t}$ 表示政绩考核偏向,$GTI_{i,t}$ 表示绿色技术创新,$IA_{i,t}$ 表示产业集聚,$FDI_{i,t}$ 表示外商直接投资;$ERI_{i,t} \times LFP_{i,t}$ 表示环境规制强度与地方政府财政压力的交互项,$ERI_{i,t} \times PEB_{i,t}$ 表示环境规制强度与政绩考核偏向的交互项,$ERI_{i,t} \times GTI_{i,t}$ 表示环境规制强度与绿色技术创新的交互项,$ERI_{i,t} \times IA_{i,t}$ 表示环境规制强度与产业集聚的交互项,$ERI_{i,t} \times FDI_{i,t}$ 表示环境规制强度与外商直接投资的交互项;$X_{i,t}$ 表示可能影响产业转型升级的其他控制变量。α_0 为常数项,$\alpha_1,\alpha_2,\alpha_3$ 和 β_j 分别为估计系数,u_i 和 v_t 分别表示刻画地区特征和时期特征的个体固定效应和时间固定效应,$\varepsilon_{i,t}$ 为随机扰动项。

由于环境规制变量具有一定的惯性特征,而资源型城市产业转型升级又是一个复杂的动态变化过程。因此,我们构建引入滞后一期的产业转型升级指数的动态面板模型,这样既可以反映模型中相关变量的动态变化特征,同时又能够有效规避模型潜在的联立性偏误问题或者内生性问题。模型(6-5)~(6-8)是在模型(6-1)~(6-4)的基础上构建出来的,除了 $IND_{i,t-1}$ 表示滞后一期的产业转型升级指数以外,其余变量都与模型(6-1)~(6-4)相同。λ 为 $IND_{i,t-1}$ 的估计系数。

$$IND_{i,t} = \alpha_0 + \lambda IND_{i,t-1} + \alpha_1 ERI_{i,t} + \alpha_2 LFP_{i,t} + \alpha_3 ERI_{i,t} \times LFP_{i,t} + \alpha_4 PEB_{i,t} + \alpha_5 ERI_{i,t} \times PEB_{i,t} + \sum_{j=1}^{5} \beta_j X_{i,t}^j + u_i + v_t + \varepsilon_{i,t} \tag{6-5}$$

$$IND_{i,t} = \alpha_0 + \lambda IND_{i,t-1} + \alpha_1 ERI_{i,t} + \alpha_2 GTI_{i,t} + \alpha_3 ERI_{i,t} \times GTI_{i,t} + \sum_{j=1}^{5} \beta_j X_{i,t}^j + u_i + v_t + \varepsilon_{i,t} \tag{6-6}$$

$$IND_{i,t} = \alpha_0 + \lambda IND_{i,t-1} + \alpha_1 ERI_{i,t} + \alpha_2 IA_{i,t} + \alpha_3 ERI_{i,t} \times IA_{i,t} + \sum_{j=1}^{5} \beta_j X_{i,t}^j + u_i + v_t + \varepsilon_{i,t} \tag{6-7}$$

$$IND_{i,t} = \alpha_0 + \lambda IND_{i,t-1} + \alpha_1 ERI_{i,t} + \alpha_2 FDI_{i,t} + \alpha_3 ERI_{i,t} \times FDI_{i,t} + \sum_{j=1}^{5} \beta_j X_{i,t}^j + u_i + v_t + \varepsilon_{i,t} \tag{6-8}$$

二、指标选取、数据来源及描述性统计

本章选取的核心解释变量为环境规制(ERI),被解释变量为产业转型升级(IND),其衡量方法均与本书前一章的衡量方法相同。其中,环境规制指标采取环境规制综合指数予以衡量,产业转型升级指标采取产业转型升级指数予以衡量。本章选取的作用机制调节变量为新增变量,具体指标及衡量方式如下:

(一)地方政府财政压力(FD)

由于地方政府财政压力的增大是引起地方政府间环境规制"逐底竞争"的重要原因之一,借鉴赵霄伟(2014)的做法[82],采用地方政府财政支出与地方政府财政收入的比值来衡量地方政府财政压力。

(二)政绩考核偏向(PE)

在政绩考核中,生态考核所占比例越大则环境污染治理投资就越高,采用环境污染治理投资占 GDP 的比例来衡量政绩考核偏向,该比例越大,表明政绩考核越偏重于生态考核;反之,该比例越小,表明政绩考核越偏重于经济考核(田淑英等,2016)[206]。

(三)绿色技术创新(GTI)

根据 OECD 发布的《技术领域与 IPC 分类号对照表》在国家知识产权局(SIPO)的专利检索平台上人工检索绿色技术领域的发明专利、实用新型专利以及外观设计专利,统计得出资源型城市各年度三种专利的申请授权数,来衡量绿色技术创新。

(四)产业集聚(IA)

产值区位熵是衡量产业区域集聚程度的重要指标(曾鹏和秦艳辉,2017)[207],产值区位熵的计算公式如下:

$$IA_{mn} = \frac{\dfrac{q_{mn}}{\sum_{n=1}^{j} q_{mn}}}{\dfrac{\sum_{m=1}^{k} q_{mn}}{\sum_{m=1}^{k}\sum_{n=1}^{j} q_{mn}}} \tag{6-9}$$

其中,n 表示资源型城市,m 表示资源型城市产业,q_{mn} 表示第 n 个资源型城市的 m 产业产值,$\sum_{n=1}^{j} q_{mn}$ 表示第 n 个资源型城市的总产值,$\sum_{m=1}^{k} q_{mn}$ 表示全国资源型城市的 m 产业产值,$\sum_{m=1}^{k}\sum_{n=1}^{j} q_{mn}$ 表示全国资源型城市的总产值。

(五)外商直接投资(FDI)

外商直接投资是指外国企业和经济组织或个人按照中国的政策和法规在

中国直接投资的行为。借鉴刘建民等(2015)的做法[208],采用实际利用外商投资总额与GDP比值来衡量外商直接投资,其中实际利用外商投资总额需根据当年的美元兑人民币汇率换算成人民币单位。

此外,本章选取的控制变量主要包括自然资源(NRE)、人力资本(HC)、经济发展水平(PGDP)、市场化程度(MI)、科技创新投入(RD)。其中,自然资源禀赋采用采掘业从业人员与年末总人口之比来衡量,人力资本采用平均受教育年限来衡量,经济发展水平采用人均实际GDP来衡量,市场化程度采用非国有经济单位就业人数占总就业人数比例来衡量(时乐乐,2017)[140],科技创新投入采用R&D经费支出占GDP的比例来衡量。

本章的数据来源主要为《中国城市统计年鉴》《中国环境统计年鉴》《中国工业经济统计年鉴》《工业企业科技活动统计年鉴》以及中国经济社会发展统计数据库、中经网数据库、国研网数据库、国民经济与发展统计公报和相关统计部门网站上发布的统计信息。本章选取的样本为2008~2020年我国116个资源型城市的面板数据,并且对于所有变量均取对数处理,这样有利于消除异方差并突出弹性意义。本章变量的指标含义及描述性统计结果报告如下(表6-1)。

表6-1 指标含义及描述性统计

变量	符号	含义	均值	标准差	最大值	最小值
核心解释变量	ERI	环境规制	0.327	0.286	1.519	0.005
调节变量	LFP	地方政府财政压力	0.387	0.105	0.792	0.216
	PEB	政绩考核偏向	0.109	0.068	0.402	0.026
	GTI	绿色技术创新	0.605	0.208	1.67	0.000
	IA	产业集聚	0.991	1.740	1.884	0.000
	FDI	外商直接投资	0.036	0.019	0.097	0.008
被解释变量	IND	产业转型升级	0.892	0.504	1.247	0.094
控制变量	NRE	自然资源禀赋	0.125	0.191	0.659	0.002
	HC	人力资本	0.967	1.709	1.216	0.482
	PGDP	经济发展水平	1.399	19.298	1.665	0.984
	MI	市场化程度	0.573	0.217	0.864	0.293
	RD	科技创新投入	0.475	1.811	1.895	0.027

第三节 基于政府环境规制竞争的作用机制分析

一、总体回归结果及分析

为考察政府环境规制竞争的作用机制,我们依次在模型中加入地方政府财政压力、环境规制与地方政府财政压力的交互项以及政绩考核偏向、环境规制与政绩考核偏向的交互项,并且采取固定效应估计和系统矩估计两种估计方法进行层级回归,以增强估计结果的稳健性。

表6-2 基于政府环境规制竞争作用机制的回归结果

解释变量	(1) FE	(2) SYS-GMM	(7) FE	(8) SYS-GMM	(9) FE	(10) SYS-GMM
IND_{t-1}	—	0.896*** (0.05)	—	0.881*** (0.06)	—	0.888*** (0.06)
ERI	0.022*** (0.01)	0.083*** (0.03)	0.018*** (0.01)	0.105*** (0.03)	0.035*** (0.01)	0.180** (0.08)
LFP	—	—	-0.094*** (0.02)	-0.170** (0.07)	-0.325*** (0.12)	-0.948 (0.76)
$ERI \times LFP$	—	—	-0.155*** (0.03)	-0.240** (0.13)	-0.01*** (0.01)	-0.060 (0.06)
PEB	—	—	—	—	-0.097*** (0.02)	-0.235*** (0.07)
$ERI \times PEB$	—	—	—	—	-0.005*** (0.02)	-0.018*** (0.06)
Controls	0.072*** (0.01)	0.037*** (0.06)	0.128*** (0.02)	0.042*** (0.06)	0.131*** (0.02)	0.044*** (0.06)
cons	-7.456*** (2.60)	-0.723 (1.11)	-5.160** (2.60)	-0.518*** (1.11)	-5.334** (2.60)	-0.300** (1.31)
F	408.640	1 312.47	1 312.47	1 397.56	338.541	1 363.32
R-squared	0.731	—	0.737	—	0.738	—

续表

解释变量	(1) FE	(2) SYS-GMM	(7) FE	(8) SYS-GMM	(9) FE	(10) SYS-GMM
$AR(2)$	—	0.509	—	0.459	—	0.367
$SARGAN$	—	0.205	—	0.193	—	0.183
Obs	1 430	1 430	1 430	1 430	1 430	1 430

注:"＊＊＊""＊＊""＊"分别表示1%、5%、10%的置信水平,括号内的数值为稳健标准误差。

表6-1的回归结果显示,模型(1)、模型(3)、模型(5)的 $R\text{-}squared$ 值均大于0.7,模型(2)、模型(4)、模型(6)的 $AR(2)$ 检验和 $SARGAN$ 检验结果均大于0.1,因此,可以判定模型(1)~(6)的设定和估计结果均具有较强的稳健性。ERI 对 IND 的固定效应估计和系统矩估计回归系数分别为 $0.022(P<0.01)$ 和 $0.083(P<0.01)$,表明环境规制对资源型城市产业转型升级具有显著地推进作用。LFP 对 IND 的固定效应估计和系统矩估计回归系数分别为 $-0.094(P<0.01)$ 和 $-0.170(P<0.05)$,表明地方政府财政压力增大对资源型城市产业转型升级具有负向影响,ERI 与 LFP 交互项的固定效应估计和系统矩估计回归系数分别为 $-0.155(P<0.01)$ 和 $-0.240(P<0.05)$,表明在环境规制与地方政府财政压力增大的共同作用下,资源型城市产业转型升级受到了更加严重的阻碍。PEB 对 IND 的固定效应估计和系统矩估计回归系数分别为 $-0.097(P<0.01)$ 和 $-0.235(P<0.01)$,表明资源型城市的政绩考核偏向于"重经济、轻生态",对产业转型升级具有不利影响,ERI 与 PEB 交互项的固定效应估计和系统矩估计回归系数分别为 $-0.005(P<0.01)$ 和 $-0.018(P<0.01)$,表明在环境规制与"重经济、轻生态"的政绩考核的共同作用下,资源型城市产业转型升级受到的不利影响加大。因此,在地方政府财政压力增大和"重经济、轻生态"的政绩考核下,地方政府间形成环境规制"逐底竞争",从而抑制了资源型城市产业转型升级,假设一得到了验证。

二、不同区域资源型城市的回归结果分析

从我国不同区域资源型城市的回归结果来看(表6-3),东部地区资源型城市 ERI 与 LFP 交互项的回归结果为 $-0.624(P<0.01)$,而中部地区、西部地

区以及东北地区资源型城市 ERI 与 LFP 交互项的回归结果分别为 -1.613（$P<0.01$）、-1.892（$P<0.01$）以及 -1.184（$P<0.05$），表明在环境规制与地方政府财政压力增大的共同作用下，我国东部地区资源型城市产业转型升级受到的负向影响较弱，而中部地区、西部地区以及东北地区资源型城市产业转型升级受到的负向影响更强。这是由于我国东部地区资源型城市的地方政府财政压力相对于中部地区、西部地区以及东北地区较小，因而对产业转型升级的负向影响也较小。此外，东部地区资源型城市 ERI 与 PEB 交互项的回归结果为 -0.116（$P<0.01$），而中部地区、西部地区以及东北地区资源型城市 ERI 与 PEB 交互项的回归结果分别为 -0.244（$P<0.05$）、-0.296（$P<0.05$）以及 -0.189（$P<0.05$），这表明我国中部地区、西部地区以及东北地区资源型城市在环境规制与"重经济、轻生态"的政绩考核的共同作用下对产业转型升级的抑制作用相对于东部地区更为显著。虽然我国东部地区资源型城市的生态考核在政绩考核中占据了较大的比例，但仍然对产业转型升级产生了不利影响，因此，有待于进一步地完善，而中部地区、西部地区以及东北地区资源型城市的政绩考核更偏重于经济考核，从而对产业转型升级的阻碍较大。

表6-3 不同区域资源型城市政府环境规制竞争作用机制的回归结果

解释变量	东部地区	中部地区	西部地区	东北地区
IND_{t-1}	0.519*** (0.31)	0.320** (0.13)	0.557*** (0.20)	0.542*** (0.19)
ERI	0.299*** (0.43)	0.212** (0.21)	0.040*** (0.29)	1.360** (0.60)
LFP	-0.032*** (0.36)	-0.203*** (0.18)	-0.265*** (0.23)	-0.121** (0.51)
$ERI \times LFP$	-0.624*** (5.07)	-1.613*** (2.61)	-1.892*** (3.08)	-1.184** (6.67)
PEB	-0.041*** (0.05)	-0.195** (0.09)	-0.216** (0.13)	-0.094** (0.09)
$ERI \times PEB$	-0.116** (0.09)	-0.244** (0.09)	-0.296** (0.07)	-0.189** (0.06)
$Controls$	0.188*** (0.10)	0.113** (0.23)	-0.210*** (0.43)	0.376** (0.18)
$cons$	8.789*** (7.16)	1.362*** (3.45)	-7.508*** (6.92)	26.557*** (9.60)

续表

解释变量	东部地区	中部地区	西部地区	东北地区
F	1 218.41	86.77	132.88	4 501.48
$AR(2)$	0.540	0.153	0.907	0.138
$SARGAN$	0.997	0.279	0.864	0.972
Obs	260	481	520	247

注:"＊＊＊""＊＊""＊"分别表示1%,5%,10%的置信水平,括号内的数值为稳健标准误差。

三、不同类型资源型城市的回归结果分析

从我国不同类型资源型城市的回归结果来看(表6-4),成长型资源型城市和成熟型资源型城市 ERI 与 LFP 交互项的回归结果分别为 -0.761 ($P<0.05$) 和 -0.741 ($P<0.05$),衰退型资源型城市 ERI 与 LFP 交互项的回归结果为 -2.473 ($P<0.05$),再生型资源型城市 ERI 与 LFP 交互项的回归结果的绝对值低于衰退型资源型城市 1.211,说明在环境规制与地方政府财政压力增大的共同作用下,成长型资源型城市和成熟型资源型城市产业转型升级受到的阻力相对较小,而衰退型资源型城市和再生型资源型城市产业转型升级受到的阻力相对较大。这是由于成长型资源型城市和成熟型资源型城市处于资源开发与资源型产业发展的上升阶段,资源型经济红利显著,地方政府财政压力相对较小,而衰退型资源型城市财政压力相对较大,再生型资源型城市由于新兴产业发展还不完善,产业转型升级阻力同样较大。成长型资源型城市和成熟型资源型城市 ERI 与 PEB 交互项的回归结果分别为 -1.425 ($P<0.05$) 和 -2.188 ($P<0.05$),衰退型资源型城市和再生型资源型城市 ERI 与 PEB 交互项的回归结果分别为 -4.507 ($P<0.05$) 和 -3.332 ($P<0.05$),这意味着在环境规制与"重经济、轻生态"的政绩考核下,成长型资源型城市和成熟型资源型城市产业转型升级受到的不利影响相对较小,而衰退型资源型城市和再生型资源型城市产业转型升级受到了较大的不利影响。这是由于成长型资源型城市和成熟型资源型城市的生态问题暴露得不显著,生态考核对产业转型升级的影响较为有限,而衰退型资源型城市的生态质量出现了严重的下降,生态考核对产业转型升级的干扰较大,再生型资源型城市的生态考核处于转型完善的阶段,因而也容易造成产业转型升级的负面影响。

表 6-4 不同类型资源型城市政府环境规制竞争作用机制的回归结果

解释变量	成长型	成熟型	衰退型	再生型
IND_{t-1}	0.799***	0.166**	0.733***	0.396**
	(0.26)	(0.10)	(0.08)	(0.20)
ERI	0.054***	0.180***	0.047***	-0.420***
	(0.29)	(0.21)	(0.38)	(0.33)
LFP	-0.028**	-0.048**	-0.345**	-0.208**
	(0.19)	(0.15)	(0.33)	(0.31)
ERI×LFP	-0.761**	-0.741**	-2.473**	-1.262**
	(2.81)	(2.17)	(4.66)	(3.65)
PEB	-0.145**	-0.260**	-0.877**	-0.622**
	(0.43)	(0.40)	(0.70)	(0.15)
ERI×PEB	-1.425**	-2.188**	-4.507**	-3.332**
	(1.11)	(0.42)	(1.58)	(0.27)
Controls	0.419**	0.345**	0.181**	1.493**
	(0.48)	(0.22)	(0.14)	(0.75)
cons	6.720**	-3.098**	-4.047**	13.952**
	(15.00)	(4.65)	(6.88)	(10.61)
F	223.54	37.11	785.60	387.70
AR(2)	0.688	0.308	0.131	0.807
SARGAN	0.992	0.507	0.884	1.000
Obs	260	858	312	208

注:"＊＊＊""＊＊""＊"分别表示1%,5%,10%的置信水平,括号内的数值为稳健标准误差。

第四节 基于绿色技术创新的作用机制分析

一、总体回归结果及分析

为考察绿色技术创新的作用机制,我们依次在模型中加入绿色技术创新以及环境规制与绿色技术创新的交互项,并且采取固定效应估计和系统矩估计两种估计方法进行层级回归,以增强估计结果的稳健性。

根据表6-5的回归结果,模型(1)、模型(3)、模型(5)的 $R\text{-}squared$ 值均大于0.7,模型(2)、模型(4)、模型(6)的 $AR(2)$ 检验和 $SARGAN$ 检验结果均大于0.1,因此,可以判定模型(1)~(6)的设定和估计结果均具有较强的稳健性。ERI 对 IND 的固定效应估计和系统矩估计回归系数均显著为正,表明环境规制对资源型城市产业转型升级具有积极促进作用。GTI 对 IND 的固定效应估计和系统矩估计回归系数分别为 $0.002(P<0.01)$ 和 $0.052(P<0.01)$,表明绿色技术创新对推进资源型城市产业转型升级具有正向作用。ERI 与 GTI 的交互项对 IND 的固定效应估计和系统矩估计回归系数分别为 $0.041(P<0.05)$ 和 $0.092(P<0.01)$,相对于 GTI 对 IND 的回归结果分别提升了0.039和0.04,这意味着通过环境规制倒逼绿色技术创新,能够更加显著地推进资源型城市的产业转型升级,从而假设2得到了验证。

表6-5 基于绿色技术创新作用机制的回归结果

解释变量	(1) FE	(2) SYS-GMM	(3) FE	(4) SYS-GMM	(5) FE	(6) SYS-GMM
IND_{t-1}	—	0.896*** (0.05)	—	0.890*** (0.05)	—	0.852*** (0.06)
ERI	0.022*** (0.01)	0.083*** (0.03)	0.017*** (0.01)	0.081*** (0.03)	0.005*** (0.01)	−0.207** (0.08)
GTI	—	—	0.002*** (0.01)	0.052*** (0.04)	0.010*** (0.03)	−0.611*** (0.20)
$ERI \times GTI$	—	—	—	—	0.041*** (0.00)	0.092*** (0.01)
$Controls$	0.072*** (0.01)	0.037*** (0.06)	0.050*** (0.02)	−0.036*** (0.07)	0.049*** (0.02)	−0.011*** (0.08)
$cons$	−7.456*** (2.60)	0.723*** (1.11)	−6.434** (2.59)	1.946*** (1.39)	−5.688** (2.67)	8.986*** (2.42)
F	408.640	1 312.47	371.319	1 315.06	334.405	1 022.10
$R\text{-}squared$	0.7312	—	0.7356	—	0.7359	—
$AR(2)$	—	0.509	—	0.523	—	0.614
$SARGAN$	—	0.205	—	0.232	—	0.344
Obs	1 430	1 430	1 430	1 430	1 430	1 430

注:"***""**""*"分别表示1%、5%、10%的置信水平,括号内的数值为稳健标准误差。

二、不同区域资源型城市的回归结果分析

从我国不同区域资源型城市的回归结果来看(表6-6),东部地区资源型城市 ERI 与 GTI 的交互项对 IND 的回归系数为 $0.126(P<0.1)$,明显高于其他区域,表明我国东部地区资源型城市环境规制倒逼绿色技术创新的作用效果较为显著,东部地区创新资源要素丰富且密集,并且资源型城市的企业较多地采用了清洁型、技术密集型的生产方式,从而有效地推进了资源型城市产业转型升级[209]。而中部地区和东北地区资源型城市 ERI 与 GTI 的交互项对 IND 的回归系数分别为 $0.052(P<0.01)$ 和 $0.046(P<0.01)$,这是由于中部地区资源型城市主要以承接东部地区转移的加工制造产业为主,缺乏自主创新能力,并且清洁生产水平和资源综合利用效率不高,因而对资源型城市产业转型升级的促进作用弱于东部地区,而东北地区资源型城市受传统计划经济体制和资源路径依赖的束缚,推进绿色技术创新的动力不足。西部地区资源型城市 ERI 与 GTI 的交互项对 IND 的回归系数最小,仅为 $0.013(P<0.01)$,这主要是因为西部地区资源型城市的创新投入严重不足,并且对生态环境的破坏和资源浪费较为严重,因此,环境规制对绿色技术创新的倒逼效应不显著,从而对于推进资源型城市产业转型升级的作用效果较小。

表6-6 不同区域资源型城市绿色技术创新作用机制的回归结果

解释变量	东部地区	中部地区	西部地区	东北地区
IND_{t-1}	0.393*** (0.49)	0.263* (0.15)	0.487*** (0.17)	0.569*** (0.09)
ERI	0.285*** (0.32)	0.167*** (0.58)	0.100*** (0.23)	0.828** (0.34)
GTI	0.643*** (0.65)	0.424*** (1.35)	0.205*** (0.64)	0.334** (0.90)
$ERI \times GTI$	0.126* (0.04)	0.052*** (0.10)	0.013*** (0.05)	0.046*** (0.07)
$Controls$	0.118*** (0.21)	0.016*** (0.23)	0.324* (0.19)	0.201*** (0.11)
$cons$	2.855*** (10.62)	5.536*** (9.37)	3.351*** (8.49)	2.688*** (5.12)

续表

解释变量	东部地区	中部地区	西部地区	东北地区
F	3 914.21	90.58	125.18	20 478.76
AR(2)	0.886	0.105	0.534	0.879
SARGAN	0.938	0.143	0.863	0.995
Obs	260	481	520	247

注:"＊＊＊""＊＊""＊"分别表示1%,5%,10%的置信水平,括号内的数值为稳健标准误差。

三、不同类型资源型城市的回归结果分析

从我国不同类型资源型城市的回归结果来看(表6-7),成熟型资源型城市和再生型资源型城市 ERI 与 GTI 的交互项对 IND 的回归系数分别为 0.089 ($P<0.05$) 和 0.052 ($P<0.01$),这表明环境规制对绿色技术创新的倒逼效应在成熟型资源型城市和再生型资源型城市表现显著,这是由于成熟型资源型城市产业发展相对成熟,污染治理成本控制得较为合理,绿色技术创新能力和产业竞争力相对较强,而再生型资源型城市的新兴产业发展势头强劲,创新能力凸显,并且对于环境污染的负外部性较小,因此,有助于实现资源型城市产业转型升级[210]。成长型资源型城市 ERI 与 GTI 的交互项对 IND 的回归系数为 0.031($P<0.01$),分别低于成熟型资源型城市和再生型资源型城市 0.058 和 0.021,这是因为成长型资源型城市的产业基础较为薄弱,对资源的依赖性较大,生产技术及工艺革新较慢,并且边际治污成本较高,从而对产业转型升级的推进作用较弱。衰退型资源型城市 ERI 与 GTI 的交互项对 IND 的回归系数最小,这表明衰退型资源型城市的产业发展对生态破坏和资源消耗带来了严重的负面影响,衰退型资源型城市面临的生态压力和经济压力均较大,因此严重制约了绿色技术创新的发展,从而对产业转型升级的作用效果不显著。

表 6-7　不同类型资源型城市绿色技术创新作用机制的回归结果

解释变量	成长型	成熟型	衰退型	再生型
IND_{t-1}	0.816*** (0.31)	0.188* (0.11)	0.474*** (0.08)	1.250*** (0.46)
ERI	-0.226*** (0.31)	-0.046*** (0.23)	0.202*** (0.36)	-0.595** (0.25)
GTI	-0.576* (0.90)	-0.460*** (0.59)	0.409*** (0.79)	-1.783** (0.71)
ERI×GTI	0.031*** (0.07)	0.089** (0.04)	0.005*** (0.06)	0.052*** (0.04)
Controls	0.320*** (0.34)	0.457* (0.24)	-0.260* (0.15)	-0.064*** (0.29)
cons	9.438*** (9.32)	-0.214*** (8.25)	4.447*** (4.57)	18.843** (8.15)
F	262.76	48.29	223.62	266.25
AR(2)	0.753	0.103	0.120	0.105
SARGAN	0.999	0.285	0.996	1.000
Obs	260	858	312	208

注:"***""**""*"分别表示 1%,5%,10%的置信水平,括号内的数值为稳健标准误差。

第五节　基于产业集聚的作用机制分析

一、总体回归结果及分析

为考察产业集聚的作用机制,依次在模型中加入产业集聚以及环境规制与产业集聚的交互项,并且采取固定效应估计和系统矩估计两种估计方法进行层级回归,以增强估计结果的稳健性。

表 6-8 的回归结果显示,模型(1)、模型(3)、模型(5)的 R-squared 值均大于 0.7,模型(2)、模型(4)、模型(6)的 AR(2)检验和 Sargan 检验结果均大于

0.1,因此,可以判定模型(1)~(6)的设定和估计结果均具有较强的稳健性。ERI 对 IND 的固定效应估计和系统矩估计回归系数均显著为正,表明环境规制对资源型城市产业转型升级具有积极促进作用。IA 对 IND 的固定效应估计和系统矩估计回归系数分别为 0.009($P<0.05$)和 0.052($P<0.1$),表明产业集聚对推进资源型城市产业转型升级具有正向作用。ERI 与 IA 的交互项对 IND 的固定效应估计和系统矩估计回归系数分别为 0.019($P<0.01$)和 0.094($P<0.01$),这说明环境规制能够引导形成产业集聚,从而促进了资源型城市实现污染管控与产业转型升级的共赢,假设3得到了验证。

表 6-8 基于产业集聚作用机制的回归结果

解释变量	(1) FE	(2) SYS-GMM	(3) FE	(4) SYS-GMM	(5) FE	(6) SYS-GMM
IND_{t-1}	—	0.896*** (0.05)	—	0.889*** (0.05)	—	0.925*** (0.07)
ERI	0.022*** (0.01)	0.083*** (0.03)	0.022*** (0.01)	0.081*** (0.03)	0.016*** (0.01)	0.090*** (0.03)
IA	—	—	0.009** (0.00)	0.052* (0.03)	0.097* (0.06)	−0.641*** (0.39)
$ERI \times IA$	—	—	—	—	0.019*** (0.01)	0.094*** (0.07)
$Controls$	0.072*** (0.01)	0.037*** (0.06)	0.071*** (0.01)	0.095*** (0.07)	0.074*** (0.01)	0.040*** (0.08)
$cons$	−7.456*** (2.60)	0.723*** (1.11)	−6.972*** (2.62)	1.906*** (1.67)	−7.313*** (2.62)	2.222*** (1.90)
F	408.640	1 312.47	363.640	1 307.02	328.574	1 041.25
R-squared	0.731 2		0.731 5		0.732 5	
$AR(2)$	—	0.509	—	0.435	—	0.935
$SARGAN$	—	0.205	—	0.200	—	0.350
Obs	1 430	1 430	1 430	1 430	1 430	1 430

注:"***""**""*"分别表示1%、5%、10%的置信水平,括号内的数值为稳健标准误差。

二、不同区域资源型城市的回归结果分析

从我国不同区域资源型城市的回归结果来看(表6-9),东部地区和东北地区资源型城市 ERI 与 IA 的交互项对 IND 的回归系数分别为 0.197($P<0.1$)

和 0.099($P<0.01$),说明我国东部地区和东北地区资源型城市环境规制引导形成产业集聚的作用效果显著,东部地区资源型城市产业集聚能力相对较强,产业集聚的规模经济效应、范围经济效应以及学习效应能够显著地发挥出来[211];而东北地区资源丰裕度较高,并且资源型城市的产业发展具有一定的发展基础,但是,要素资源整合能力和生产要素流动速率相对较弱,因此,对推进产业转型升级的作用效果弱于东部地区。中部地区和西部地区资源型城市 ERI 与 IA 的交互项对 IND 的回归系数分别为 0.071($P<0.01$)和 0.017($P<0.01$),相对于东部地区和东北地区而言,中部地区资源型城市的产业链较为薄弱,关联产业协同发展能力和产业配套能力不强,而西部地区的自然资源分布较为松散,资源开发难度相对较大,并且资源型城市产业的生产方式较为粗放,因此不利于促进产业集聚,对资源型城市产业转型升级的作用效果不显著。

表6-9 不同区域资源型城市产业集聚作用机制的回归结果

解释变量	东部地区	中部地区	西部地区	东北地区
IND_{t-1}	-0.100***	0.276***	0.589***	0.619***
	(0.28)	(0.09)	(0.14)	(0.08)
ERI	0.025***	0.174***	0.150***	0.034***
	(0.02)	(0.11)	(0.10)	(0.15)
IA	0.130***	1.627***	0.743***	2.765*
	(0.38)	(2.11)	(0.75)	(1.45)
ERI×IA	0.197*	0.071***	0.017***	0.099***
	(0.03)	(0.14)	(0.06)	(0.11)
Controls	0.229**	0.096***	-0.260***	0.196***
	(0.11)	(0.23)	(0.26)	(0.12)
cons	-13.822**	-1.148***	-8.940***	9.467***
	(6.78)	(4.00)	(8.39)	(7.06)
F	2 539.76	114.94	72.27	2 226.82
AR(2)	0.445	0.158	0.799	0.243
SARGAN	0.999	0.233	0.743	0.948
Obs	260	481	520	247

注:"***""**""*"分别表示1%、5%、10%的置信水平,括号内的数值为稳健标准误差。

三、不同类型资源型城市的回归结果分析

从我国不同类型资源型城市的回归结果来看(表6-10),成熟型资源型城

市 ERI 与 IA 的交互项对 IND 的回归系数最高,达到 0.290($P<0.01$),这是由于成熟型资源型城市产业发展形成了一定的规模,对于环境污染和生态破坏能够控制在一定范围之内,因此,通过实施环境规制有利于促进形成产业集聚,从而推进资源型城市产业转型升级。成长型资源型城市和再生型资源型城市 ERI 与 IA 的交互项对 IND 的回归系数分别为 0.070($P<0.01$)和 0.010($P<0.01$),表明成长型资源型城市和再生型资源型城市通过实施环境规制促进产业集聚能够实现污染管控与产业转型升级的共赢,然而成长型资源型城市的产业发展处于上升阶段,对资源的依赖和消耗量大,同时也容易造成较多的生态环境负面影响;而再生型资源型城市经历过经济转型,处于发展接续替代产业的初级阶段,产业规模尚不稳定,因此难以形成产业集聚,从而这两种类型的资源型城市产业转型升级的推进力度较弱。衰退型资源型城市 ERI 与 IA 的交互项对 IND 的回归系数显著为负,表明环境规制与产业集聚的共同作用阻碍了产业转型升级,这是因为衰退型资源型城市的产业全面衰退,并且面临着较大的生态环境恶化和资源濒临枯竭压力,同时接续替代产业又尚未找准定位,从而在环境规制的作用下难以形成产业集聚,以至于阻碍了产业转型升级。

表 6-10 不同类型资源型城市产业集聚作用机制的回归结果

解释变量	成长型	成熟型	衰退型	再生型
IND_{t-1}	0.873*** (0.17)	0.214* (0.11)	0.812*** (0.07)	0.634*** (0.20)
ERI	0.002*** (0.16)	0.123* (0.07)	-0.019*** (0.08)	-0.008*** (0.07)
IA	0.051*** (1.05)	0.027*** (1.22)	-3.965*** (0.90)	1.317*** (1.61)
ERI×IA	0.070*** (0.07)	0.290*** (0.08)	-0.002*** (0.07)	0.010*** (0.13)
Controls	0.265*** (0.20)	0.436* (0.26)	-0.240* (0.14)	0.617*** (0.20)
cons	5.303*** (7.06)	-2.697*** (4.61)	-1.930*** (3.36)	11.605*** (8.31)
F	101.08	54.82	1 765.69	860.52
AR(2)	0.648	0.133	0.077	0.115
SARGAN	0.971	0.292	0.881	1.000
Obs	260	858	312	208

注:"***""**""*"分别表示 1%、5%、10%的置信水平,括号内的数值为稳健标准误差。

第六节　基于外商直接投资的作用机制分析

一、总体回归结果及分析

为考察外商直接投资的作用机制,依次在模型中加入外商直接投资以及环境规制与外商直接投资的交互项,并且采取固定效应估计和系统矩估计两种估计方法进行层级回归,以增强估计结果的稳健性。

表6-11　基于外商直接投资作用机制的回归结果

解释变量	(1) FE	(2) SYS-GMM	(3) FE	(4) SYS-GMM	(5) FE	(6) SYS-GMM
IND_{t-1}	—	0.896*** (0.05)	—	0.889*** (0.06)	—	0.901*** (0.05)
ERI	0.022*** (0.01)	0.083*** (0.03)	0.022*** (0.01)	0.083*** (0.03)	0.025* (0.01)	-0.106*** (0.11)
FDI	—	—	0.001*** (0.00)	0.008*** (0.03)	0.005*** (0.03)	-0.311* (0.17)
$ERI \times FDI$	—	—	—	—	0.005*** (0.00)	0.022* (0.01)
$Controls$	0.072*** (0.01)	0.037*** (0.06)	0.073*** (0.01)	0.046 (0.06)	0.073*** (0.01)	0.014*** (0.07)
$cons$	-7.456*** (2.60)	0.723*** (1.11)	-7.413*** (2.61)	0.681 (1.45)	-7.543*** (2.68)	4.090*** (2.53)
F	408.640	1 312.47	362.945	1 323.35	326.397	1 151.11
R-squared	0.731	—	0.731	—	0.732	—
$AR(2)$	—	0.509	—	0.525	—	0.498
$SARGAN$	—	0.205	—	0.172	—	0.220
Obs	1 430	1 430	1 430	1 430	1 430	1 430

注:"***""**""*"分别表示1%,5%,10%的置信水平,括号内的数值为稳健标准误差。

根据表 6-11 的回归结果,模型(1)、模型(3)、模型(5)的 R-squared 值均大于 0.7,模型(2)、模型(4)、模型(6)的 $AR(2)$ 检验和 $SARGAN$ 检验结果均大于 0.1,因此,可以判定模型(1)~(6)的设定和估计结果均具有较强的稳健性。ERI 对 IND 的固定效应估计和系统矩估计回归系数均显著为正,FDI 对 IND 的固定效应估计和系统矩估计回归系数分别为 0.001 和 0.008,且均在 1% 的显著性水平上显著,表明环境规制和外商直接投资均能够正向促进资源型城市产业转型升级。ERI 与 FDI 的交互项对 IND 的固定效应估计结果为 0.005($P<0.01$),而利用系统矩估计得到的回归结果基本与其保持一致,因此,可以认为环境规制能够通过对外商直接投资的"甄选"作用,提高产业结构合理化和高级化程度以及清洁生产水平,并且通过技术外溢效应、人力资本流动效应与示范效应显著推进资源型城市产业转型升级,假设四得到了验证。

二、不同区域资源型城市的回归结果分析

从我国不同区域资源型城市的回归结果来看(表 6-12),东部地区资源型城市 ERI 与 FDI 的交互项对 IND 的回归系数均显著为正,并且在四大区域中最高,这是因为我国东部地区资源型城市对外开放程度相对较高,并且环境规制实施的较为严格,清洁型、技术密集型产业的发展相对较为充分,因此,能够吸引大量优质的外商直接投资,从而带动资源型城市的产业转型升级。中部地区资源型城市 ERI 与 FDI 的交互项对 IND 的回归系数低于东部地区 0.032,这是由于中部地区资源型城市外商直接投资的规模较小,并且清洁生产程度以及产品附加值较低,但是,中部地区资源型城市受到外商直接投资的技术外溢效应、人力资本流动效应与示范效应较为显著,推进了资源型城市的产业转型升级。东北地区资源型城市 ERI 与 FDI 的交互项对 IND 的回归系数为 0.077($P<0.1$),这是由于东北地区临近俄罗斯、朝鲜等资源储量丰富的国家,地缘区位优势明显,但是,对于外商直接投资的资源整合能力较弱,因此,难以显著地推进资源型城市产业转型升级。我国西部地区经济发展较为闭塞,难以吸引到外商直接投资,此外,环境规制主要以保障生态红线及保护生态屏障为首要任务,因此,严重抑制了资源型城市产业转型升级。

表 6-12 不同区域资源型城市外商直接投资作用机制的回归结果

解释变量	东部地区	中部地区	西部地区	东北地区
IND_{t-1}	0.537*** (0.13)	0.211*** (0.14)	0.536*** (0.13)	0.664*** (0.06)
ERI	0.413*** (0.30)	0.244*** (0.67)	-0.008*** (0.16)	0.786* (0.42)
FDI	0.537*** (0.45)	0.217*** (1.06)	-0.268*** (0.32)	1.041* (0.61)
$ERI \times FDI$	0.042*** (0.03)	0.010* (0.07)	-0.012*** (0.02)	0.077* (0.05)
$Controls$	0.001*** (0.07)	0.091*** (0.24)	-0.199*** (0.13)	0.189*** (0.12)
$cons$	-8.925*** (7.47)	-1.877*** (10.49)	-5.029*** (4.37)	-3.528*** (5.92)
F	4 342.48	68.35	69.76	4 381.85
$AR(2)$	0.208	0.160	0.400	0.635
$SARGAN$	0.996	0.208	0.967	0.947
Obs	260	481	520	247

注:"***""**""*"分别表示1%,5%,10%的置信水平,括号内的数值为稳健标准误差。

三、不同类型资源型城市的回归结果分析

从我国不同类型资源型城市的回归结果来看(表6-13),成熟型资源型城市 ERI 与 FDI 的交互项对 IND 的回归结果为0.053,且在1%的显著性水平上显著,这是因为成熟型资源型城市的产业发展较为成熟,具有较高的生产技术水平和产品市场竞争力,因此,能够"筛选"掉"高污染、高能耗、高排放"的外商直接投资,并且引入清洁型、技术密集型的外商直接投资[212],从而有助于推进产业转型升级。成长型资源型城市 ERI 与 FDI 的交互项对 IND 的回归结果为0.022($P<0.01$),成长型资源型城市的资源储量较丰富,能够吸引大量的外商直接投资,但是,成长型资源型城市的资源集约利用水平和技术创新能力不足,因此,推进产业转型升级的作用效果较弱。再生型资源型城市 ERI 与 FDI 的交互项对 IND 的回归结果同样显著为正,这是由于再生型资源型城市发展

的新兴产业以及清洁生产和技术创新的氛围吸引了外商直接投资,但是,再生型资源型城市的新兴产业尚不成熟,对于外商直接投资的"甄选"能力不足,从而对产业转型升级的作用效果较弱。衰退型资源型城市的作用效果最不显著,这是因为衰退型资源型城市陷入了"资源-环境-经济"全面衰败的境地,为支撑经济发展,只能放松环境规制吸纳污染程度较高的外商直接投资,但是这种恶性循环长期来看却不利于推进产业转型升级。

表6-13 不同类型资源型城市外商直接投资作用机制的回归结果

解释变量	成长型	成熟型	衰退型	再生型
IND_{t-1}	0.870*** (0.25)	0.213* (0.12)	0.738*** (0.07)	0.811*** (0.19)
ERI	−0.127*** (0.20)	−0.268*** (0.35)	0.519 (0.50)	−0.139*** (0.30)
FDI	−0.278*** (0.41)	−0.754*** (0.63)	0.690* (0.80)	−0.075*** (0.37)
ERI×FDI	0.022*** (0.03)	0.053*** (0.05)	−0.058 (0.06)	0.014*** (0.03)
Controls	0.282*** (0.18)	0.385*** (0.30)	0.030*** (0.19)	0.183*** (0.21)
cons	10.805*** (7.90)	3.240*** (8.49)	−10.252*** (3.78)	12.281*** (8.84)
F	83.67	37.57	1 603.31	327.84
AR(2)	0.782	0.108	0.493	0.251
SARGAN	0.994	0.341	0.865	1.000
Obs	260	858	312	208

注:"***""**""*"分别表示1%,5%,10%的置信水平,括号内的数值为稳健标准误差。

第七章 环境规制影响资源型城市产业转型升级：空间效应分析

第一节 空间效应机理模型分析

由于环境问题存在极强的时空大尺度性，忽视空间因素将会使研究结果产生偏误。在第五章和第六章理论模型的基础上，我们进一步将空间因素考虑进去，研究环境规制影响资源型城市产业转型升级的空间效应机理。将式（5-18）代入式（5-17），可得出最优政府环境规制下的产业转型升级模型：

$$\frac{l_c}{l_p} = \left(\frac{u_c}{u_p}\right)^{\frac{\nu_1}{\nu_2+1}} \left(\frac{\theta_c g_c^{\phi_c}}{\theta_p g_p^{\phi_p}}\right)^{\frac{\nu_2}{\nu_2+1}} \left(\frac{\delta_p + n_p}{\delta_c + n_c} \cdot \frac{(\theta_c + \beta_c)g_c^{\phi_c} - 1}{(\theta_p + \beta_p)g_p^{\phi_p} - 1} \cdot \frac{u_c}{u_p}\right)^{\frac{\nu_3}{\nu_2+1}}$$
$$(X_c(1-\hat{t}))^{\frac{(u_c-1)\nu_1+\nu_2+u_c\nu_3}{\nu_2+1}} X_p^{-\frac{(u_p-1)\nu_1+\nu_2}{\nu_2+1}} \tag{7-1}$$

在纳入空间因素之后，式（7-1）等号左边的 $\dfrac{l_c}{l_p}$ 变为 $\dfrac{\left(\dfrac{l_{ic}}{\sum_{1}^{n} l_{ic}}\right)}{\left(\dfrac{l_{ip}}{\sum_{1}^{n} l_{ip}}\right)}$，而等号右边在原式基础上乘以 $F(\cdot)^W$，反映了空间效应下环境规制对产业转型升级的影响，具体而言：

$$\frac{\left(\dfrac{l_{ic}}{\sum_{1}^{n} l_{ic}}\right)}{\left(\dfrac{l_{ip}}{\sum_{1}^{n} l_{ip}}\right)} = F(\cdot)^W \left(\frac{u_c}{u_p}\right)^{\frac{\nu_1}{\nu_2+1}} \left(\frac{\theta_c g_c^{\phi_c}}{\theta_p g_p^{\phi_p}}\right)^{\frac{\nu_2}{\nu_2+1}} \left(\frac{\delta_p + n_p}{\delta_c + n_c} \cdot \frac{(\theta_c + \beta_c)g_c^{\phi_c} - 1}{(\theta_p + \beta_p)g_p^{\phi_p} - 1} \cdot \frac{u_c}{u_p}\right)^{\frac{\nu_3}{\nu_2+1}}$$

$$(X_c(1-\hat{t}))^{\frac{(u_c-1)v_1+v_2+u_cv_3}{v_2+1}} X_p^{-\frac{(u_p-1)v_1+v_2}{v_2+1}} \tag{7-2}$$

为更深入地分析环境规制对产业转型升级的空间外溢效应,将式(7-2)等号左边 $\dfrac{\left[\dfrac{l_{ic}}{\sum_1^n l_{ic}}\right]}{\left[\dfrac{l_{ip}}{\sum_1^n l_{ip}}\right]}$ 简化为 Γ_{cp},同时,还将受"空间-时间"效应影响的产业转型升级的空间异质性和时间异质性纳入公式中,得出:

$$\Gamma_{cp} = e^{\eta_s+\eta_t} g_p^{\varphi_p} g_c^{\varphi_c} X_p^{\varphi_{Xp}} X_c^{\varphi_{Xc}} F(\cdot)^W j^\zeta \tag{7-3}$$

其中,$g_p^{\varphi_p}$,$g_c^{\varphi_c}$ 分别表示政府对污染型生产部门和清洁型生产部门实施的环境规制,$X_p^{\varphi_{Xp}}$,$X_c^{\varphi_{Xc}}$ 分别表示政府对污染型生产部门和清洁型生产部门的产出水平,$F(\cdot)^W$ 表示空间权重指数,j^ζ 表示空间遗漏变量,e^{η_s} 和 η_s 为环境规制影响产业转型升级的空间异质性指数,e^{η_t} 和 η_t 为环境规制影响产业转型升级的时间异质性指数。由于空间遗漏变量是产生空间依赖性与空间外溢效应的关键[213],所以,我们从空间外部性与空间遗漏效应的生成机理出发,进一步分析环境规制影响产业转型升级的空间效应。这里对式(7-3)等号两边均作取对数处理后,可得

$$\begin{aligned}\ln(\Gamma_{cp}) = &\eta_s + \eta_t + \varphi_p \ln g_p + \varphi_c \ln g_c + \varphi_{Xp} \ln X_p + \varphi_{Xc} \ln X_c \\ &+ \varphi_n \ln X_n + W LnF(\cdot) + \zeta \ln j\end{aligned} \tag{7-4}$$

我们将式(7-4)变换为矩阵形式,即

$$\boldsymbol{\Gamma} = \eta_s + \eta_t + \boldsymbol{X}\boldsymbol{\beta}_1 + WLnF(\cdot) + Z\zeta \tag{7-5}$$

其中,$\boldsymbol{X}$ 为 $(\ln g_p\ \ln g_c\ \ln X_p\ \ln X_c\ \ln X_n)$,表示清洁型生产部门与污染型生产部门劳动量的比值构成的矩阵;$\boldsymbol{\beta}_1$ 为 $(\varphi_p\ \varphi_c\ \varphi_{Xp}\ \varphi_{Xc}\ \varphi_n)^T$,表示空间相关系数矩阵;$Z$ 为 $\ln j$,表示环境规制对产业转型升级的空间外部性影响。空间外部性影响可以用公式表示为

$$Z = \rho W z + \nu \tag{7-6}$$

$$Z = (I_n - \rho W)^{-1} \nu \tag{7-7}$$

将式(7-7)代入式(7-5)可得

$$\Gamma = \eta_s + \eta_t + X\beta_1 + WX\beta_2 + (I_n - \rho W)^{-1}\nu\zeta \tag{7-8}$$

继续对 $\nu\zeta$ 进行分解,可以得出空间渗透率的计算公式:

$$\nu\zeta = X\gamma + \varepsilon \quad (\varepsilon \sim N(0, \sigma_\varepsilon^2 I_n)) \tag{7-9}$$

将式(7-9)代入式(7-8)整理后可得

$$\Gamma = \rho W\Gamma + (I_n - \rho W)\eta_s + (I_n - \rho W)\eta_t + X(\beta_1 + \gamma)$$
$$+ WX(-\rho\beta_1 - \rho W\beta_2) + \varepsilon \quad (7-10)$$

为便于分析环境规制影响产业转型升级的空间遗漏效应,记:

$$\tau_1 = (I_n - \rho W)\eta_s, \quad \tau_2 = (I_n - \rho W)\eta_t,$$
$$\alpha_1 = \beta_1 + \gamma, \quad \alpha_2 = -\rho\beta_1 - \rho W\beta_2$$

其中,τ_1 和 τ_2 分别表示环境规制影响产业转型升级的空间异质性和时间异质性;α_1 表示本地环境规制对本地产业转型升级的影响效应,α_2 表示其他空间地区环境规制对本地产业转型升级的影响效应;τ_1,τ_2,α_1,α_2 均为环境规制对产业转型升级的空间遗漏效应。

对 Γ 求 X_i 的导数,可得

$$\frac{\partial \Gamma}{\partial X_i} = (I_n - \rho W)^{-1}(I_n\alpha_{1i} + W\alpha_{2i})$$
$$= (I_n + \rho W + \rho^2 W^2 + \rho^3 W^3 + L)(I_n\alpha_{1i} + W\alpha_{2i}) \quad (7-11)$$

其中,$I_n + \rho W + \rho^2 W^2 + \rho^3 W^3 + L$ 表示空间外溢效应的长期均衡水平,在这一水平上政府实施环境规制能够最优地促进产业转型升级。

基于上述理论模型以及第五章、第六章的理论模型及其实证检验结果,可以提出如下研究假设:

在空间效应的影响下,环境规制对资源型城市产业转型升级的倒逼效应显著增强,并且环境规制倒逼资源型城市产业转型升级的空间效应在我国不同区域、不同类型的资源型城市具有差异性。

第二节 空间计量模型构建与空间相关性分析

一、空间计量模型设定与估计方法

(一)空间计量模型设定

在空间计量经济学建模中,国内外学术界在理论与实践中形成的较为成熟的几种空间计量模型形式主要包括空间自回归模型(SAR)、空间误差模型(SEM)、空间 Durbin 模型(SDM)以及广义空间自回归模型(SAC)等。其中,

SAR 模型通过引入空间滞后项,能够反映出空间邻接性下的内生空间交互效应。SEM 模型不包含空间滞后项,它将空间外溢效应看作是随机扰动项冲击的结果,因此,该模型的随机扰动项具备空间特征。SDM 模型可由 SAR 模型和 SEM 模型转化而来,它同时具备了空间滞后项和空间误差项的属性,在处理空间数据的时候具有降低因模型选择设定偏误及遗漏变量导致的不确定性因素影响的优势。SAC 模型属于 SAR 模型的拓展模型,它将空间依赖性问题纳入了模型参数中予以考虑,并且优化了空间数据结构的生成过程(Anselin,1988;龙小宁,2014)[214,69]。综上考虑,我们初步选择 SDM 模型对环境规制影响我国资源型城市产业转型升级做空间计量分析,同时也采用 SAR 模型、SEM 模型及 SAC 模型做对比分析,并且根据各种模型形式的拟合优度及相关统计量的检验结果,选择最优空间估计结果的空间计量模型。本书构建的基础性空间计量模型如下:

$$IND_{i,t} = \tau_0 + \rho WIND_{i,t} + \tau_1 ERI_{i,t} + \theta WERI_{i,t} + \omega WX_{i,t} + \lambda_i + \gamma_t + \varepsilon_{i,t}$$

(7-12)

在模型(7-12)中,下标 i 代表城市,t 代表年份;$IND_{i,t}$ 表示产业结构调整指数,$ERI_{i,t}$ 表示环境规制强度,$X_{i,t}$ 表示可能影响产业结构调整的其他控制变量;τ_1 为常数项;ρ,θ 以及 ω 分别为产业结构调整指数、环境规制强度以及其他控制变量的空间自回归系数;W 为空间权重矩阵,τ_1 表示环境规制强度的估计系数;λ_i 和 γ_t 分别表示空间固定效应和时间固定效应,$\varepsilon_{i,t}$ 为随机扰动项。

(二)空间权重矩阵设置

设置合理的空间权重矩阵是关乎空间计量估计结果与空间外溢效应反应的关键所在,由于空间权重矩阵在空间计量模型中是外生给定的(赵霄伟,2014)[82],采用结构化的空间矩阵设置方法容易造成空间结构的误判,因此,我们使用从地理区位和经济行为角度表征经济单元间的空间相关性的地理空间权重矩阵和经济空间权重矩阵来反映空间计量模型中的空间外溢效应。地理空间权重矩阵表示我国 116 个地级资源型城市之间的地理距离上的空间相关性,借鉴游达明等人(2019)的做法[83],采用我国资源型城市之间的中心距离平方的倒数作为权重,地理距离越接近,赋予的权重越大①。具体而言,我们将地理空间权重矩阵定义为 W^G,其计算公式为

---

① 地理空间权重矩阵为 116×116 矩阵,需要把矩阵按行做单位化处理。同理,经济空间权重矩阵也是 116×116 矩阵,同样需做类似的处理。

$$W_{ij}^{G} = \frac{1}{d_{ij}^2} \tag{7-13}$$

其中，d_{ij}表示我国资源型城市之间的中心距离[①]，W_{ij}^{G}在当$i \neq j$时成立，当$i = j$时，W_{ij}^{G}计为0。

由于地理距离并不是影响空间权重矩阵的唯一因素，经济发展程度较为相似的地区同样会产生空间关联效应（林光平，2006），因此，我们选择将我国资源型城市之间人均GDP在2008~2020年内平均数差值的绝对数倒数设为经济空间权重，经济发展程度越相似，赋予的权重越大。具体而言，我们将经济空间权重矩阵定义为W^E，其计算公式为

$$W_{ij}^{E} = \frac{1}{|\overline{Y}_i - \overline{Y}_j|} \tag{7-14}$$

其中，$\overline{Y}_i = \frac{\sum_{t=T_0}^{T} Y_{it}}{T - T_0}$，$Y_{it}$表示第$i$个资源型城市$t$年份的人均GDP，$T_0$和$T$分别为初始年份和结束年份，$\overline{Y}_i$表示第$i$各资源型城市初始年份到结束年份人均GDP的均值；$W_{ij}^{E}$在当$i \neq j$时成立，当$i = j$时，$W_{ij}^{E}$计为0。

（三）估计方法

由于空间计量模型存在空间误差依赖、空间滞后依赖以及被解释变量与随机扰动项之间的空间依赖性，普通OLS估计方法将无法得到无偏且一致的估计结果（Brueckner，2006），而ML估计方法通过构建对数似然函数[②]，对其求解并得出空间相关系数的最优解，将最优解视为空间相关系数的ML估计值，

[①] 数据来源于国家测绘地理信息局、国家基础地理信息中心及中国动态地图网（http://www.webmap.cn）上查找到的最近更新的我国地级市行政区划地理信息经整理计算得出。

[②] Anselin在1988年最早提出了对数似然函数的设定形式：$\ln L = -\frac{n\ln\pi\sigma^2}{2} + \ln|I_n - \rho W| - \frac{e^{\mathrm{T}}e}{2\sigma^2}$，其中，$e = y - \rho Wy - Z\delta$，$\rho \in (\mathrm{Min}(w)^{-1}, \mathrm{Max}(w)^{-1})$，$w$为$W$的$n \times 1$阶特征值向量。

Pace和Barry（1997）利用单参数优化对对数似然函数进行了简化处理，简化后的表达式为

$$\ln L(\rho) = \kappa + \ln|I_n - \rho W| - \frac{n\ln S(\rho)}{2},$$

其中，κ与ρ为不相关的常数，$S(\rho) = e(\rho)^{\mathrm{T}}e(\rho) = e_0^{\mathrm{T}}e_0 - 2\rho e_0 e_d + e_d^{\mathrm{T}}e_d$，$e_0 = y - Z\delta_0$，$e_d = Wy - Z\delta_d$，据此，可求解出空间相关系数的最优解$\rho^*$，将最优解视为空间相关系数ML的估计值$\hat{\rho}$，再依据这一空间相关系数的估计值对空间计量模型中的其他参数及随机扰动项进行估计，可得出参数的估计结果

$$\hat{\delta} = \delta_0 - \hat{\rho}\delta_d = (Z^{\mathrm{T}}Z)^{-1}Z^{\mathrm{T}}(I_n - \hat{\rho}W)y$$

及随机扰动项的估计结果$\hat{\sigma} = \frac{S(\hat{\rho})}{n}$。

再依据这一空间相关系数的估计值对空间计量模型中的其他参数及随机扰动项进行估计。ML 估计方法适用于空间面板数据模型和空间动态面板数据模型的估计,Elhorst(2014)、LeSage(2009)等国际空间计量经济学界的著名学者一直认同 ML 估计方法对于空间计量模型估计能够得出无偏且一致的估计结果[215-216]。

二、变量选取与数据说明

(一)核心解释变量

环境规制(ERI):采用环境规制综合指数度量环境规制强度。首先,对废水排放达标率、二氧化硫去除率、工业烟(粉)尘去除率、固体废弃物综合利用率以及生活垃圾无害化处理率 5 项指标进行标准化处理;其次,采用改进熵值法确定指标权重;最后,根据权重和标准化数值计算得出环境规制综合指数。

(二)被解释变量

产业转型升级(IND):采用产业转型升级指数度量产业转型升级。首先,计算出第三产业产值与第二产业产值的比值。其次,根据泰尔指数的定义计算出泰尔指数,计算公式如下:

$$TL = \sum_{i=1}^{n} \left(\frac{Y_i}{Y}\right) \ln\left(\frac{\frac{Y_i}{L_i}}{\frac{Y}{L}}\right) = \sum_{i=1}^{n} \left(\frac{Y_i}{Y}\right) \ln\left(\frac{\frac{Y_i}{Y}}{\frac{L_i}{L}}\right) \quad (1 < i < 3) \quad (7-15)$$

其中,i 表示第 i 产业,n 为产业部门数,Y 和 L 分别表示产值和就业人数。

最后,利用熵值法将第三产业产值与第二产业产值的比值与泰尔指数进行合成,得出产业转型升级指数。

(三)控制变量

本章选取的控制变量主要包括自然资源禀赋(NRE)、人口密度(PD)、技术创新能力(TECH)、经济发展水平(PGDP)、贸易开放程度(OPN)以及城镇化率(URBAN)。其中,自然资源禀赋采用采掘业从业人员与年末总人口之比进行衡量,人口密度采用人均社会消费品零售总额进行衡量,技术创新能力采用 R&D 人员全时当量进行衡量,经济发展水平采用人均实际 GDP 进行衡量,贸易开放程度采用进出口总额占 GDP 的比例进行衡量,城镇化率采用城镇人口占总人口的比例进行衡量(刘婕等,2014)。

(四)数据来源

环境规制的数据来源于《中国城市统计年鉴》和《中国环境统计年鉴》,产业转型升级的数据来源于《中国城市统计年鉴》和《中国工业经济统计年鉴》,自然资源禀赋的数据来源于《中国城市统计年鉴》和中经网数据库,人口密度的数据来源于《中国城市统计年鉴》和中国经济社会发展统计数据库,技术创新能力的数据来源于《工业企业科技活动统计年鉴》和国民经济与发展统计公报,经济发展水平的数据来源于《中国城市统计年鉴》,贸易开放程度的数据来源于中国经济社会发展统计数据库,城镇化率的数据来源于《中国城市统计年鉴》和中国经济社会发展统计数据库。我们选取2008~2020年我国116个资源型城市的面板数据作为研究样本,同时对于所有变量均取对数,这样有利于消除异方差并突出弹性意义。

三、空间描述与空间相关性检验

空间相关性描述了区域间特定属性值的集聚或分散现象(李强等,2019)[164],同时,也能反映变量在其所处空间点位上及与邻近空间点位之间的空间关联效应(Anselin,1995)[214]。空间描述与空间相关性检验初步分析了变量的空间分布与空间关联特征,从而为空间计量回归分析及空间外溢效应研究奠定了基础。Moran's I 是检验空间相关性的重要指标,其计算公式为

$$\text{Moran's } I = \frac{\sum_{i=1}^{n}\sum_{j=1}^{n} W_{ij}(x_i - \bar{x})(x_j - \bar{x})}{\sum_{i=1}^{n}(x_i - \bar{x})^2 \sum_{i=1}^{n}\sum_{j=1}^{n} W_{ij}} \tag{7-16}$$

其中,Moran's I 的取值范围为-1~1,当 Moran's I 处于-1~0时,表示具有空间负相关关系,并且取值越接近于-1,空间负相关关系越强;当 Moran's I 处于0~1时,表示具有空间正相关关系,并且取值越接近于1,空间正相关关系越强;当 Moran's I 等于0时,表示空间相关性不显著。

首先,利用蒙特卡罗模拟方法计算出2008~2020年我国资源型城市环境规制的全局 Moran's I 和产业转型升级的全局 Moran's I,结果显示,2008~2020年我国资源型城市环境规制的全局 Moran's I 均显著为正,表明我国资源型城市的环境规制具有显著的空间正相关性,其中,2008年的环境规制

Moran's I 值最低,仅为 0.313,2009~2012 年由 0.336 提高到 0.396,2013 年下降为 0.382,2014 年提升至 0.430,2015 年又下降为 0.421,此后一直处于上升的态势,直到 2020 年达到 0.595。2008~2020 年产业转型升级的全局 Moran's I 同样均显著为正,表明我国资源型城市的产业转型升级同样具有显著的空间正相关性,其中,2008 年的产业转型升级 Moran's I 值为 0.231,2009~2013 年由 0.233 上升至 0.293,2014 年下降为 0.292,2015 年上升至 0.331,此后一直保持上升趋势,直至 2020 年达到 0.391。

表 7-1 空间相关性 Moran's I 检验结果

年份	ERI 的 Moran's I	Z 统计量①	IND 的 Moran's I	Z 统计量
2008	0.313	14.65	0.231	12.196
2009	0.336	16.901	0.233	10.994
2010	0.364	14.849	0.239	10.045
2011	0.381	14.782	0.266	10.221
2012	0.396	15.424	0.268	10.442
2013	0.382	15.216	0.293	10.684
2014	0.430	14.606	0.292	10.435
2015	0.421	14.022	0.331	10.249
2016	0.432	16.086	0.347	11.349
2017	0.462	15.173	0.372	11.437
2018	0.507	14.663	0.379	11.674
2019	0.583	15.042	0.389	11.702
2020	0.595	16.032	0.391	12.331

但是,由于全局空间相关性检验无法判断样本个体的空间相关性,因而容易造成虚假空间相关性(Anselin,1995)[214],因此,有必要再进行局部空间相关性检验。利用 Stata15.1 和 ArcGIS10.2 软件分别绘制出 2008~2020 年的环境规制和产业转型升级 Moran's I 散点图,限于篇幅,这里仅展示 2008 年环境规制的 Moran's I 散点图、2008 年产业转型升级的 Moran's I 散点图、2020 年环境规制的 Moran's I 散点图以及 2020 年产业转型升级的 Moran's I 散点图。由图 7-1~图 7-4 可以看出,各散点图的高值区和低值区均呈现较为明显的分层现象,拟合趋势线均向右上方倾斜,各散点图的成像结果与相对应的全局空

---

① 由于 Moran's I 近似服从于正态分布,因此,采用 Z 统计量进行显著性检验更为精确。

间自相关检验结果基本保持一致,因此,可以认为环境规制和产业转型升级均具有显著的空间正相关性。

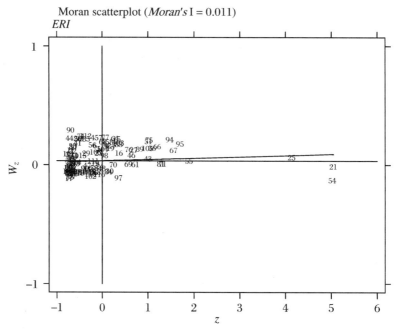

图 7-1　2008 年 ERI 的 Moran's I 散点图

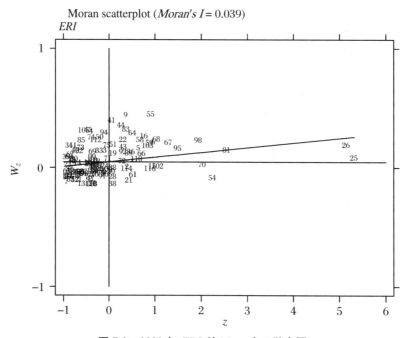

图 7-2　2020 年 ERI 的 Moran's I 散点图

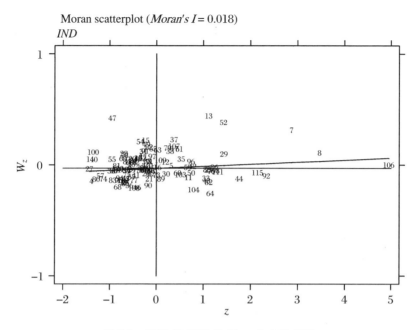

图 7-3　2008 年 IND 的 Moran's I 散点图

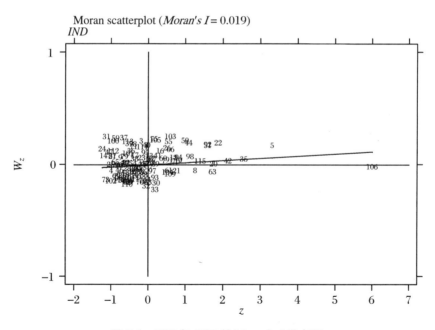

图 7-4　2020 年 IND 的 Moran's I 散点图

第三节　空间计量检验与结果分析

一、空间计量模型回归结果

从表7-2中可以看出，SAR模型、SAC模型以及SDM模型的ρ值均在1%的显著性水平上显著为正，这意味着空间效应在环境规制对资源型城市产业转型升级的影响中起到了重要的作用。根据SAR模型、SEM模型、SAC模型以及SDM模型的$\lg L$值和$R\text{-}Squared$值，四种模型的$\lg L$值均大于165，$R\text{-}Squared$值均大于50，因此，可以认为SAR模型、SEM模型、SAC模型以及SDM模型均具有较好的拟合优度和估计效果。其中，SDM模型地理空间权重矩阵下的$\lg L$值和经济空间权重矩阵下的$\lg L$值分别为990.936和440.786，均显著高于其他模型对应权重矩阵下的$\lg L$值，而SDM模型地理空间权重矩阵下的$R\text{-}Squared$值和经济空间权重矩阵下的$R\text{-}Squared$值分别为60.54和63.17，均显著高于其他模型对应权重矩阵下的$R\text{-}Squared$值，因此，SDM模型的拟合优度和估计效果最好。

从空间计量回归结果来看，SAR模型、SEM模型、SAC模型以及SDM模型的空间计量回归系数在方向上能够保持一致，因而，可以认为空间计量的回归结果具有较强的稳健性。在SDM模型中，ERI在地理空间权重矩阵下和经济空间权重矩阵下的回归结果分别为$0.149(P<0.01)$和$0.797(P<0.01)$，而$W \times ERI$的回归结果分别提高到$0.196(P<0.01)$和$6.468(P<0.05)$，这说明了在空间效应的影响下，环境规制对资源型城市产业转型升级的倒逼效应将显著增强，并且环境规制的倒逼效应在经济发展程度相似的地区之间较之于地理距离接近的地区之间体现得更加显著。这主要是由于环境规制具有外部性特征，不仅本地的环境规制能够促进资源型城市产业转型升级，邻近地区的环境规制也能对本地的资源型城市产业转型升级产生正向影响，从而本地和邻近地区的环境规制共同推进了资源型城市的产业转型升级[217]。

表 7-2 空间计量模型回归结果

变量	SAR 地理空间权重矩阵	SAR 经济空间权重矩阵	SEM 地理空间权重矩阵	SEM 经济空间权重矩阵	SAC 地理空间权重矩阵	SAC 经济空间权重矩阵	SDM 地理空间权重矩阵	SDM 经济空间权重矩阵
L.IND	0.965*** (0.04)	0.969*** (0.03)	—	—	—	—	0.973*** (0.18)	0.969*** (0.01)
ρ	0.249*** (0.03)	34.802*** (6.87)	—	—	−0.40* (0.25)	49.810*** (90.18)	0.489*** (0.12)	92.689* (98.68)
ERI	0.006*** (0.01)	0.015 (0.31)	0.068*** (0.07)	0.712 (0.71)	0.070* (0.04)	0.734* (0.40)	0.149 (0.27)	0.797*** (2.76)
NRE	−0.007*** (0.01)	−0.079** (0.04)	−0.014*** (0.01)	−0.153 (0.12)	−0.013*** (0.07)	−0.156* (0.07)	−0.069* (0.04)	−0.803*** (0.48)
PD	−1.952** (1.60)	1.987 (1.60)	−0.991*** (0.83)	0.696* (1.05)	−0.925*** (0.91)	0.687** (0.96)	2.065*** (0.63)	1.999 (0.64)
TECH	1.133** (1.07)	1.332* (1.75)	0.245* (0.16)	2.732* (1.58)	0.250* (0.06)	0.272** (0.61)	1.072** (0.47)	1.366** (0.51)
PGDP	0.774** (0.99)	1.294** (0.99)	−10.257*** (2.11)	10.345** (2.12)	−10.307*** (0.79)	10.311*** (0.79)	1.330*** (0.57)	1.358*** (0.58)
OPEN	−0.236*** (0.20)	2.552** (2.04)	−0.059* (0.34)	0.520* (3.19)	−0.067** (0.16)	0.487** (1.61)	2.594** (1.19)	0.263** (0.11)
URBAN	−7.588** (5.63)	7.028** (5.65)	18.829* (13.46)	21.975** (13.74)	18.780** (6.37)	21.885** (6.34)	4.652*** (5.89)	6.805** (4.70)

续表

变量	SAR		SEM		SAC		SDM	
	地理空间权重矩阵	经济空间权重矩阵	地理空间权重矩阵	经济空间权重矩阵	地理空间权重矩阵	经济空间权重矩阵	地理空间权重矩阵	经济空间权重矩阵
$W \times ERI$	—	—	—	—	—	—	0.196*** (0.27)	6.468** (5.35)
$W \times NRE$	—	—	—	—	—	—	-0.042*** (0.04)	-0.514** (0.87)
$W \times PD$	—	—	—	—	—	—	2.829*** (0.65)	4.971*** (4.86)
$W \times TECH$	—	—	—	—	—	—	1.943*** (0.51)	1.087** (1.76)
$W \times PGDP$	—	—	—	—	—	—	1.112*** (0.57)	8.264*** (4.53)
$W \times OPEN$	—	—	—	—	—	—	3.274*** (1.26)	6.506*** (2.69)
$W \times URBAN$	—	—	—	—	—	—	7.429** (5.49)	9.577** (8.86)
Log L	588.84	447.66	170.91	165.94	172.05	166.05	990.93	440.78
R-Squared	0.659	0.634	0.071	0.052	0.050	0.051	0.454	6.317
Obs	1 430	1 430	1 430	1 430	1 430	1 430	1 430	1 430

注:"***""**""*"分别表示1%、5%、10%的置信水平,括号内的数值为稳健标准误差。

从控制变量回归的角度来看，NRE 在地理空间权重矩阵下和经济空间权重矩阵下的回归结果分别为 -0.069 和 -0.803，且均在 1% 的显著性水平上显著，而 $W \times NRE$ 的回归结果分别为 -0.042 和 -0.514，表明自然资源禀赋在区域要素资源的流动下能够减少资源型城市产业发展对于自然资源的依赖，从而减弱对资源型城市产业转型升级的抑制作用。

PD 在地理空间权重矩阵下和经济空间权重矩阵下的回归结果分别为 2.065 和 1.999，且均在 5% 的显著性水平上显著，而 $W \times PD$ 的回归结果分别为 2.829 和 4.971，意味着人口集聚效应的发挥能够显著推进资源型城市产业转型升级。

TECH 在地理空间权重矩阵下和经济空间权重矩阵下的回归结果分别为 1.072 和 1.366，且均在 5% 的显著性水平上显著，而 $W \times TECH$ 的回归结果分别为 1.943 和 1.087，说明技术创新在空间效应的影响下将加速扩散、传播以及共享，并且能够发挥技术外溢效应，从而有助于加快推进资源型城市产业转型升级。

PGDP 在地理空间权重矩阵下和经济空间权重矩阵下的回归结果分别为 1.330 和 1.358，且均在 1% 的显著性水平上显著，而 $W \times PGDP$ 的回归结果分别为 1.112 和 8.264，这表明经济发展水平相似的地区之间更容易加强区域合作与交流，从而正向促进资源型城市产业转型升级。

OPEN 在地理空间权重矩阵下和经济空间权重矩阵下的回归结果分别为 2.594 和 0.263，且均在 1% 的显著性水平上显著，而 $W \times OPEN$ 的回归结果分别为 3.274 和 6.506，意味着贸易开放在空间效应的影响下，促进了生产要素流动和产业分工合作，从而推进了资源型城市产业转型升级。

URBAN 在地理空间权重矩阵下和经济空间权重矩阵下的回归结果分别为 4.652 和 6.805，且均在 5% 的显著性水平上显著，$W \times URBAN$ 的回归结果分别为 7.429 和 9.577，表明城镇化有利于促进产城融合与要素集聚，对资源型城市产业转型升级具有积极的促进作用。

二、空间外溢效应分析

本书在环境规制影响资源型城市产业转型升级空间效应的基础上，进一步将空间效应分解为本地环境规制影响本地资源型城市产业转型升级的直接效应和邻近地区环境规制影响本地资源型城市产业转型升级的间接效应（外溢效应),由此,深入分析环境规制影响资源型城市产业转型升级的空间外溢效应。

表7-3 空间外溢效应估计结果

变量	地理空间权重矩阵			经济空间权重矩阵		
	直接效应	间接效应	总效应	直接效应	间接效应	总效应
ERI	0.439** (0.62)	0.191*** (0.27)	0.630** (0.63)	2.825** (0.66)	1.397*** (0.26)	4.222* (1.12)
NRE	−0.072* (1.01)	−0.241*** (0.47)	−0.313* (1.79)	−0.209*** (0.16)	−0.806** (0.46)	−1.015* (1.51)
PD	4.681* (9.17)	1.829** (0.65)	6.510* (9.40)	0.952*** (0.22)	2.012** (0.62)	2.964** (0.67)
TECH	1.714* (9.13)	1.077* (5.18)	2.791* (9.52)	1.883*** (0.26)	1.372** (0.49)	3.255** (0.57)
PGDP	3.279** (1.67)	1.112*** (0.57)	4.391* (1.69)	3.417* (6.08)	1.387** (0.54)	4.804* (1.60)
OPEN	3.653** (2.69)	2.744** (1.19)	6.397** (2.72)	3.764* (5.45)	2.506** (1.17)	6.270** (1.13)
URBAN	1.065*** (0.82)	0.525*** (0.57)	1.590*** (0.86)	1.985** (1.88)	0.723*** (0.84)	2.708** (1.49)
Obs	1 430	1 430	1 430	1 430	1 430	1 430

注:"***""**""*"分别表示1%,5%,10%的置信水平,括号内的数值为稳健标准误差。

从表7-3中可以看出,在地理空间权重矩阵下,ERI对IND的直接效应和间接效应分别为0.439和0.191,这表明本地环境规制强度每提高1%将倒逼本地资源型城市产业转型升级提升43.9%,而邻近地区环境规制强度每提高1%将倒逼本地资源型城市产业转型升级提升19.1%。在经济空间权重矩阵下,ERI对IND的直接效应和间接效应分别为2.825和1.397,这表明本地环境规制强度每提高1%将倒逼本地资源型城市产业转型升级提升282.5%,而邻近地区环境规制强度每提高1%将倒逼本地资源型城市产业转型升级提升139.7%。由此,可以看出无论在经济空间权重矩阵还是在地理空间权重矩阵下,ERI对于IND的直接效应均大于ERI对于IND的间接效应,此外,在经济空间权重矩阵下,ERI对IND的直接效应和间接效应均大于地理空间权重矩阵下的直接效应和间接效应。从控制变量的回归结果来看,在地理空间权重矩阵和经济空间权重矩阵下,NRE对IND的直接效应分别为−0.072和

-0.209,而 NRE 对 IND 的间接效应分别为 -0.241 和 -0.806; PD 对 IND 的直接效应分别为 4.681 和 0.952,而 PD 对 IND 的间接效应分别为 1.829 和 2.012; TECH 对 IND 的直接效应分别为 1.714 和 1.883,而 TECH 对 IND 的间接效应分别为 1.077 和 1.372; PGDP 对 IND 的直接效应分别为 3.279 和 3.417,而 PGDP 对 IND 的间接效应分别为 1.112 和 1.387; OPEN 对 IND 的直接效应分别为 3.653 和 1.985,而 OPEN 对 IND 的间接效应分别为 2.744 和 2.506; URBAN 对 IND 的直接效应分别为 1.065 和 1.985,而 URBAN 对 IND 的间接效应分别为 0.525 和 0.723。可以看出,在地理空间权重矩阵和经济空间权重矩阵下,控制变量的回归结果基本保持与空间效应回归结果一致,同时,控制变量的直接效应均大于间接效应,并且在经济空间权重矩阵下的直接效应和间接效应均大于在地理空间权重矩阵下的直接效应和间接效应。

三、空间计量稳健性检验

由于空间计量模型在设定与估计的过程中将会产生模型选择与设定偏误、遗漏变量以及模型数据生成过程中的不确定性等其他方面问题(张可云等,2016),这将干扰到模型的估计结果,造成空间计量模型估计结果偏误。我们在模型(7-12)的基础之上构建引入滞后一期的产业结构调整指数的动态面板模型[①],这样既可以反映空间计量模型中环境规制对产业转型升级影响的动态变化特征,又能够有效规避模型潜在的联立性偏误问题或者内生性问题(Vega, Elhorst,2015)[216]。另外,根据空间计量静态模型的基本回归结果,SDM 模型的拟合优度最佳,因此,我们选择动态空间 Durbin 模型进行空间计量稳健性检验。

$$IND_{i,t} = \tau_1 + \tau_2 IND_{i,t-1} + \rho WIND_{i,t} + \tau_3 ERI_{i,t} + \theta_1 WERI_{i,t} + \theta_2 WX_{i,t} + \lambda_i + \gamma_t + \varepsilon_{i,t} \quad (7\text{-}17)$$

其中,下标 i 代表城市,t 代表年份; $IND_{i,t-1}$ 表示滞后一期的产业结构调整指数,$ERI_{i,t}$ 表示环境规制强度,$X_{i,t}$ 表示可能影响产业结构调整的其他控制变量;τ_1 为常数项,ρ 和 θ_1,θ_2 为产业结构调整指数、环境规制强度以及其他控制变量的空间自回归系数,W 为空间权重矩阵,τ_2 和 τ_3 为滞后一期的产业结构调整指数与环境规制强度的估计系数;λ_i 和 γ_t 分别表示空间固定效应和时间固定效应,$\varepsilon_{i,t}$ 为随机扰动项。

---

① 在空间计量稳健性检验中,我们选取产业结构调整指数作为度量产业转型升级的其他代理变量。

此外,由于不同空间权重矩阵的选取将会影响估计结果的灵敏性(Case,1993;程中华等,2017)[160],采用包含经济和地理双重含义的"经济-地理嵌套式"空间权重矩阵将能够更精确地反映空间计量模型的估计结果。"经济-地理嵌套式"空间权重矩阵的数学表达式如下:

$$W_n^{GE}(\Psi) = (1-\Psi)W_n^G + \Psi W_n^E \tag{7-18}$$

其中,Ψ 表示反映与地理位置邻近程度与经济发展相似程度有关的参数,Ψ 的取值范围为 0~1:Ψ 值越接近于 1,意味着空间权重越更加偏向于经济发展的相似程度;Ψ 值越接近于 0,意味着空间权重越更加偏向于地理位置的邻近程度。

表 7-4 动态空间 Durbin 模型稳健性检验结果

参数	$\Psi=0.2$	$\Psi=0.4$	$\Psi=0.6$	$\Psi=0.8$
ρ	0.217* (15.83)	0.218* (15.95)	0.219* (16.15)	0.220* (16.43)
α	0.667* (38.16)	0.670* (37.74)	0.684* (37.98)	0.695* (37.26)
β	0.094** (4.80)	0.095** (4.54)	0.095** (4.89)	0.096** (4.76)
R-Squared	0.953	0.954	0.955	0.956
似然比值	2526.72	2536.91	2551.55	2576.80
Wald Test Spatial Lag	87.54***	88.17***	88.99***	92.19***
Wald Test Spatial Error	312.34***	301.31***	279.28***	254.38***
Obs	1 430	1 430	1 430	1 430

注:"***""**""*"分别表示 1%、5%、10% 的置信水平,括号内的数值为稳健标准误差。

根据表 7-4 的回归结果,当 Ψ 为 0.2,0.4,0.6,0.8 时,ρ 值均为正且在 10% 的显著性水平上显著,这表明动态空间 Durbin 模型的估计结果验证了环境规制倒逼资源型城市产业转型升级的空间效应,并且支持了前文的分析结论。从 Ψ 值对应的 ρ 值结果来看,当 Ψ 值增大,ρ 值也相应增大,这表明相对于地理位置的邻近程度,空间权重更加偏向于经济发展的相似程度。由于 α 值表示本地环境规制倒逼本地资源型城市产业转型升级的直接效应,β 值表示邻近地区环境规制倒逼本地资源型城市产业转型升级的间接效应(空间外溢效应),因此,可以看出本地环境规制倒逼本地资源型城市产业转型升级的直接效应大于邻近地区环境规制倒逼本地资源型城市产业转型升级的间接效应(空间外溢效应),同时,当 Ψ 值增大,α 值和 β 值也均相应增大,这意味着环境规制倒逼资源型城市产业转型升级的直接效应和间接效应(空间外溢效应)的空间权重也更加偏向于经济发展的相似程度,这也验证了前文相应的分析结论。从模型的拟合优度指标来看,R-squared 值均大于 0.9,似然比值均大于 2 000,Wald 空间滞后检验值和 Wald 空间误差检验值分别处于(87.54,92.19)和(254.38,312.34)的区间中,且均在 1% 的显著性水平上显著,因此,可以判定模型的设定和估计结果均具有较强的稳健性。

四、不同区域资源型城市的空间回归结果

由以上研究可知,在空间效应的影响下,环境规制对资源型城市产业转型升级的倒逼效应显著增强,而在空间效应的影响下,环境规制对不同区域资源型城市产业转型升级的倒逼效应也可能存在不同,因此,还需要进一步研究环境规制对不同区域资源型城市产业转型升级的空间效应,这里我们采用动态空间 Durbin 模型分析环境规制对我国东部地区、中部地区、西部地区以及东北地区资源型城市产业转型升级空间效应的差异性。

根据表 7-5 的回归结果,我国东部地区资源型城市 ERI 在地理空间权重矩阵下和经济空间权重矩阵下的回归系数和 $W \times ERI$ 的回归系数均最高,分别为 0.355、0.406 和 0.481、0.508,表明在空间效应的影响下,我国东部地区资源型城市环境规制对产业转型升级的倒逼效应最为显著。而我国中部地区和东北地区资源型城市 ERI 在地理空间权重矩阵下和经济空间权重矩阵下的回归结果分别为 $0.281(P<0.01)$、$0.296(P<0.01)$ 以及 $0.241(P<0.05)$、$0.277(P<0.05)$,$W \times ERI$ 的回归结果分别为 $0.427(P<0.01)$、$0.445(P<0.05)$ 以及 $0.361(P<0.05)$、$0.393(P<0.05)$,说明了在空间效应的影响下,我国中部地区和东北地区资源型城市环境规制同样能够显著推进产业转型升级,但是其倒逼效应均弱于东部地区资源型城市。我国西部地区资源型城市 ERI 在地理空间权重矩阵下和经济空间权重矩阵下的回归结果和 $W \times ERI$ 的回归结果均未通过显著性检验,意味着在空间效应的影响下,西部地区资源型城市环境规制对产业转型升级的倒逼效应不显著。

表 7-5 不同区域资源型城市动态空间 Durbin 模型计量回归结果

变量	东部地区 地理空间权重矩阵	东部地区 经济空间权重矩阵	中部地区 地理空间权重矩阵	中部地区 经济空间权重矩阵	西部地区 地理空间权重矩阵	西部地区 经济空间权重矩阵	东北地区 地理空间权重矩阵	东北地区 经济空间权重矩阵
L.IND	0.841*** (0.04)	0.972** (0.47)	0.974*** (0.28)	0.929*** (0.29)	0.994*** (0.27)	1.027*** (0.27)	0.929** (0.41)	0.991** (0.43)
ρ	0.610*** (0.15)	0.825*** (0.39)	0.738*** (0.15)	0.885*** (0.26)	0.578*** (0.18)	0.314*** (0.21)	0.574*** (0.21)	0.756*** (0.37)
ERI	0.355* (0.14)	0.406** (0.18)	0.281* (0.51)	0.296*** (0.53)	0.109 (0.08)	0.171 (0.09)	0.241* (0.51)	0.277* (0.52)
NRE	-0.153** (0.05)	-0.184*** (0.04)	-0.210* (0.17)	-0.233*** (0.17)	-0.061*** (0.07)	-0.087*** (0.07)	-0.395*** (0.20)	-0.397*** (0.21)
PD	2.918* (0.98)	3.185*** (1.47)	0.750*** (0.26)	0.823*** (0.25)	0.131*** (0.21)	0.170*** (0.32)	0.504*** (0.24)	0.531** (0.44)
TECH	1.362*** (0.95)	1.785*** (1.34)	0.217* (0.84)	0.447*** (0.81)	0.214*** (0.08)	0.192*** (0.81)	0.278*** (0.17)	0.260* (0.12)
PGDP	1.238*** (0.92)	1.432*** (0.97)	0.363*** (0.28)	0.449*** (0.19)	0.617 (0.23)	0.687 (0.19)	0.406* (0.78)	0.421* (0.73)
OPEN	0.997*** (0.72)	1.625*** (0.86)	0.298*** (0.19)	0.303*** (0.24)	0.116*** (0.19)	0.457*** (0.19)	0.331** (0.24)	0.382*** (0.24)
URBAN	1.539*** (0.86)	1.719*** (0.90)	0.125 (0.40)	0.692 (0.59)	0.781 (0.56)	0.544 (0.59)	0.831 (0.17)	0.886 (0.13)

续表

变量	东部地区 地理空间权重矩阵	东部地区 经济空间权重矩阵	中部地区 地理空间权重矩阵	中部地区 经济空间权重矩阵	西部地区 地理空间权重矩阵	西部地区 经济空间权重矩阵	东北地区 地理空间权重矩阵	东北地区 经济空间权重矩阵
$W \times ERI$	0.481** (0.40)	0.508* (0.49)	0.427*** (0.36)	0.445** (0.39)	0.124 (0.09)	0.148 (0.10)	0.361** (0.21)	0.393** (0.24)
$W \times NRE$	-0.131*** (0.11)	-0.135*** (0.11)	-0.206*** (0.30)	-0.232** (0.32)	-0.041*** (0.11)	-0.054*** (0.15)	-0.322** (0.46)	-0.356*** (0.40)
$W \times PD$	3.027*** (1.18)	3.353*** (1.46)	0.887*** (0.09)	0.893*** (0.30)	0.209*** (0.36)	0.241*** (0.44)	0.319* (0.20)	0.324* (0.23)
$W \times TECH$	1.876*** (1.84)	2.301*** (2.17)	0.452** (0.63)	0.492** (0.77)	0.282** (0.17)	0.867*** (0.29)	0.783*** (0.14)	0.869*** (0.19)
$W \times PGDP$	1.946*** (1.65)	2.175*** (2.61)	0.625*** (0.32)	0.693*** (0.34)	0.203 (0.12)	0.477 (0.26)	0.851*** (0.75)	0.964* (0.76)
$W \times OPEN$	1.151*** (1.21)	1.545*** (1.47)	0.797*** (0.40)	0.822*** (0.17)	0.424*** (0.36)	0.587*** (0.70)	0.850*** (0.16)	0.853*** (0.28)
$W \times URBAN$	1.745*** (1.53)	2.346*** (2.10)	0.612 (0.66)	0.625 (0.68)	0.481 (0.40)	0.477 (0.47)	0.448 (0.71)	0.717 (0.81)
R-Squared	0.486	0.781	0.735	0.758	0.752	0.757	0.829	0.879
Obs	260	260	481	481	520	520	247	247

注:"***""**""*"分别表示1%、5%、10%的置信水平,括号内的数值为稳健标准误差。

从控制变量的回归结果来看,我国东北地区资源型城市 NRE 在地理空间权重矩阵下和经济空间权重矩阵下回归系数的绝对值分别高于我国东部地区和中部地区资源型城市 NRE 的回归系数的绝对值 0.242、0.213 和 0.185、0.164。而东北地区资源型城市 $W \times NRE$ 在地理空间权重矩阵下和经济空间权重矩阵下的回归系数的绝对值分别高于我国东部地区和中部地区资源型城市 $W \times NRE$ 的回归系数的绝对值 0.191、0.221 和 0.116、0.124,表明在空间效应的影响下,我国东部地区和中部地区自然资源禀赋对资源型城市产业转型升级的负向影响与东北地区正在缩小,这是因为东部地区和中部地区区域要素资源的流动较快,从而减轻了对于自然资源的依赖。我国东部地区和中部地区资源型城市 PD 在地理空间权重矩阵下和经济空间权重矩阵下的回归系数和 $W \times PD$ 在地理空间权重矩阵下和经济空间权重矩阵下的回归系数相对较高,这是因为东部地区和中部地区人口密度较大,从而有助于形成人口集聚,促进资源型城市产业转型升级。我国东部地区资源型城市 TECH 在地理空间权重矩阵下和经济空间权重矩阵下的回归结果和 $W \times TECH$ 在地理空间权重矩阵下和经济空间权重矩阵下的回归结果分别为 1.362、1.785 以及 1.876、2.301,且均在 1% 的显著性水平上显著,这是因为我国东部地区技术创新能力较强,并且技术外溢作用效果显著,因此技术创新对资源型城市产业转型升级的正向影响显著高于其他区域。PGDP 以及 $W \times PGDP$ 的回归结果在东部地区、中部地区以及东北地区资源型城市均较显著,说明了我国东部地区、中部地区以及东北地区经济发展水平相似的地区之间区域合作与交流促进了资源型城市产业转型升级。我国东部地区和东北地区资源型城市 OPEN 和 $W \times OPEN$ 的回归系数较高,且显著高于其他区域,这是由于东部地区对外开放度较高,而东北地区地缘优势显著,有利于促进资源等生产要素跨国流动,从而推进了资源型城市产业转型升级。URBAN 以及 $W \times URBAN$ 的回归结果仅在我国东部地区资源型城市显著,这表明在空间效应的影响下,产城融合与要素集聚仅对东部地区资源型城市产业转型升级的正向影响显著。

五、不同类型资源型城市的空间回归结果

由于环境规制对我国不同区域资源型城市产业转型升级的空间效应不尽相同,而在空间效应的影响下,环境规制对不同类型资源型城市产业转型升级的倒逼效应又将具有何种变化?我们继续采用动态空间 Durbin 模型分析环境

规制对我国成长型、成熟型、衰退型以及再生型资源型城市产业转型升级的空间效应的差异性。

根据表 7-6 的回归结果,成熟型资源型城市 ERI 在地理空间权重矩阵下和经济空间权重矩阵下的回归系数和 $W \times ERI$ 的回归结果均显著为正,并且均高于其他类型资源型城市,说明了在空间效应的影响下,我国成熟型资源型城市环境规制对产业转型升级的倒逼效应最为显著。而成长型资源型城市 ERI 在地理空间权重矩阵下和经济空间权重矩阵下的回归结果和 $W \times ERI$ 的回归结果分别为 $0.813(P<0.1)$、$0.877(P<0.05)$ 以及 $0.972(P<0.01)$、$1.017(P<0.05)$。再生型资源型城市 ERI 在地理空间权重矩阵下和经济空间权重矩阵下的回归结果和 $W \times ERI$ 的回归结果分别为 $0.687(P<0.01)$、$0.736(P<0.1)$ 以及 $0.812(P<0.1)$、$0.908(P<0.05)$,这表明在空间效应的影响下,我国成长型资源型城市和再生型资源型城市的环境规制均能显著推进产业转型升级,但是再生型资源型城市的倒逼效应弱于成长型资源型城市。衰退型资源型城市 ERI 在地理空间权重矩阵下和经济空间权重矩阵下的回归结果和 $W \times ERI$ 的回归结果均未通过显著性检验,意味着在空间效应的影响下,我国衰退型资源型城市环境规制对产业转型升级的倒逼效应不显著。

表 7-6　不同类型资源型城市动态空间 Durbin 模型计量回归结果

变量	成长型		成熟型		衰退型		再生型	
	地理空间权重矩阵	经济空间权重矩阵	地理空间权重矩阵	经济空间权重矩阵	地理空间权重矩阵	经济空间权重矩阵	地理空间权重矩阵	经济空间权重矩阵
L.IND	0.982** (0.04)	1.021*** (0.04)	1.012*** (0.24)	1.401*** (0.24)	0.912*** (0.39)	0.935* (0.40)	0.964*** (0.55)	0.990*** (0.48)
ρ	0.656** (0.21)	0.791*** (0.03)	0.722*** (0.17)	0.801** (0.47)	0.535*** (0.12)	0.683* (0.40)	0.637*** (0.18)	0.786* (0.44)
ERI	0.813* (0.86)	0.877** (0.38)	1.680*** (0.10)	1.791*** (0.26)	0.306 (0.09)	0.415 (0.88)	0.687*** (0.11)	0.736* (0.63)
NRE	-0.481*** (0.13)	-0.557* (0.42)	-0.409*** (0.09)	-0.485*** (0.09)	-0.915*** (0.01)	-1.259*** (0.11)	-0.311*** (0.15)	-0.404* (0.66)
PD	0.626*** (0.13)	0.771* (0.25)	2.674*** (1.27)	3.311 (2.45)	0.691*** (0.21)	0.827* (0.21)	0.502* (0.78)	0.677* (0.59)
TECH	0.129*** (0.12)	0.168* (0.13)	0.854*** (0.63)	0.946*** (0.72)	0.231*** (0.15)	0.257*** (0.14)	0.330*** (0.14)	0.454*** (0.34)
PGDP	0.700*** (0.86)	0.845** (0.98)	1.056*** (0.86)	1.409* (0.98)	0.299*** (0.29)	0.421* (0.49)	0.616 (0.83)	0.699 (0.86)
OPEN	0.216*** (0.23)	0.350* (0.26)	0.559*** (0.24)	0.757* (0.26)	0.113*** (0.30)	0.249* (0.25)	0.499*** (0.15)	0.592*** (0.59)
URBAN	0.584 (1.42)	0.643 (1.43)	0.673*** (0.22)	0.778* (0.69)	0.222 (0.13)	0.343 (0.89)	0.488 (0.34)	0.591 (0.27)

续表

变量	成长型		成熟型		衰退型		再生型	
	地理空间权重矩阵	经济空间权重矩阵	地理空间权重矩阵	经济空间权重矩阵	地理空间权重矩阵	经济空间权重矩阵	地理空间权重矩阵	经济空间权重矩阵
$W \times ERI$	0.972*** (0.37)	1.017** (0.67)	1.947* (0.61)	2.131* (1.90)	0.541 (0.09)	0.694 (0.36)	0.812* (0.57)	0.908** (0.32)
$W \times NRE$	-0.388*** (0.09)	-0.497*** (0.02)	-0.349** (0.58)	-0.393* (0.93)	-0.895*** (0.55)	-0.931*** (0.12)	-0.276*** (0.05)	-0.328* (0.58)
$W \times PD$	0.752** (0.43)	0.874* (0.55)	3.743** (1.25)	4.649* (4.26)	0.885* (0.76)	0.935** (0.46)	0.629** (0.22)	0.772*** (0.13)
$W \times TECH$	2.972** (0.77)	3.200** (1.47)	0.957** (0.57)	1.062* (0.79)	0.308*** (0.21)	0.327* (0.93)	0.456* (0.76)	0.579* (0.72)
$W \times PGDP$	0.884** (0.48)	0.912** (0.38)	1.169** (1.88)	1.597* (1.78)	0.357** (0.16)	0.662** (0.60)	0.721 (0.11)	0.762 (0.45)
$W \times OPEN$	0.334* (1.32)	0.461* (0.26)	0.698** (0.58)	0.803*** (0.10)	0.220*** (0.17)	0.308*** (0.31)	0.597*** (0.15)	0.676*** (0.26)
$W \times URBAN$	0.690 (1.71)	0.725 (2.53)	0.865** (0.84)	0.976* (0.56)	0.332 (0.49)	0.425 (0.29)	0.513 (0.65)	0.630 (0.38)
R-Squared	0.726	0.670	0.729	0.454	0.780	0.791	0.641	0.521
Obs	260	260	858	858	312	312	208	208

注:"***""**""*"分别表示1%、5%、10%的置信水平,括号内的数值为稳健标准误差。

从控制变量的回归结果来看,我国成熟型资源型城市和再生型资源型城市 NRE 在地理空间权重矩阵下和经济空间权重矩阵下的回归结果分别为 $-0.409(P<0.01)$、$-0.485(P<0.01)$ 和 $-0.311(P<0.01)$、$-0.404(P<0.1)$,而 $W \times NRE$ 的回归结果分别为 $-0.349(P<0.05)$、$-0.393(P<0.1)$ 和 $-0.276(P<0.01)$、$-0.328(P<0.1)$,这表明在空间效应的影响下,我国不同类型资源型城市对自然资源的依赖程度均有所减轻,而成熟型资源型城市和再生型资源型城市体现得更加明显。成熟型资源型城市 PD 在地理空间权重矩阵下和经济空间权重矩阵下的回归系数和 $W \times PD$ 的回归结果分别为 $2.674(P<0.05)$、$3.311(P<0.1)$ 以及 $3.743(P<0.1)$、$4.649(P<0.1)$,这是由于成熟型资源型城市人口密度较大,人口集聚效应能够显著发挥,从而有助于推进资源型城市产业转型升级。成熟型资源型城市和再生型资源型城市 $TECH$ 在地理空间权重矩阵下和经济空间权重矩阵下的回归系数和 $W \times TECH$ 的回归系数均显著高于其他类型资源型城市,这是因为成熟型资源型城市产业体系发展较为成熟,资源集约利用水平较高,而再生型资源型城市技术密集型产业蓬勃兴起,因此,在空间效应的影响下技术外溢效应体现得更加显著。成长型资源型城市和成熟型资源型城市 $PGDP$ 在地理空间权重矩阵下和经济空间权重矩阵下的回归结果和 $W \times PGDP$ 的回归结果均较显著,而再生型资源型城市 $PGDP$ 以及 $W \times PGDP$ 的回归结果并不显著,这主要是由于成长型资源型城市和成熟型资源型城市的发展路径较为相似,因而经济发展水平相似的地区之间的区域合作与交流较为充分,而再生型资源型城市的主导产业具有异质性,从而影响了经济发展水平相似的地区之间的区域合作与交流。成熟型资源型城市和再生型资源型城市 $OPEN$ 和 $W \times OPEN$ 的回归结果较为显著,说明成熟型资源型城市和再生型资源型城市的贸易开放度较高,并且生产要素流动较快,从而促进了资源型城市产业转型升级。$URBAN$ 以及 $W \times URBAN$ 的回归结果仅有成熟型资源型城市显著,这反映了我国成熟型资源型城市的城镇化水平较高,并且在空间效应的影响下有利于促进产城融合与要素集聚,从而加快推进了资源型城市产业转型升级。

第八章 研究结论、政策建议及展望

第一节 研究结论

本书选取我国116个资源型城市2008~2020年的数据作为研究样本,在分析我国环境规制的演变及现状以及我国资源型城市产业转型升级的特征事实基础上,对我国环境规制影响资源型城市产业转型升级的倒逼效应、作用机制以及空间效应进行了分析研究。本书得出的研究结论主要包括以下几点:

第一,根据我国资源型城市的环境规制强度测度,我国资源型城市环境规制强度总体呈现出上升的趋势,环境规制强度整体相对较高。其中,我国东部地区资源型城市的环境规制强度最高,中部地区和东北地区资源型城市的环境规制强度次之,西部地区资源型城市的环境规制强度最低;衰退型资源型城市的环境规制强度最高,再生型资源型城市和成熟型资源型城市的环境规制强度次之,成长型资源型城市的环境规制强度最低。

从我国资源型城市的产业结构特征来看,我国资源型城市第一产业产值比例和第二产业产值比例相对较高,而第三产业产值比例普遍低于全国平均水平;第二产业就业比例相对较高,第一产业就业比例相对较低,而第三产业就业比例高于全国城市平均水平;内资企业总产值显著高于外资企业总产值,而利润总额在资源型城市之间差距较大;第一产业比较劳动生产率相对较高,第二产业比较劳动生产率和三产比较劳动生产率相对较低,并且第三产业比较劳动生产率相对于第二产业比较劳动生产率更低,此外,我国不同区域、不同类型资源型城市的产业结构均存在较大差异。

我国资源型城市的产业发展困境主要体现在产业结构不协调、产业转型升级阻力大;产业间关联度不强、产业竞争力相对较弱;资源型产业贡献率衰退、非资源型产业发展乏力;产业发展与资源开发利用、生态环境保护之间不平衡、不协调的矛盾加剧等。同时,制约我国资源型城市产业转型升级的因素主要有资源与环境约束日趋严峻、部分行业落后和过剩产能堆积严重;资源型城市经济下行压力持续增大、产业融资困难进一步加剧、资源性产品市场价格低位震荡;人才和技术供给严重匮乏、发展接续替代产业的支撑保障能力不足;自然资源地理分布分散、资源型产业空间分布不均衡等。

第二,环境规制对我国资源型城市产业转型升级具有倒逼效应,并且环境规制对我国不同区域、不同类型资源型城市产业转型升级的倒逼效应具有差异性。其中,我国东部地区资源型城市环境规制的倒逼效应最为显著,中部地区资源型城市环境规制的倒逼效应相对较强,而西部地区和东北地区资源型城市环境规制的倒逼效应相对较弱;成熟型资源型城市环境规制的倒逼效应最为显著,成长型资源型城市环境规制的倒逼效应相对较强,衰退型资源型城市和再生型资源型城市环境规制的倒逼效应相对较弱。此外,环境规制对我国资源型城市产业转型升级的影响存在门槛效应,当环境规制强度小于0.743时,环境规制每提高1%的强度,倒逼效应将会提高11%;当环境规制强度介于0.743~0.854时,环境规制的倒逼效应将显著加强;当环境规制强度大于0.854时,环境规制的倒逼效应又将出现减弱。环境规制对我国不同区域、不同类型资源型城市产业转型升级的门槛效应具有差异性,其中,东部地区处于最优和次优环境规制强度区间的资源型城市比例最高,东北地区次之,中部地区再次,西部地区最低;成熟型资源型城市处于最优和次优环境规制强度区间的比例超过60%,衰退型资源型城市次之,再生型资源型城市再次,成长型资源型城市最低。

第三,环境规制在政府环境规制竞争、绿色技术创新、产业集聚以及外商直接投资的共同作用下影响资源型城市产业转型升级,并且在我国不同区域、不同类型的资源型城市具有不同的表现。在地方政府财政压力增大和"重经济、轻生态"的政绩考核约束下,地方政府间出现了削减环境污染治理支出、下调环境规制执行力度和标准的环境规制"逐底竞争",这在一定程度上抑制了资源型城市的产业转型升级。在环境规制与地方政府财政压力的共同作用下,东部地区资源型城市产业转型升级受到的负向影响较小,中部地区、西部地区以及东北地区资源型城市受到的负向影响较大。成长型资源型城市和成熟型资源型城市受到的负向影响相对较小,衰退型资源型城市和再生型资源型城市受到的负向影响相对较大。在环境规制与政绩考核偏向的共同作用下,东部地区资源型城市产业转型升级受到的负向影响较小,中部地区、西部地区以及东北地区资源型城市受到的负向影响较大;成长型资源型城市和成熟型资源型城市受到的负向影响较小,衰退型资源型城市和再生型资源型城市受到的负向影响较大。环境规制激发了企业进行绿色技术创新的意愿,企业通过绿色技术创新将实现转型升级,企业个体转型升级能够带动行业整体转型升级,从而对于推进资源型城市产业转型升级具有积极的作用。在环境规制与绿色技术创新的共同作用下,东部地区资源型城市产业转型升级的推动效果最为显著,中部地区和东北地区资源型城市的推动效果弱于东部地区,西部地区资源型城市的推动效果最弱;成熟型资源型城市和再生型资源型城市的推动效果最为显著,再生型资源型城市的推动效果较为显著,成长型资源型城市的推动效果最小。在环境规制的引导下,将"高污染、高能耗、高排放"的企业及生产要素集中到特定区域形成产业集聚,促进了资源型城市实现污染管控与产业转型升级的共赢。在环境规制与产业集聚的共同作用下,东部地区和东北地区资源型城市产业转型升级的促进作用最为显著,中部地区资源型城市的促进作用较弱,西部地区资源型城市难以推进产业转型升级;成熟型资源型城市的促进作用最强,成长型资源型城市和再生型资源型城市的促进作用较弱,衰退型资源型城市难以推进产业转型升级。环境规制能够"甄选"出具有较为合理且高级的产业结构以及清洁程度较高的外商直接投资,并且通过技术外溢效应、人力资本流动效应与示范效应的发挥形成辐射带动,共同推进资源型城市产业转型升级。在环境规制与外商直接投资的共同作用下,东部地区资源型城市最能推进产业转型升级,中部地区和东北地区资源型城市的推进作用弱于东部地区资源型城市,西部地区资源型城市难以直接吸引到外商直接投资;成熟型资源型城市最能推进产业转型升级,成长型资源型城市和再生型资源型城市的推进作用较弱,衰退型资源型城市不利于推进产业转型升级。

第四,在空间效应的影响下,环境规制对资源型城市产业转型升级的倒逼效应显著增强,并且环境规制的倒逼效应在经济发展程度相似的地区之间较之于地理距离接近的地区之间体现得更加显著。环境规制倒逼资源型城市产业转型升级的空间效应体现为本地环境规制倒逼本地资源型城市产业转型升级的直接效应和邻近地区环境规制倒逼本地资源型城市产业转型升级的间接效应(空间外溢效应),并且直接效应大于空间外溢效应。此外,环境规制倒逼资源型城市产业转型升级的空间效应在我国不同区域、不同类型的资源型城市具有差异性。我国东部地区资源型城市环境规制倒逼产业转型升级的空间效应最为显著,中部地区和东北地区资源型城市环境规制倒逼产业转型升级的空间效应弱于东部地区资源型城市,而西部地区资源型城市环境规制倒逼产业转型升级的空间效应不显著;成熟型资源型城市环境规制倒逼产业转型升级的空间效应最为显著,成长型资源型城市环境规制倒逼产业转型升级的空间效应较为显著,再生型资源型城市环境规制倒逼产业转型升级的空间效应弱于成长型资源型城市,而衰退型资源型城市环境规制倒逼产业转型升级的空间效应不显著。

第二节 政 策 建 议

根据环境规制倒逼资源型城市产业转型升级的研究结论,提出了利用环境规制倒逼我国资源型城市产业转型升级的具体策略,即"主体性策略+差异性策略"。

主体性策略包括:第一,健全环境规制政策法规体系,不断优化环境规制政策工具,提升环境规制质量和水平。第二,深化财税体制改革,科学设计与制定考核目标,引导环境规制由"逐底竞争"向"逐顶竞争"转变。第三,构建绿色技术创新体系,加大绿色技术创新投入,促进绿色技术创新科技成果应用性转化。第四,引导产业向重点园区和集聚区集中,建设"三生融合"的产业集聚示范区。第五,提高实际利用外资水平,注重引入外资的质量,打造生态绿色开放型经济。第六,加强跨行政区域环境规制合作与交流,优化要素资源跨行政区域配置。同时,在主体性策略的基础上,结合环境规制对不同区域、不同类型资源型城市产业转型升级的倒逼效应、作用机制以及空间效应的差异性以及我国不同区域、不同类型资源型城市的具体实际,提出了我国不同区域、不同类型的资源型城市利用环境规制倒逼产业转型升级的差异性策略。通过实施主体性策略与差异性策略相配合的策略矩阵(如表8-1所示),能够因势利导地发挥环境规制倒逼资源型城市产业转型升级的作用,从而达到最有效地推进我国资源型城市产业转型升级的目标。

第八章　研究结论、政策建议及展望

表8-1　环境规制倒逼资源型城市产业转型升级策略矩阵

划分依据	分类	主体性策略			差异性策略		
		优化环境规制政策	优化财税体制与考核目标	加强绿色技术创新	促进产业集聚	提高实际利用外资水平	加强跨行政区域环境规制交流与合作
按区域划分	东部地区资源型城市	应在合理范围内加大环境规制强度，不断优化市场激励型环境规制工具，大力发展社会参与型环境规制工具，不断提高环境规制质量和水平	加强财政支出绩效管理，强化支出与事权责任相匹配，优化生态考核，构建多维度考核评价体系	整合创新资源，加强尖端前沿领域的绿色技术创新	加强产业战略重组，打造一批生产、生活、生态融合的产业集聚示范区	提高生态绿色开放型经济水平	将先进的环境规制经验做法和科技工具传递分享给其他边区域，推动形成高端要素的空间集聚、叠加和重组
	中部地区资源型城市	继续加大环境规制强度，着重使用市场激励型环境规制工具，并且推进行政命令型环境规制工具和社会参与型环境规制工具的协同应用	增加财权收入，增加生态考核的所占比重，防止片面追求GDP增长的"短视"行为	汲取先进技术，加强自主创新突破	有序延伸产业链条，打造各具特色的产业集群，推动形成产业集群创新	加强对外商投资的筛选和过滤，注重引入外资的质量	加强跨行政区域环境治理的协同联动，统筹推进不同行政区域要素资源的调配

续表

划分依据	分类	主体性策略			差异性策略		
		优化环境规制规政策	优化财税体制与考核目标	加强绿色技术创新	促进产业集聚	提高实际利用外资水平	加强跨行政区域环境规制交流与合作
按区域划分	西部地区资源型城市	适当放松环境规制强度，恰当利用行政命令型与市场激励型环境规制工具	加大转移支付力度，优化财税政策，经济考核更加突出均衡性，生态考核重点关注生态脆弱区保护等方面	加大绿色技术创新的政府投入，增强技术创新的"绿色"偏向	合理规划产业空间布局，严守生态保护红线，限制污染排放	增加外商直接投资在国内市场的份额比重，实现境内、境外资源型产业发展的双向互动	做好源头污染防范，促进生产要素跨行政区域流动，逐步缩小与东部等其他地区的差距
	东北地区资源型城市	加快推进市场化机制改革力度，破除旧有体制机制障碍，充分利用市场激励型环境规制工具，不断提高资源配置效率	破除旧有体制机制障碍，提高财政资金的使用效率，分类实施政府考评	加快推进科技创新体制改革，利用市场化的手段促进绿色技术创新	加强优势要素资源集聚，形成一定规模的产业集聚，发挥规模经济效应	发挥地缘区位优势，加强与资源丰富的邻近国家和地区的产能合作	加强与邻近的资源丰富国家的产能合作，扩大产业空间集聚规模

续表

划分依据	分类	主体性策略/差异性策略					
		优化环境规制政策	优化财税体制与考核目标	加强绿色技术创新	促进产业集聚	提高实际利用外资水平	加强跨行政区域环境规制交流与合作
按资源型城市类型划分	成长型资源型城市	充分利用行政命令型环境规制工具和市场激励型环境规制工具	加强对资源型产业的财政支持，突出阶段性成长考核目标和绿色发展考核	通过新兴绿色产业基础，提高生产效率与资源精深加工水平	积极引导产业向重点园区集中，大力发展与主导产业相关的上游、中游和下游产业	充分发挥外商直接投资的示范引领和辐射带动作用，增强企业的技术创新能力和产业竞争力	学习借鉴成熟的环境规制的经验做法，不断提升环境治理能力
	成熟型资源型城市	继续加强环境规制，着重使用市场激励型环境规制工具，辅之以行政命令型环境规制工具	充分发挥财政投融资机制和杠杆机制，优化资源配置结构，提高生态考核比重	提升绿色技术创新能力，积极推进绿色技术创新科技成果应用性转化	进一步发挥产业集聚的优势，形成产业集聚，共生以及增容的产业生态圈	扩大优势产业出口，积极开展境外投资，融入国际资源型城市产业体系	加强跨行政区域环境规制合作交流，进一步加强产业空间集聚

续表

划分依据	分类	主体性策略/差异性策略					
		优化环境规制政策	优化财税体制与考核目标	加强绿色技术创新	促进产业集聚	提高实际利用外资水平	加强跨行政区域环境规制交流与合作
按资源型城市类型划分	衰退型资源型城市	着力解决资源濒临枯竭、生态环境恶化以及经济困难等问题，重点采用行政命令型工具、辅之以市场规制型工具、环境激励型工具	给予财政补贴和支撑政策，重点考核接替产业的选择以及生态修复与环境综合治理	加强财政兜底支撑力度，依托绿色技术创新缓解衰退进程，积极寻求产业转型升级与可持续发展的突破路径	对"高耗能、高污染、高排放"的产业实施集中管制，避免生态环境恶化	不降低外商直接投资筛选标准，并且为外商直接投资减负	重点加强生态修复领域的区域合作与交流，促进跨行政资源的区域调配
	再生型资源型城市	注重不同类型环境规制工具的协同配合，充分发挥社会参与型环境规制工具和非正式环境规制对产业转型升级的引导和促进作用	加大新兴产业和接替产业发展的财税政策扶持，加强政策经济协调与转型发展的政绩考核	加大对绿色技术创新的政策扶持，积极鼓励新兴主体的绿色技术创新活动	围绕新的产业定位，发展和壮大接续替代产业，打造新型产业聚区	加强新兴产业的国际合作，优化外商直接投资营商环境	为新兴产业和接续替代产业的空间集聚营造良好的外部环境，推动经济结构的优化调整

一、健全环境规制政策法规体系,不断优化环境规制政策工具,提升环境规制质量和水平

(一)主体性策略

制度建设是推动生态文明建设的重要抓手,应健全我国环境规制政策法规体系,加强生态文明制度体系的顶层设计,不断细化与完善环境规制法律法规政策体系,加大生态环境保护力度,为我国生态文明建设提供坚实的制度保障。同时,还应不断优化以环境影响评价、"三同时"、排污许可以及污染限期整治等为代表的行政命令型环境规制工具,以排污收费、排污权交易等为代表的市场激励型环境规制工具,以环境信息披露、环境认证以及环境公众参与等为代表的社会参与型环境规制工具,并且在环境规制工具的运用中注重行政命令型环境规制工具、市场激励型环境规制工具以及社会参与型环境规制工具之间以及正式环境规制与非正式环境规制的协同与配合[218]。此外,政府、企业、公众以及社会组织(ENGO)应形成合力,共同营造良好的社会环保氛围,构建现代化的环境治理体系①,推动形成绿色发展方式和生活方式,不断提升环境规制的质量和水平。对于我国资源型城市而言,应在充分认识和准确把握环境规制对产业转型升级的倒逼效应和作用机制的基础上,科学地利用环境规制倒逼产业转型升级的规律,设置合理的环境规制强度,发挥出环境规制倒逼资源型城市产业转型升级的最佳效果,有效地推进我国资源型城市的产业转型升级。

(二)差异性策略

对于东部地区资源型城市,应在合理范围内加大环境规制强度,充分发挥环境规制促进产业转型升级的倒逼效应,不断优化市场激励型环境规制工具,大力发展社会参与型环境规制工具,不断提高环境规制质量和水平。

对于中部地区资源型城市,同样应继续加大环境规制强度,着重使用市场激励型环境规制工具,并且推进行政命令型环境规制工具和社会参与型环境规制工具的协同应用,不断提高资源型城市的产值规模、生产效率以及资源循环利用水平。

---

① 2020年3月中共中央、国务院印发的《关于构建现代环境治理体系的指导意见》,提出应构建政府主导、企业主体、社会组织和公众共同参与的现代环境治理体系。

对于西部地区资源型城市,应适当放松环境规制强度,恰当利用行政命令型与市场激励型环境规制工具,重点平衡好资源综合开发利用、经济增长以及生态环境保护之间的关系,在发展地方经济的同时避免生态环境破坏和资源浪费[219]。

对于东北地区资源型城市,应加快推进市场化机制改革力度,破除旧有体制机制束缚,充分利用市场激励型环境规制工具,引导有序形成公正高效的市场竞争格局,不断提高资源配置效率,通过优化产业政策和激发市场活力,促进资源型城市产业基础优势和结构效应的发挥。

对于成长型资源型城市,应充分利用行政命令型环境规制工具和市场激励型环境规制工具,引导形成有序的资源开发秩序,促进资源型城市产业的快速发展。

对于成熟型资源型城市,应继续加强环境规制,着重使用市场激励型环境规制工具,辅之以行政命令型环境规制工具,提高资源集约开发利用程度,延伸产业链,提升产业技术含量和产品附加值,充分挖掘资源型城市的市场竞争潜力。

对于衰退型资源型城市,应着力解决资源濒临枯竭、生态环境恶化以及经济下滑等困境,重点采用行政命令型环境规制工具,辅之以市场激励型环境规制工具,培育接续替代产业,延缓资源型城市产业衰退进程,积极探寻经济转型发展新路径。

对于再生型资源型城市,应注重不同类型环境规制工具的协同配合,充分发挥社会参与型环境规制工具和非正式环境规制对产业转型升级的引导和促进作用,推动形成新兴产业发展、摆脱资源过度依赖,实现生态与经济双赢的良好格局。

二、深化财税体制改革,科学设计与制定考核目标,引导环境规制由"逐底竞争"向"逐顶竞争"转变

(一)主体性策略

财政是国家治理的基础和重要支柱,应进一步加强财政体制改革力度,科学界定与合理划分中央政府与地方政府之间的财权与事权关系、事权与支出责任关系,构建财权与事权相匹配、事权与支出责任相匹配的中央与地方财政关

系,形成合理的财力格局和明确的目标导向,各级政府按照事权划分承担和分担相应的支出责任,切实履行政府职能,不断提高行政效率和政策执行力度,实现权责利相统一,强化地方政府履行保护生态环境的责任,使得地方政府既有财力又有对应的权责改进生态环境质量。同时,还应加快推进绿色税制改革,重点把握税制结构调整和收入归属划分,统筹推进环境保护税、资源税、消费税、增值税以及企业所得税等一系列税种的改革完善,充分发挥绿色税制的矫正和激励机制作用[①]。政府考评应构建多维度考核评价体系,科学设计与制定考核目标,突出生态与经济协调发展在资源型城市产业转型发展中的引导作用,将生态环境保护与资源型城市产业转型升级的绩效纳入到GDP考核,防止地方政府片面追求GDP增长的"短视"行为[220]。进一步细化考评指标,规范考评程序,合理确定考评指标权重,实施差异化考评,对于经济基础较好的地区,应继续加强生态环境考核力度,激发环境规制倒逼资源型城市产业转型升级的潜能。而对于开发相对落后的地区,则应侧重于对资源开发利用、生态经济发展的综合考核,避免因"一刀切"的政府考评限制区域经济发展。通过深化财税体制改革、科学设计与制定考核目标,能够引导地方政府间环境规制"逐底竞争"转变为"逐顶竞争",从而推进资源型城市产业转型升级。

(二)差异性策略

对于东部地区资源型城市,应加强财政支出绩效管理,强化事权与支出责任相匹配,扩大绿色税制改革覆盖面,进一步优化生态考核,构建多维度考核评价体系,引导形成环境规制"逐顶竞争"良性格局。

对于中部地区资源型城市,应通过转变经济发展方式,扩大消费市场,增加财权收入,增加生态考核的所占比例,防止片面追求GDP增长的"短视"行为,强调生态环境保护与经济发展的协调性。

对于西部地区资源型城市,应加大中央财政转移支付力度和地方政府间横向转移支付力度,进一步优化相关财税支持政策,对于经济指标的考核应更加突出均衡性,生态考核的重点应放在生态脆弱区保护、资源限制开发以及水体

---

① 环境保护税应统一企业的申报口径,确保企业申报税额与实际复合税额相一致;资源税应改革计税依据、完善税负标准,应税数量应以企业的实际开采量为准,适度提高资源税税率,并在适当的时候开征碳税;消费税改革应扩大征税范围,积极采取税收优惠,鼓励绿色消费;增值税改革应进一步调整征收环节、完善抵扣链条,避免重复征税;企业所得税改革应扩大税收受益面,增加绿色生产和消费的免税主体和税收优惠范围。

污染防治等方面[221]。

对于东北地区资源型城市,应加快推进财税体制改革,优化财税政策,破除旧有体制机制障碍,提高财政资金的使用效率,引导和撬动更多的社会资本融入。此外,还应实施差异化的政府考评,对于森林资源地区的考核应侧重于生态保护,对于老工业基地应实施生态保护、资源开发利用与经济协调发展并重的综合考核。

对于成长型资源型城市,应加强对资源型产业发展的财政支持力度,促进资源型产业快速成长,在政绩考核上,应科学设计和制定考核目标,突出成长型资源型城市的阶段性成长目标,同时,对于清洁生产和节能减排等绿色发展考核也应有所侧重。

对于成熟型资源型城市,应充分发挥财政投融资机制和杠杆机制,激发市场活力,优化资源配置结构,不断完善资源型城市的产业结构和产业体系,提高产业技术附加值水平和产业竞争力,加强生态与经济协调发展的目标考核,并且提高生态考核比例,促进环境规制倒逼资源型城市产业转型升级得以实现。

对于衰退型资源型城市,应给予一定的财政补贴和支撑政策,助力衰退型资源型城市渡过经济衰退危机。同时,还应酌情调整政绩考核指标,把考核的重点安排在资源型城市接续替代产业的选择以及生态修复与环境综合治理上,应加强资源枯竭和生态环境压力的持续监测,避免落入更为严重的衰退陷阱。

对于再生型资源型城市,应加大对新兴产业和接续替代产业发展的财税政策扶持力度,鼓励新兴产业和接续替代产业快速发展和壮大,还应加强对于经济转型与协调发展的政绩考核,加快推进再生型资源型城市的产业转型升级与可持续发展。

三、构建绿色技术创新体系,加大绿色技术创新投入,促进绿色技术创新科技成果应用性转化

(一)主体性策略

绿色技术创新体系的构建是一项系统工程,首先,应加强对绿色技术创新的综合性、基础性及跨学科交叉研究,强化原始创新、集成创新和引进消化吸收再创新,为实现创新引领提供坚实的知识基础和强劲的发展动力。其次,应加强高水平科研基地、科研平台建设,打造高水平创新人才队伍,重视"互联网

+"、大数据、云计算、区块链等新技术的应用,注重对资源开发、资源精深加工、生态修复等关键技术和共性技术的自主创新突破,形成创新驱动发展的策源地,逐步摆脱对于国外关键核心技术的依赖。再次,应充分发挥协同推进科技创新的强大合力,组建政府、企业、高校以及科研院所之间的合作创新联盟,加快推进"政产学研用"的深度融合,形成共生竞合的创新生态系统[222]。此外,还应综合运用财税政策、金融政策、产业政策以及创新激励政策,引导政府和企业进一步加大绿色技术创新投入,形成多元化、多层次、多渠道的绿色技术创新投入体系。绿色技术创新的根本目的是推动绿色技术创新科技成果的应用性转化,不断提高绿色全要素生产率,应充分发挥绿色技术创新科技成果转化的市场导向作用,优化资金、人才、技术等要素资源的配置,建立健全绿色技术创新科技成果转化技术交易市场,提升绿色技术创新科技成果转化的中介服务能力,完善绿色技术创新科技成果转化的价值评估机制和考核评价机制,促使绿色技术创新科技成果能够在转化主体间进行合理的利益分配,缩短从科学研究到产业应用的周期,提高科技成果应用性转化效率。通过加强绿色技术创新,能够在一定程度上改变企业的生产结构,推动整体行业的产业结构调整和资源优化配置,实现以绿色技术创新驱动资源型城市产业转型升级的目标。

(二)差异性策略

对于东部地区资源型城市,应充分整合创新资源,凝聚高水平科技创新人才队伍,聚力打造高水平科研基地和科研平台,加强尖端前沿领域的绿色技术创新,推动绿色技术创新迈向更高台阶。

对于中部地区资源型城市,应在承接东部地区产业转移过程中汲取先进技术,提高清洁生产水平和资源集约利用效率,同时,还应加强自主创新突破,不断提高产业技术附加值和市场竞争力。

对于西部地区资源型城市,应加大绿色技术创新的政府投入,提高财政转移支付水平,更加增强技术创新的"绿色"偏向,减少对于环境污染和生态破坏的负外部性影响[223]。

对于东北地区资源型城市,应加快推进科技创新体制改革,破除阻碍绿色技术创新的制度障碍,利用市场化的手段促进绿色技术创新,充分激发市场活力,增强绿色技术创新的内生动力。

对于成长型资源型城市,应通过绿色技术创新夯实产业基础,扩大产业规模,改进生产技术和工艺,提高生产效率与资源精深加工水平。

对于成熟型资源型城市,应进一步提升绿色技术创新能力,积极推进绿色技术创新科技成果应用性转化,转变生产方式和生产结构,降低污染治理成本。

对于衰退型资源型城市,应加强财政兜底支撑力度,拓展绿色技术创新的融资渠道,着力解决绿色技术创新融资难的问题,并且依托绿色技术创新缓解衰退程度,积极寻求产业转型升级与可持续发展的突破路径。

对于再生型资源型城市,应加大对于绿色技术创新的政策扶持,积极鼓励新兴创新主体的绿色技术创新活动,为非资源型产业发展和接续替代产业发展营造良好的外部环境。

四、引导产业向重点园区和集聚区集中,建设"三生融合"的产业集聚示范区

(一)主体性策略

应充分发挥产业集聚对于实现污染管控与促进产业转型升级共赢的作用,引导资源型城市的产业向重点园区和集聚区集中,对于"高耗能、高污染、高排放"的产业实施统一的规划管理,限制污染排放和溢出,最大限度地降低环境污染负外部性对于资源型城市其他区域的影响[224]。同时,应重点加强资源型城市产业集聚区的生产建设,加快生产要素流动,优化要素资源整合,促进关联产业之间的协同发展,打造各具特色的产业集群①,推动形成产业集群创新,实现产业融合式发展。此外,围绕产业集聚区的生产建设,还应加强产业集聚区的生态和生活配套设施改善,进一步优化产业集聚区的空间布局,应坚持"美化、绿化、净化"的优化目标,加强产业集聚区的道路、线路、公共绿化、垃圾处理设施、污水处理设施等基础设施的改造提升,推广绿色建筑建造,倡导节能办公,打造优美的生态环境,提高人的获得感和幸福感,为产业集聚区吸引更多的人才资源。通过引导产业向重点园区和集聚区集中、建设"三生融合"的产业集聚示范区,能够显著发挥产业集聚的规模经济效应、范围经济效应以及学习效应,从而实现扩大生产规模,降低长期平均生产成本,提高清洁生产水平和资源循环利用效率,增强产业竞争力,提升经济效益,并且彰显出产业集聚示范区的示

---

① 《全国资源型城市可持续发展规划》提出的我国资源型城市重点打造的特色的产业集群包括资源精深加工产业集群、吸纳就业产业集群、先进制造业产业集群、资源综合利用产业集群以及文化创意产业集群等。

范引领和辐射带动作用,不断推进资源型城市的生态环境改善和产业转型升级。

(二)差异性策略

对于东部地区资源型城市,应加强产业战略重组,大力发展新兴产业和绿色产业,不断提高非资源型产业在经济结构中所占的比例,打造一批生产、生活、生态融合的产业集聚示范区。

对于中部地区资源型城市,应有序延伸产业链条,提升产业配套能力,促进关联产业协同发展,打造各具特色的产业集群,推动形成产业集群创新,提高产业竞争力和经济效益,降低边际污染治理成本。

对于东北地区资源型城市,应充分利用本地区丰富的自然资源禀赋及优良的产业基础设施,加强优势要素资源集聚,优化资源配置结构,形成一定规模的产业集聚,发挥规模经济效应、范围经济效应以及学习效应,提高生产效率,降低生产成本。

对于西部地区资源型城市,应合理规划产业空间布局,严守生态保护红线,平衡好资源开发利用与生态保护之间的关系,限制污染排放,最大限度地降低环境污染负外部性的影响。

对于成长型资源型城市,应积极引导产业向重点园区和集聚区集中,在突出重点发展主导产业的基础上,大力发展与主导产业相关的上游、中游和下游产业,不断完善产业链条和产业体系。

对于成熟型资源型城市,应进一步发挥产业集聚的优势,集聚各类高端要素,发展清洁生产和资源循环利用体系,形成产业集聚、共生以及增容的产业生态圈。

对于衰退型资源型城市,应加大对传统产业的改造提升力度,选择和培育接续替代产业,加强产业政策的倾斜导向和扶持力度,对于"高耗能、高污染、高排放"的产业实施严格的集中管制,避免生态环境恶化。

对于再生型资源型城市,应围绕新的产业定位,发展和壮大接续替代产业,建立资源型产业与非资源型产业的良性互动机制,打造新型产业集聚区,发挥技术外溢和知识共享的作用,推进产业转型升级。

五、提高实际利用外资水平,注重引入外资的质量,打造生态绿色开放型经济

(一)主体性策略

应持续改善我国资源型城市的外资营商环境[①],增加国内市场份额中外商直接投资所占的比例,不断提高实际利用外资水平,通过引进外商直接投资促进国内资源型城市产业结构的改善优化和清洁化程度的提升,应充分发挥外商直接投资的技术外溢效应、人力资本流动效应以及示范效应,引导国内资源型城市的企业学习、模仿和吸收外资企业的先进理念、产业技术以及管理经验,不断增强国内资源型城市企业的绿色技术创新能力、绿色生产能力以及市场竞争力,从而形成"后发优势"[225],间接促进资源型城市的产业转型升级。同时,还应注重引入外资的质量,提高环境规制的外资准入门槛,加强对外商投资的筛选和过滤程度,大力引进清洁型、技术密集型的外商直接投资企业,逐步淘汰污染型、技术含量低的外商直接投资企业,并且重视外商直接投资的投资导向,鼓励和支持外资直接投资在环保合成材料、绿色建材、电子元器件以及煤电化综合集成装备等领域开展投资,不断引领我国资源型城市的产业发展汇集更多反映"绿色"与"创新"特质的新业态、新动能,持续推进利用外资水平与促进我国资源型城市产业转型升级的耦合度攀升[226]。此外,我国资源型城市在扩大对外开放的进程中,既要注重对资源开发利用效率的改进、产业链完善以及产业协同能力的提升,又要促进资源型城市产业发展与生态环境保护、资源节约利用相协调,借助环境规制和对外开放的双重作用效果,不断提高生态绿色开放型经济水平,倒逼我国资源型城市加快推进产业转型升级。

(二)差异性策略

对于我国东部地区资源型城市,应注重提高生态绿色开放型经济水平,在加强国外技术引进的同时,将优势的产品、技术和服务输出至国际市场,提升参与国际分工的水平和在全球价值链中的地位。

对于中部地区资源型城市,应不断提高利用外资水平,并且提高对于外商

---

① 2019年10月我国出台了《优化营商环境条例》,《外商投资法》也于2020年1月1日起正式施行。

投资的筛选和过滤程度,注重引入外资的质量,大力引进清洁型、技术密集型的外资企业,优化产业结构和资源配置结构。

对于西部地区资源型城市,应增加外商直接投资的市场份额比例,充分发挥境内、境外两个市场的积极性,实现境内、境外资源型产业发展的双向互动,同时还应将资源型城市的产业转型升级贯穿于境内外资源开发、清洁生产以及绿色贸易的循环关系当中[227]。

对于东北地区资源型城市,应充分发挥地缘区位优势,加强与俄罗斯、朝鲜等资源储量丰富的国家的产能合作,不断开发国际市场空间,拓展境外资源型产业供应链,充分发挥境外投资与我国资源型经济发展的联动作用。

对于成长型资源型城市,应积极引进外商直接投资的先进理念、技术工具以及管理经验,充分发挥外商直接投资的示范引领和辐射带动作用,增强境内企业的技术创新能力和产业竞争力。

对于成熟型资源型城市,应扩大优势产业的出口,支持有实力的企业"走出去",积极开展境外投资,并且注重对资源开发利用效率的改进、产业链完善以及产业协同能力的提升,融入国际资源型城市产业体系。

对于衰退型资源型城市,不应通过放松环境规制吸纳污染程度较高的外商直接投资来支撑经济发展,可以采取降低关税水平、消除非关税贸易壁垒、削减进口环节制度性成本等措施,为外商直接投资减负,破解资源与环境约束下产业转型升级的难题。

对于再生型资源型城市,应加强新兴产业的国际合作,优化外商直接投资营商环境,吸引更多的反映"绿色"和"创新"要素的外商直接投资,改善市场结构,促进产业转型升级。

六、加强跨行政区域环境规制合作与交流,优化要素资源跨行政区域配置

(一)主体性策略

地理距离接近和经济发展程度相似的资源型城市之间应明确一体化的环境规制目标[①],应积极推进跨行政区域环境规制规则的统一,包括推进跨行政

---

① 资源型城市区域一体化合作一般通过定期组织召开协商会、议事会,以及组建合作委员会、签署合作(框架)协议等形式开展,从而实现共商共建、共管共享。

区域环境规划的衔接、跨行政区域环境标准的互认;应建立科学高效的跨行政区域环境监测监控机制,充分利用大数据、云计算、区块链在环境监测监控上的技术优势,为环境监测监控提供基础数据分析、趋势预测、风险评估与预警等决策支持;各行政区域协同开展环境监测监控,实现数据信息资源的互通和共享,提升跨行政区域环境监测监控的效率,破解跨行政区域环境监测监控的漏洞和盲点。此外,还应建立跨行政区域环境联动执法机制,加强跨行政区域环境执法部门的协同与配合[228],开展跨行政区域环境联合执法行动,严厉打击跨行政区域的环境污染行为。

资源型城市还应借助现代物流、新型交通、信息通信以及平台经济等新一轮科技革命的成果,将其与生产要素相结合,提高生产要素的流动速率,加快生产要素多向流动,优化要素资源跨行政区域配置,破除行政区域分割对生产要素流动的限制,加强跨行政区域要素资源交易平台的对接与合作,健全跨行政区域要素资源交易协同机制,统筹推进要素资源在不同行政区域调配,提高要素资源配置效率,在此基础上通过整合优势要素资源,优化要素资源的空间配置结构,推动形成产业空间集聚,充分发挥产业空间集聚的溢出效应[229]。

资源型城市通过加强跨行政区域环境规制合作与交流,能够不断提升环境协同治理能力,并且通过优化要素资源跨行政区域配置,能够进一步发挥空间效应下环境规制对产业转型升级的倒逼效应,增强环境规制倒逼资源型城市产业转型升级的力度。

(二)差异性策略

由于我国东部地区资源型城市的环境规制水平相对较高,应将先进的环境规制经验做法和技术工具传递分享给周边其他区域,充分发挥环境规制的空间外溢效应;同时,还应整合优势资源,推动形成高端要素的空间集聚、叠加和重组,优化要素资源的空间配置结构。

对于中部地区资源型城市,处于环境污染的上下游之间,应重点加强跨行政区域的环境监测监控,促进跨行政区域环境治理的协同和联动,统筹推进要素资源在不同行政区域的调配,提高要素资源配置效率,促进要素资源在不同行政区域之间形成互补与共享机制。

西部地区的资源型城市处于污染上游,应做好源头防范,防止污染扩散至中下游区域;同时,加快生产要素跨行政区域流动,逐步缩小与东部地区等其他区域的差距。

对于东北地区资源型城市,应利用独特的地缘优势,加强与邻近的资源丰裕国家的产能合作,提高生产要素的跨国流动速率;此外,还应不断优化产业空间布局,加快推进产业空间集聚,以实现产业规模的扩大、产业分工细化以及产业竞争力的提升。

对于成长型资源型城市,应学习借鉴成熟的环境规制的经验做法,不断提升环境治理能力,改进生产工艺和技术,提升资源综合利用效率,促进产业转型升级。

对于成熟型资源型城市,应将跨行政区域环境规制合作与交流的重点放在由污染型生产方式向清洁型、技术密集型生产方式的转变上;同时,还应进一步加强产业空间集聚,促进形成产业集群创新,不断完善产业体系,推进产城融合。

对于衰退型资源型城市,应重点加强生态修复领域的区域交流与合作,避免"资源-环境-经济"系统出现恶性循环的连锁反应;同时还应借助能源资源的跨行政区域调配机制,缓解资源枯竭压力,为实现转型与可持续发展提供支撑保障。

对于再生型资源型城市,应为新兴产业和接续替代产业的空间集聚营造良好的外部环境,加强有关政策扶持力度,从而推动经济结构的优化调整。

第三节 研究不足与展望

第一,本书的样本数据只研究到了地级市层面的资源型城市,而没有研究到县级层面的资源型城市。当前,我国还没有专门的资源型城市统计年鉴,限于数据的可获取性,本书的样本数据主要选取地级市层面的资源型城市。因为县级层面资源城市的统计数据较难获取,缺失值较多,且我国县级层面的资源型城市有120个,在我国资源型城市中同样占有相当大的比例;同时,因为县级层面的资源型城市的统计口径与地级市层面的资源型城市显然不一样,笔者提出了一种解决问题的思路,即通过分别计算地级市层面的资源型城市和县级层面的资源型城市的样本数据人均量,将地级市层面的资源型城市和县级层面的资源型城市的数据指标统一起来,这样就能够扩大研究样本的数量和层次,从而增强研究结果的信度和效度。

第二,没有对资源型城市的不同行业类型进行区分,在实证研究中也没有能够控制行业异质性的固定效应。本书将我国资源型城市划分为四大区域的资源型城市和四种类型的资源型城市,综合运用实证分析和比较分析方法研究了环境规制对我国不同区域、不同类型资源型城市产业转型升级的影响的差异性,但是,本书没有对资源型城市的不同行业类型进行区分。资源型城市的行业类型可以按照资源种类来划分,如煤炭、石油、天然气、黑色金属、有色金属等矿产资源以及森林资源等,也可以按照行业污染程度来划分,如重度污染行业、中度污染行业、轻度污染行业等。由于行业类型数据在统计年鉴中基本只统计到省级层面,地市级层面的行业类型数据较难以获取,此外,我国大多数资源型城市同时兼具多种资源类型,较难以界定其所属的行业类型。因此,为今后的研究提出了一个亟需解决的问题:可以对资源型城市的行业类型数据进行多渠道收集整理,根据资源型城市辖有资源类型的比例界定其所属的行业类型,从而研究环境规制对不同行业类型的资源型城市的影响,或者在实证研究中控制行业异质性的固定效应。

第三,没有对环境规制类型与产业转型升级维度进行更细的划分,并且没有能够研究不同类型的环境规制与不同维度的产业转型升级之间的影响关系。环境规制类型通常可以分为命令控制型环境规制、市场激励型环境规制及公众参与型环境规制等。由于本书侧重于从纵向角度研究环境规制对资源型城市产业转型升级的倒逼效应、影响机制以及空间效应,因此,就没有区分不同类型的环境规制对资源型城市产业转型升级的影响。此外,根据产业转型升级的相关理论,产业转型升级实质上包含了产业结构高级化、产业结构合理化等维度,由于本书研究的重点是资源型城市产业转型升级的区域异质性和资源型城市类型异质性问题,因此,采取的是利用熵值法将表征产业结构高级化的第三产业产值与第二产业产值的比值与表征产业结构合理化的泰尔指数合成为产业转型升级指数。在今后的研究中,可以对环境规制类型与产业转型升级维度进行更细的划分,从而研究不同类型的环境规制对不同维度的产业转型升级的影响,更加深入地剖析环境规制对资源型城市产业转型升级的倒逼效应、影响机制以及空间效应。

第四,对于环境规制影响资源型城市产业转型升级的作用机制研究不够全面。本书主要从政府环境规制竞争、绿色技术创新、产业集聚以及外商直接投资4个维度,研究了环境规制影响资源型城市产业转型升级的作用机制以及环境规制影响资源型城市产业转型升级的作用机制在我国不同区域、不同类型资源型城市表现的差异性。但是,政府环境规制竞争、绿色技术创新、产业集聚以及外商直接投资等作用机制之间的影响关系并未被考虑,并且环境规制对资源型城市产业转型升级是否会受到多种作用机制的共同影响,或者存在链式中介的作用机制,仍然需要进一步研究探讨。此外,环境规制对资源型城市产业转型升级的影响可能还存在其他作用机制,如消费需求升级(Bilgen,2014)、绿色进入壁垒(Stephen,2012)、金融业发展(Shahbaz et al.,2016)等[73,28,230],有待于进一步对可能存在的作用机制进行理论和实证分析,深入阐释环境规制影响资源型城市产业转型升级的作用机制。

参 考 文 献

[1] 吴要武. 资源枯竭的"神话":资源枯竭型城市产业转型与社会稳定[M]. 北京:社会科学文献出版社,2013.

[2] 马克,李军国. 资源型城市经济转型政策研究[M]. 北京:科学出版社,2015.

[3] 吴宗杰. 资源型城市产业转型理论与实践[M]. 北京:经济科学出版社,2016.

[4] 安树伟,张双悦. 新中国的资源型城市与老工业基地:形成、发展与展望[J]. 经济问题,2019(9):10-17.

[5] 张红凤,张细松. 环境规制理论研究[M]. 北京:北京大学出版社,2012.

[6] 张宝. 环境规制的法律构造[M]. 北京:北京大学出版社,2018.

[7] NEWTON P. R. Settlement options:avoiding local government with fly-in fly-out[Z]. Canberra:AGPS Press,1987.

[8] 杨继瑞,黄潇,张松. 资源型城市转型:重生、困境与路径[J]. 经济理论与经济管理,2011(12):77-83.

[9] TONTS M,MARTINUS K,PLUMMER P. Regional development, redistribution and the extraction of mineral resources:the Western Australian goldfields as a resource bank[J]. Applied Geography,2013(3):365-374.

[10] 杨宇,董雯,刘毅,等. 东北地区资源型产业发展特征及对策建议[J]. 地理科学,2016(9):1359-1370.

[11] 方杏村. 我国资源枯竭型城市接续替代产业选择研究[M]. 北京:经济科学出版社,2018.

[12] BRADBURY J. H. Living with boom and cycles:new towns on the resource frontier in Canada[C]//Resource Communities. Australia,CSIRO,1998:3-19.

[13] 徐涵蕾. 资源型城市产业协同机会和能力评价研究[J]. 中国人口·资源与环境,2010(2):134-138.

[14] 郭水珍,严丹屏. 资源枯竭型城市产业结构优化升级研究[J]. 管理学报,2012(3):446-450.

[15] 孙浩进. 我国资源型城市产业转型的效果、瓶颈与路径创新[J]. 经济管理,

2014(10):34-43.

[16] 刘晓萌.资源型城市转型效果评价与预测研究:以淮南市为例[D].淮南:安徽理工大学,2018.

[17] 赵洋.我国资源型城市产业绿色转型效率研究:基于地级资源型城市面板数据实证分析[J].经济问题探索,2019(7):94-101.

[18] LUIS S. Urban growth and manufacturing change in the United States-Mexico borderlands: a conceptual framework and an empirical[J]. The annals of Regional Science,1985,19(3):54-108.

[19] 张文忠,王岱,余建辉.资源型城市接续替代产业发展路径与模式研究[J].中国科学院院刊,2011(2):134-141.

[20] 姚平,姜日木.资源型城市产业转型与实现路径分析:基于技术创新和制度创新协同驱动机理[J].经济体制改革,2013(2):56-59.

[21] 支大林.我国资源型城市转型与可持续发展的困境及破解对策[J].福建论坛(人文社会科学版),2015(4):13-21.

[22] 杨文越,刘东妮,赵晓铭,等.东北地区资源型城市转型与可持续发展路径研究[C]//中国区域经济发展报告(2016~2017).北京:社会科学文献出版社,2017:243-268.

[23] 李虹.中西部和东部地区资源型城市转型与发展新动能的培育[J].改革,2017(8):99-103.

[24] 窦睿音,张生玲,刘学敏.基于系统动力学的资源型城市转型模式实证研究:以鄂尔多斯为例[J].干旱区资源与环境,2019(8):18-25.

[25] MICHAEL O,JORGE F C. Sunk costs and regulation in the U.S. pesticide industry[J]. International Journal of Industrial Organization,1998(2):139-168.

[26] LEVINSON A,TAYLOR M S. Unmasking the pollution haven effect[J]. International Economic Review,2008(1):223-254.

[27] MILLIMET D L,ROY S,SENGUPTA A. Environmental regulations and economic activity: influence on market structure[J]. Annual Review of Resource Economics,2009(1):99-118.

[28] STEPHEN P R. The costs of environmental regulation in a concentrated industry[J]. Econometrica,2012(3):1019-1061.

[29] PORTER M E. Towards a dynamic theory of strategy[J]. Strategic Management Journal,1991(12):95-117.

[30] PORTER M E,LINDE C V D. Toward a new conception of the environment-competitiveness relationship[J]. The Journal of Economic Perspectives,1995

(4):97-118.

[31] ANASTASIOS X, AART DE Z. Environmental policy and competitiveness: the porter hypothesis and the composition of capital[J]. Journal of Environmental Economics and Management, 1999(37): 165-182.

[32] DOMAZLICKY B R, WEBER W L. Does environmental protection lead to slower productivity growth in the chemical industry? [J]. Environmental and Resource Economics, 2004(3): 301-324.

[33] 黄德春, 刘志彪. 环境规制与企业自主创新: 基于波特假设的企业竞争优势构建[J]. 中国工业经济, 2006(3): 100-106.

[34] LANOIE, P, LUCCHETTI J, JOHNSTONE N, et al. Ambec. environmental policy, innovation and performance: new insights on the porter hypothesis[J]. Journal of Economics & Management Strategy, 2011(3): 390-411.

[35] RAMANATHAN R, HE Q L, BLACK A, et al. Environmental regulations, innovation and firm performance: a revisit of the porter hypothesis[J]. Journal of Cleaner Production, 2017(2): 79-92.

[36] BURTON D M, Gomez I A, Love H A. Environmental regulation cost and industry structure changes[J]. Land Economics, 2011(3): 545-557.

[37] BAUMOL W J, OATES W E. The theory of environmental policy[J]. Cambridge Books, 1988(1): 127-128.

[38] NOURIEL R, ALBERTO A. Political cycles in OECD economies[J]. Review of Economic Studies, 1992(4): 663-688.

[39] BERMAN E, BUI L T M. Environmental regulation and productivity: evidence from oil refineries[J]. Review of Economics & Statistics, 2001(3): 498-510.

[40] 李强. 环境规制与产业结构调整: 基于 Baumol 模型的理论分析与实证研究[J]. 经济评论, 2013(5): 100-107.

[41] FRANCISCO L, LIMA F. Environmental regulation, technology adoption and structural transformation: evidence from brazilian sugarcane industry[J]. Rio de Janeiro. 2015(4): 8-38.

[42] WEI L, JIAN T, YUE X H. How does environmental regulation affect industrial transformation? A study based on the methodology of policy simulation[J]. Mathematical Problems in Engineering, 2016(2): 1-10.

[43] TOBIAS STUCKI, MARTIN WOERTER, SPYROS ARVANITIS. How different policy instruments affect green product innovation: a differentiated perspective[J]. Energy Policy, 2017(11): 245-261.

[44] 张成, 陆旸, 郭路, 等. 环境规制强度和生产技术进步[J]. 经济研究, 2011(2):

113-124.

[45] 查建平.环境规制与工业经济增长模式:基于经济增长分解视角的实证研究[J].产业经济研究,2015(3):92-101.

[46] 李玲,陶锋.中国制造业最优环境规制强度的选择:基于绿色全要素生产率的视角[J].中国工业经济,2012(5):70-82.

[47] 阮陆宁,曾畅,熊玉莹.环境规制能否有效促进产业结构升级?基于长江经济带的GMM分析[J].江西社会科学,2017(5):104-111.

[48] 原毅军,谢荣辉.环境规制的产业结构调整效应研究:基于中国省际面板数据的实证检验[J].中国工业经济,2014(8):57-69.

[49] 钟茂初,李梦洁,杜威剑.环境规制能否倒逼产业结构调整:基于中国省际面板数据的实证检验[J].中国人口·资源与环境,2015(8):107-115.

[50] 孔令丞,李慧.环境规制与制造业产业结构升级:影响机理及实证分析[J].经济体制改革,2019(1):135-139.

[51] 李虹,邹庆.环境规制、资源禀赋与城市产业转型研究:基于资源型城市与非资源型城市的对比分析[J].经济研究,2018(11):182-198.

[52] 祁毓.中国环境污染变化与规制效应研究[D].武汉:武汉大学,2015.

[53] 孙玉阳,宋有涛.环境规制对产业区域转移正负交替影响研究:基于污染密集型产业[J].经济问题探索,2018(9):132-139.

[54] 高明,陈巧辉.不同类型环境规制对产业升级的影响[J].工业技术经济,2019(1):91-99.

[55] 孙坤鑫,钟茂初.环境规制、产业结构优化与城市空气质量[J].中南财经政法大学学报,2017(6):63-72,159.

[56] 赵领娣,吴栋.环境规制、产业结构调整与中国城市就业[J].中国海洋大学学报(社会科学版),2017(6):56-64.

[57] 梁坤丽,刘亚丽.环境规制的产业结构调整效应:基于资源型地区的实证分析[J].兰州财经大学学报,2018(5):73-82.

[58] 闫文娟,郭树龙,史亚东.环境规制、产业结构升级与就业效应:线性还是非线性?[J].经济科学,2012(6):23-32.

[59] HOSOE M,NAITO T. Trans-boundary pollution transmission and regional agglomeration effects[J]. Papers in Regional Science,2006(1):99-120.

[60] BELOVA A,GRAY W B,LINN J,et al. Environmental regulation and industry employment:a reassessment[J]. Proceedings of the Royal Society of Medicine,2013(10):104-105.

[61] 薛曜祖.环境规制的产业结构效应:理论与实证分析[J].统计与信息论坛,2016(8):39-46.

[62] 纪玉俊,刘金梦. 环境规制促进了产业升级吗?人力资本视角下的门限回归检验[J]. 经济与管理,2016(6):81-87.

[63] 傅京燕,李丽莎. 环境规制、要素禀赋与产业国际竞争力的实证研究:基于中国制造业的面板数据[J]. 管理世界,2010(10):87-98,187.

[64] 高静,刘国光. 要素禀赋、环境规制与污染品产业内贸易模式的转变:基于54个国家352对南北贸易关系的实证研究[J]. 国际贸易问题,2014(10):99-109.

[65] 宋德勇,赵菲菲. 环境规制的产业转移效应分析:基于资源禀赋转换的视角[J]. 财经论丛,2019(3):104-112.

[66] 袁晓玲,李浩,邱勍. 环境规制强度、产业结构升级与生态环境优化的互动机制分析[J]. 贵州财经大学学报,2019(1):73-81.

[67] 赵红,扈晓影. 环境规制对企业利润率的影响:基于中国工业行业数据的实证分析[J]. 山东财政学院学报,2010(2):78-81.

[68] 张成,于同申. 环境规制会影响产业集中度吗?一个经验研究[J]. 中国人口·资源与环境,2012(3):98-103.

[69] 龙小宁,万威. 环境规制、企业利润率与合规成本规模异质性[J]. 中国工业经济,2017(6):155-174.

[70] BJORNER T B, HANSEN L G, RUSSELL C S. Environmental labeling and consumers' choice:an empirical analysis of the effect of the Nordic Swan[J]. Journal of Environmental Economics and Management,2004(3):411-434.

[71] 肖兴志,李少林. 环境规制对产业升级路径的动态影响研究[J]. 经济理论与经济管理,2013(6):102-112.

[72] 梅国平,龚海林. 环境规制对产业结构变迁的影响机制研究[J]. 经济经纬,2013(2):72-76.

[73] BILGEN S. Structure and environmental impact of global energy consumption[J]. Renewable and Sustainable Energy Reviews,2014(10):890-902.

[74] BENJAMIN F B, DIANE H. The impact of environmental regulations on the industry structure of landfills[J]. Social Science Electronic Publishing,2006(4):529-550.

[75] 刘和旺,刘博涛,郑世林. 环境规制与产业转型升级:基于"十一五"减排政策的DID检验[J]. 中国软科学,2019(5):40-52.

[76] JIN H H, QIAN Y Y, WEINGAST B R. Regional decentralization and fiscal incentives federalism,China style[J]. Journal of Public Economics,2005(10):1719-1742.

[77] XU C G. The fundamental institutions of China's reforms and development[J]. Journal of Economic Literature,2011(4):1076-1151.

[78] 郑周胜. 中国式财政分权下环境污染问题研究[D]. 兰州:兰州大学,2012.

[79] 郭平,杨梦洁. 中国财政分权制度对地方政府环境污染治理的影响分析[J]. 城市发展研究,2014(7):84-90.

[80] 祁毓,卢洪友,徐彦坤. 中国环境分权体制改革研究:制度变迁、数量测算与效应评估[J]. 中国工业经济,2014(1):31-43.

[81] 张文彬,张理芃,张可云. 中国环境规制强度省际竞争形态及其演变:基于两区制空间Durbin固定效应模型的分析[J]. 管理世界,2010(12):34-44.

[82] 赵霄伟. 分权体制背景下地方政府环境规制与地区经济增长:理论、证据与政策[M]. 北京:经济管理出版社,2014.

[83] 游达明,张杨,袁宝龙. 财政分权与晋升激励下环境规制对产业结构升级的影响[J]. 吉首大学学报(社会科学版),2019(2):21-32.

[84] 周黎安,陶婧. 政府规模、市场化与地区腐败问题研究[J]. 经济研究,2009(1):57-69.

[85] COLE M, ELLIOTT R, ZHANG J. Corruption, governance and FDI location in China: a province-level analysis[J]. The Journal of Development Studies, 2009(9):1494-1512.

[86] 于文超,何勤英. 辖区经济增长绩效与环境污染事故:基于官员政绩诉求的视角[J]. 世界经济文汇,2013(2):20-35.

[87] 张鹏,张靳雪,崔峰. 工业化进程中环境污染、能源耗费与官员晋升[J]. 公共行政评论,2017(5):46-68,216.

[88] 张彩云,郭艳青. 污染产业转移能够实现经济和环境双赢吗?基于环境规制视角的研究[J]. 财经研究,2015(10):96-108.

[89] FREDRIKSSON P G, MILLIMET D L. Is there a 'California effect' in US environmental policy making[J]. Regional Science & Urban Economics, 2002(6):737-764.

[90] WOODS N D. Interstate competition and environmental regulation: a test of the race to the bottom thesis[J]. Social Science Quarterly,2006(86):792-811.

[91] HARRY M TIEBOUT, KRISTIN E BRUGGER. Ecological risk assessment of pesticides for terrestrial vertebrates: evaluation and application of the U. S. environmental protection agency's Quotient Model[J]. Conservation Biology, 2010(6):1605-1618.

[92] SCOTT B. Self-enforcing international environmental agreements[J]. Oxford Economic Papers,1994(46):878-894.

[93] RAUSCHER M. Economic growth and tax-competing leviathans[J]. International Tax and Public Finance,2005(4):457-474.

[94] 张利风.财政分权下地区间环境管制的相互影响[J].技术经济与管理研究,2013(4):102-105.

[95] 张乐才,杨宏翔.地方政府竞争、规制乏力与污染红利寻租[J].现代财经,2013(12):3-14,61.

[96] 李胜兰,申晨,林沛娜.环境规制与地区经济增长效应分析:基于中国省际面板数据的实证检验[J].财经论丛,2014(6):88-96.

[97] 郑金铃.分权视角下的环境规制竞争与产业结构调整[J].当代经济科学,2016(1):77-85.

[98] 杨骞,秦文晋,刘华军.环境规制促进产业结构优化升级吗?[J].上海经济研究,2019(6):83-95.

[99] BERUBE C, MOHNEN P. Are firms that receive R & D subsidies more innovative[J]. Canadian Journal of Economics/Revue Canadienne D'Economique,2009(1):206-225.

[100] CHANG CHINGHSUN. The influence of corporate environmental ethics on competitive advantage:the mediation role of Green innovation[J]. Journal of Business Ethics,2011(3):1-10.

[101] YANG C,TSENG Y,CHEN C. Environmental regulations,induced R&D,and productivity:evidence from Taiwan's manufacturing industries[J]. Resource and Energy Economics,2012(9):514-532.

[102] CHAKRABORTY P, CHATTERJEE C. Does environmental regulation indirectly induce upstream innovation? New evidence from India[J]. Research Policy,2017(5):939-955.

[103] ACEMOGLU D, AGHION P, BURSZTYN L,et al. The Environment and directed technical change[J]. American Economic Review,2012(1):131-166.

[104] 韩晶,陈超凡,冯科.环境规制促进产业升级了吗?基于产业技术复杂度的视角[J].北京师范大学学报(社会科学版),2014(1):148-160.

[105] 陈峥,高红贵.环境规制约束下技术进步对产业结构调整的影响研究:基于自主研发和技术引进的角度分析[J].科技管理研究,2016(12):95-100.

[106] 张娟.资源型城市环境规制的经济增长效应及其传导机制:基于创新补偿与产业结构升级的双重视角[J].中国人口·资源与环境,2017(10):39-46.

[107] 郑加梅.环境规制产业结构调整效应与作用机制分析[J].财贸研究,2018(3):21-29.

[108] 陈晓,张壮壮,李美玲.环境规制、产业结构变迁与技术创新能力[J].系统工程,2019(3):59-68.

[109] 周柯,王尹君.环境规制、科技创新与产业结构升级[J].工业技术经济,2019

(2):137-144.

[110] 覃伟芳,廖瑞斌.环境规制、产业效率与产业集聚[J].现代财经(天津财经大学学报),2015(3):14-26.

[111] 陶长琪,周璇.环境规制、要素集聚与全要素生产率的门槛效应研究[J].当代财经,2015(1):10-22.

[112] ANTONIETTI R,CAINELLI G. The role of spatial agglomeration in a structural model of innovation, productivity and export: a firm-level analysis [J]. The Annals of Regional Science,2011(3):577-600.

[113] SRHOLEC M. Cooperation and innovative performance of firms: panel data evidence from the Czech Republic, Norway and the UK[J]. Journal of the Knowledge Economy,2014(1):133-155.

[114] 张涛.环境规制、产业集聚与工业行业转型升级:基于异质性行业要素投入结构差异视角[D].徐州:中国矿业大学,2017.

[115] KE S. Agglomeration, productivity, and spatial Spillovers across Chinese cities [J]. The Annals of Regional Science,2010(1):157-179.

[116] 徐敏燕,左和平.集聚效应下环境规制与产业竞争力关系研究:基于"波特假说"的再检验[J].中国工业经济,2013(3):72-84.

[117] USHIFUSA Y, TOMAHARA A. Productivity and labor density: agglomeration effects over time[J]. Atlantic Economic Journal,2013(2):123-132.

[118] AKBOSTANCI E, TUNC G I, TURUT-ASIK S. Pollution haven hypothesis and the role of dirty industries in Turkey's exports[J]. Environment and Development Economics,2007(12):297-322.

[119] MACDERMOTT, RAYMOND. A panel study of the pollution-haven hypothesis[J]. Global Economy Journal,2009(1):123-134.

[120] 高永祥.环境规制、产业空间布局调整与地区经济增长的实证[J].统计与决策,2015(24):131-136.

[121] SAKIRU ADEBOLA SOLARIN, USAMA Al-MULALI, IBRAHIM MUSAH. Investigating the pollution haven hypothesis in Ghana: an empirical investigation[J]. Energy,2017(1):706-719.

[122] MILLIMET D L, ROY J. Empirical tests of the pollution haven hypothesis when environmental regulation is endogenous [J]. Journal of Applied Econometrics,2016(4):623-645.

[123] 秦炳涛,葛力铭.相对环境规制、高污染产业转移与污染集聚[J].中国人口·资源与环境,2018(12):52-62.

[124] ZENG D Z,ZHAO L X. Pollution havens and industrial agglomeration[J]. Journal of Environmental Economics and Management,2009(58):141-153.

[125] EFTHYMIA KYRIAKOPOULOU, ANASTASIOS XEPAPADEAS. Environmental policy,first nature advantage and the emergence of economic clusters[J]. Regional Science & Urban Economics,2013(1):101-116.

[126] 梁琦,黄利春. 要素集聚的产业地理效应[J]. 广东社会科学,2014(4):5-13.

[127] 刘金林,冉茂盛. 环境规制、行业异质性与区域产业集聚:基于省际动态面板数据模型的GMM方法[J]. 财经论丛,2015(1):16-23.

[128] COPELAND B R,TAYLOR M S. North-south trade and environment[J]. The Quarterly Journal of Economics,1994,(3):755-787.

[129] CHRISTER C,Li J. Financial sector development,FDI and economic growth in China[J]. General Information,2007(6):67-90.

[130] 魏玮,毕超. 环境规制、区际产业转移与污染避难所效应:基于省级面板 Poisson模型的实证分析[J]. 山西财经大学学报,2011(8):69-75.

[131] 朱平芳,张征宇,姜国麟. FDI与环境规制:基于地方分权视角的实证研究[J]. 经济研究,2011(6):133-145.

[132] 计志英,毛杰,赖小锋. FDI规模对我国环境污染的影响效应研究:基于30个省级面板数据模型的实证检验[J]. 世界经济研究,2015(3):56-64,128.

[133] 周长富,杜宇玮,彭安平. 环境规制是否影响了我国FDI的区位选择？基于成本视角的实证研究[J]. 世界经济研究,2016(1):110-120+137.

[134] CAI X Q,LU Y,WU M Q. Does environmental regulation drive away inbound foreign direct investment? Evidence from a quasi-natural experiment in China[J]. Journal of Development Economics,2016(8):73-85.

[135] 张宇青,吴金南. 环境规制、外商直接投资与技术进步:对OECD国家"波特假说"的检验[J]. 科学管理研究,2016(1):113-116.

[136] 王双燕. 环境规制对产业结构高级化的影响[D]. 徐州:中国矿业大学,2016.

[137] BOKPIN G A. Foreign direct investment and environmental sustainability in Africa:the role of institutions and governance[J]. Research in International Business and Finance,2017(39):239-247.

[138] SONIA BEN KHEDER, NATALIA ZUGRAVU. Environmental regulation and french firms location abroad:an economic geography model in an international comparative study[J]. Ecological Economics,2012(3):48-61.

[139] 王双燕,魏晓平,赵雷英. 外商直接投资、环境规制与产业结构高级化[J]. 首都经济贸易大学学报,2016(1):26-32.

[140] 时乐乐. 环境规制对中国产业结构升级的影响研究[D]. 乌鲁木齐:新疆大

[141] 胡建辉.环境规制对产业结构调整的倒逼效应研究[D].北京:中央财经大学,2017.

[142] COSTANTINI V, MAZZANTI M. On the green and innovative side of trade competitiveness? The impact of environmental policies and innovation on EU exports[J]. Research Policy, 2012(1):132-153.

[143] 李娜,伍世代,代中强,等.扩大开放与环境规制对我国产业结构升级的影响[J].经济地理,2016(10):109-115.

[144] 李晓英.FDI、环境规制与产业结构优化:基于空间计量模型的实证[J].经济体制改革,2018(2):104-113.

[145] 黄光灿,白东北,王珏.FDI对中国工业行业的选择效应研究:基于环境规制博弈的联立方程[J].财经论丛,2019(9):103-112.

[146] KRUGMAN, PAUL. Increasing returns and economic geography[J]. Journal of Political Economics, 1991(3):483-499.

[147] ENGEL, KIRSTEN H. State environmental standard-setting: is there a "Race" and is it "To the Bottom"?[J]. Hastings Law Journal, 1997(48):271-398.

[148] MELITZ M. The impact of trade on intra-industry reallocations and aggregate industry productivity[J]. Econometrica, 2003(6):1695-1726.

[149] BALDWIN R E, OKUBO T. Heterogeneous firms, agglomeration and economic geography: spatial selection and sorting[J]. Journal of Economic Geography, 2006(3):323-346.

[150] 彭文斌,吴伟平,邝嫦娥.环境规制对污染产业空间演变的影响研究:基于空间面板杜宾模型[J].世界经济文汇,2014(6):99-110.

[151] 姚从容.产业转移、环境规制与污染集聚:基于污染密集型产业空间变动的分析[J].广东社会科学,2016(5):43-54.

[152] 高峰.中国省级环境污染的空间差异和环境规制研究[M].北京:经济科学出版社,2016.

[153] 秦志琴,郭文炯.山西省煤炭产业空间集聚过程及其驱动因素[J].地理科学,2018(9):1535-1542.

[154] 冉启英,徐丽娜.环境规制、省际产业转移与污染溢出效应:基于空间杜宾模型和动态门限面板模型[J].华东经济管理,2019(7):5-13.

[155] EMBORA N, MAMUNEAS T P, STENGOS T. Air Pollution, Spillovers and U.S. State Productivity Growth[Z]. Working Papers, 2010.

[156] ZHAO X W, GOA Z G. Spatial externalities, environmental pollution and total factor productivity growth: evidence from a spatial panel data set of

province-level[R]. International Conference on Spatial Data Mining and Geographical Knowledge Services,2012.

[157] KHEDER S B,ZUGRAVU N. The pollution haven hypothesis:a geographic economy model in a comparative study[Z]. Working Papers,2012.

[158] 王文普. 环境规制、空间溢出与地区产业竞争力[J]. 中国人口·资源与环境, 2013(8):123-130.

[159] 薛福根. 产业结构调整的污染溢出效应研究:基于空间动态面板数据的实证分析[J]. 湖北社会科学,2016(5):92-97.

[160] 程中华,李廉水,刘军. 环境规制与产业结构升级:基于中国城市动态空间面板模型的分析[J]. 中国科技论坛,2017(2):66-72.

[161] 张治栋,秦淑悦. 环境规制、产业结构调整对绿色发展的空间效应:基于长江经济带城市的实证研究[J]. 现代经济探讨,2018(11):79-86.

[162] 朱金鹤,王雅莉. 创新补偿抑或遵循成本? 污染光环抑或污染天堂? 绿色全要素生产率视角下双假说的门槛效应与空间溢出效应检验[J]. 科技进步与对策,2018(20):46-54.

[163] 汪国雨. 环境规制下产业结构变迁的跨区协同效应:基于空间杜宾模型的研究[J]. 资源开发与市场,2019(7):889-895+1000.

[164] 李强,丁春林. 环境规制、空间溢出与产业升级:来自长江经济带的例证[J]. 重庆大学学报(社会科学版),2019(1):17-28.

[165] 于文超. 环境规制的影响因素及其经济效应研究[M]. 成都:西南财经大学出版社,2014.

[166] EHIE C,OLIBE K. The effect of R & D investment on firm value:an examination of U. S. manufacturing and Service Industries[J]. Production Economics,2010(1):127-135.

[167] 王斌. 环境污染治理与规制博弈研究[M]. 北京:中国财政经济出版社,2017.

[168] 黄毅. 资源型经济转型与资源诅咒的化解[J]. 云南社会科学,2009(2):87-91.

[169] 白云朴. 环境规制背景下资源型产业发展问题研究[D]. 西安:西北大学,2013.

[170] 李志强. 山西资源型经济转型发展报告(2019)[M]. 北京:社会科学文献出版社,2019.

[171] 张文忠,余建辉. 中国资源型城市可持续发展研究[M]. 北京:科学出版社,2014.

[172] 干春晖. 产业经济学教程与案例[M]. 2版. 北京:机械工业出版社,2017.

[173] 王斌,谭清美. 产业创新平台建设研究:基于组织、环境、规制及外围支撑的视角[J]. 现代经济探讨,2013(9):44-48.

[174] 李强.河长制视域下环境规制的产业升级效应研究:来自长江经济带的例证[J].财政研究,2018(10):79-91.

[175] 曾倩,曾先峰,刘津汝.产业结构视角下环境规制工具对环境质量的影响[J].经济经纬,2018(6):94-100.

[176] 李国祥,张伟.环境分权、环境规制与工业污染治理效率[J].当代经济科学,2019(3):26-38.

[177] AL-DEBEI, MUTAZ M, AL-LOZI, ENAS, Fitzgerald, Guy. Engineering innovative mobile data services:developing a model for value network analysis and design[J]. Business Process Management Journal,2013(2):336-350.

[178] 李颖.中国环境规制强度测算及其对产业国际竞争力的影响[D].北京:中国社会科学院研究生院,2013.

[179] 高庆林.区域产业结构调整中的产业转型与产业竞争优势培育[J].当代经济研究,2009(4):43-46.

[180] 张娟,惠宁.资源型城市环境规制的就业效应及其门限特征分析[J].人文杂志,2016(11):46-53.

[181] 陈冬博.资源型城市的产业转型与新产业发展[J].山西财经大学学报,2018(S2):60-61,65.

[182] 杨丹辉,张艳芳,李鹏飞.供给侧结构性改革与资源型产业转型发展[J].中国人口·资源与环境,2017(7):18-24.

[183] 田原,孙慧.低碳发展约束下资源型产业转型升级研究[J].经济纵横,2016(1):45-48.

[184] 张生玲,李跃,酒二科,等.路径依赖、市场进入与资源型城市转型[J].经济理论与经济管理,2016(2):14-27.

[185] 李烨,潘伟恒,龙梦琦.资源型产业绿色转型升级的驱动因素[J].技术经济,2016(4):65-69,119.

[186] 卢硕,张文忠,李佳洺.资源禀赋视角下环境规制对黄河流域资源型城市产业转型的影响[J].中国科学院院刊,2020(1):73-85.

[187] 王锋正,郭晓川.环境规制强度对资源型产业绿色技术创新的影响——基于2003～2011年面板数据的实证检验[J].中国人口·资源与环境,2015(1):143-146.

[188] 林永民,吕萍.资源型重工业城市转型升级的路径选择:基于要素价格改革视域分析[J].价格理论与实践,2017(1):141-144.

[189] 宋德勇,杨秋月.环境规制与人力资本在破解资源诅咒中的作用[J].城市问题,2019(9):62-73.

[190] 邓国营,龚勤林.创新驱动对资源型城市转型效率的影响研究[J].云南财经

大学学报,2018(6):86-95.

[191] 苗长虹,胡志强,耿凤娟,等.中国资源型城市经济演化特征与影响因素:路径依赖、脆弱性和路径创造的作用[J].地理研究,2018(7):1268-1281.

[192] ALVAREZ-CUADRADO F, POSCHKE M. Structural change out of agriculture:labor push versus labor pull[J]. American Economic Journal:Macroeconomics,2011(3):127-158.

[193] ANTWEILER W, COPELAND B R, TAYLOR M S. Is free trade food for the environment?[J]. American Economic Review,2001(91):877-907.

[194] WOOLDRIDGE J M. Econometric Analysis of Cross Section and Panel Data[M]. Boston:The MIT Press,2001.

[195] 李诗墨.环境规制对产业结构的影响研究:传导路径与实证检验[D].大连:东北财经大学,2017.

[196] 范玉波.环境规制的产业结构效应:历史、逻辑与实证[D].济南:山东大学,2016.

[197] 何慧爽.环境质量、环境规制与产业结构优化:基于中国东、中、西部面板数据的实证分析[J].地域研究与开发,2015(1):105-110.

[198] CHE C M. Panel threshold analysis of Taiwan's outbound visitors[J]. Economic Modelling,2013(33):787-793.

[199] 熊彬,胡振绅.空间视角下资源型城市转型效率差异演化及影响因素分析:以东北地区资源型城市为例[J].华东经济管理,2019(7):78-86.

[200] 王艳丽,钟奥.地方政府竞争、环境规制与高耗能产业转移:基于"逐底竞争"和"污染避难所"假说的联合检验[J].山西财经大学学报,2016(8):46-54.

[201] DEMIREL P, KESIDOU E. Stimulating different types of ecoinnovation in the UK:government policies and firm motivations[J]. Ecological Economics,2011(8):1546-1557.

[202] 王锋正,姜涛.环境规制对资源型产业绿色技术创新的影响:基于行业异质性的视角[J].财经问题研究,2015(8):17-23.

[203] 熊欢欢,邓文涛.环境规制、产业集聚与能源效率关系的实证分析[J].统计与决策,2017(21):117-121.

[204] 刘金林.环境规制、生产技术进步与区域产业集聚[D].重庆:重庆大学,2015.

[205] 白欣灵.环境规制对我国产业国际竞争力影响研究[D].南京:南京审计大学,2016.

[206] 田淑英,董玮,许文立.环保财政支出、政府环境偏好与政策效应:基于省际工业污染数据的实证分析[J].经济问题探索,2016(7):14-21.

[207] 曾鹏,秦艳辉.城市行政级别、产业集聚对外商直接投资的影响[J].国际贸易

问题,2017(1):104-115.

[208] 刘建民,陈霞,吴金光. 财政分权、地方政府竞争与环境污染:基于272个城市数据的异质性与动态效应分析[J]. 财政研究,2015(9):36-43.

[209] 武建新,胡建辉. 环境规制、产业结构调整与绿色经济增长:基于中国省级面板数据的实证检验[J]. 经济问题探索,2018(3):7-17.

[210] 高艳红,陈德敏,谭志雄. 再生资源产业替代如何影响区域节能空间大小:中国省域经济视角的实证检验[J]. 经济科学,2015(5):83-93.

[211] 类骁,韩伯棠. 环境规制、产业集聚与贸易绿色技术溢出门槛效应研究[J]. 科技管理研究,2019(17):220-225.

[212] 谢宜章. 外资引进、产业集聚与环境规制设计[J]. 江西社会科学,2017(1):64-71.

[213] 薛雅伟,张剑,云乐鑫. 资源产业空间集聚、传导要素萃取与"资源诅咒"中介效应研究[J]. 中国管理科学,2019(6):179-190.

[214] LUC ANSELIN. Spatial econometrics:methods and models. studies in operational regional science[M]. Berlin:Springer Netherlands,1988.

[215] ELHORST J P. Matlab software for spatial panels[J]. International Regional Science Review,2014(3):389-405.

[216] VEGA,SOLMARIA HALLECK,ELHORST,J. PAUL. The SLX Model[J]. Journal of Regional Science,2015(3):339-363.

[217] 刘乃全. 空间集聚论[M]. 上海:上海财经大学出版社,2012.

[218] 邵利敏,高雅琪,王淼. 环境规制与资源型企业绿色行为选择:"倒逼转型"还是"规制俘获"[J]. 河海大学学报(哲学社会科学版),2018(6):62-68,92-93.

[219] 马丽. 环境规制对西部地区资源型产业竞争力影响研究[D]. 兰州:兰州大学,2015.

[220] 郑金铃. 环境规制、环境规制竞争与产业结构调整[D]. 广州:暨南大学,2016.

[221] 林玲,赵旭,赵子健. 环境规制、防治大气污染技术创新与环保产业发展机理[J]. 经济与管理研究,2017(11):90-99.

[222] 彭峰,周淑贞. 环境规制下本土技术转移与我国高技术产业创新效率[J]. 科技进步与对策,2017(22):115-119.

[223] 何小钢. 偏向型技术进步与经济增长转型:基于节能减排视角的研究[M]. 上海:复旦大学出版社,2015.

[224] 王书斌,檀菲非. 环境规制约束下的雾霾脱钩效应:基于重污染产业转移视角的解释[J]. 北京理工大学学报(社会科学版),2017(4):1-7.

[225] 张泽群. 国际视角下环境规制与科技创新对环境贸易影响研究[D]. 蚌埠:安徽财经大学,2016.

[226] 王凤平,吴允,周祎庆.嵌入全球价值链影响资源型产业技术进步效果及途径的实证研究[J].宏观经济研究,2019(6):83-94.

[227] 王小宁,周晓唯,张夯."丝绸之路经济带"国际贸易、环境规制与产业结构调整的实证分析[J].统计与决策,2017(19):170-172.

[228] 吕明元,安媛媛.环境规制与产业结构生态化转型:基于山东省十七地市的实证分析[J].经济与管理评论,2014(6):5-10.

[229] 范玉波,刘小鸽.基于空间替代的环境规制产业结构效应研究[J].中国人口·资源与环境,2017(10):30-38.

[230] SHAHBAZ M,SHAHZAD S J H,AHMAD N,et al. Financial development and environmental quality:the way forward[J]. Energy Policy,2016(3):353-364.

后　记

笔者从博士阶段即开始重点研究资源环境经济与产业经济的交叉问题。2018年笔者赴湖南长沙参加中国自然资源学会学术年会,聆听了关于"资源型城市转型发展"的相关学术报告,并有幸与国内外该领域著名专家学者进行了深入的交流和探讨,深深体会到资源型城市作为一种依托当地自然资源兴起的特殊类型工业城市,受资源禀赋倚重和资源型经济发展路径依赖的影响,其产业转型升级与可持续发展受到了严峻挑战。在环境经济学中,"波特假说"最早提出环境规制作为一种矫正环境污染负外部性的政府行为,具备通过对企业施加资源环境约束形成驱动技术创新的内在激励机制的可能性,并且企业的转型升级将会带动行业整体的转型升级,这为破解我国资源型城市产业转型升级困境提供了创新性思路。当前,我国不断加快推进生态文明体制改革,生态环境保护制度体系日趋完善和严格,将环境规制与资源型城市产业转型升级研究相结合,以环境规制的倒逼效应为切入点和突破口,通过研究摸清和把握环境规制倒逼规律,因势利导利用环境规制有效推进资源型城市产业转型升级将具有重要的理论意义和实践价值。

围绕该课题,笔者首先厘清了研究思路并制定了详细的研究计划,包括查阅国内外相关研究文献、收集和整理所需的数据资料以及进行数据的统计分析等,然而,我国资源型城市的数量众多且分布较为广泛,并且不同区域和不同类型的资源型城市之间差异较大,因此要想得出可靠的研究结论必须针对我国不同区域和不同类型的资源型城市展开调研。笔者利用两年多的时间赴毕节市、黔南布依族苗族自治州、延安市、湖州市、宿州市、淮南市、滁州市、池州市、宣城市、淮北市、铜陵市、景德镇市、韶关市、包头市、徐州市以及淄博市等资源型城市进行了实地调研,这让笔者体会到了既要"读万卷书"更要"行万里路"。新时代的知识青年,既要把文章写在学术期刊上,也要把文章写在祖国大地上。经过不懈努力,笔者成功发表了多篇CSSCI期刊论文,并顺利申请到安徽省哲学社会科学规划青年项目"环境分权对安徽资源型城市产业转型升级的影响研究"(项目号:AHSKQ2020D72)、安徽省高校人文社会科学研究重点项目"空间视角下安徽资源型城市产业转型升级的环境规制效应研究"(项目号:SK2020A0427)以及合肥学院人才科研基金项目"环境规制对资源型城市产业转型升级的影响及作用机制研究"(项目号:20RC58)等基金项目,形成了一系列的研究成果。

本书是在笔者承担的各项项目及相关成果的基础上完成的,衷心感谢合肥学院经济与管理学院的各位领导老师,感谢陈江华教授、宋玉军教授、吴悦副教授、吴应宁副教授、张峥嵘副教授、唐艳副教授、代玉簪博士、朱成科博士、杨阳博士、陈燕博士、云坡博士、胡晨曦博士、黄晓地博士、李丹博士、李如潇博士、李阿叮老师给予的大力支持、帮助和指导。

笔者衷心感谢母校安徽大学,感谢安徽大学经济学院田淑英教授、徐亚平教授、荣兆梓教授、李光龙教授、张治栋教授、杨仁发教授、王三兴教授、李静教授、华德亚副教授、马兆亮副教授、张前程副教授、方杏村博士、董玮博士以及安徽生态与经济发展研究中心的何著林老师、田雪雪老师,安徽特色小镇研究中心的桂林老师,在笔者学习期间给予的诸多支持和帮助以及在本书写作中给予的宝贵建议。

笔者感谢夏岩磊博士、汪侠博士、李娜娜博士、陈云博士、李艳芬博士、孙迪博士、张桅博士、王晶晶博士等同窗以及来自老挝的国际友人林帝龙博士,衷心祝愿你们在今后的学术道路中能够取得更大的成就!

笔者感谢家人们给予的无私支持和默默付出,正是在你们一如既往的支持和鼓励下,本书才得以顺利完成,在此,衷心向你们表示最诚挚的感谢!你们的支持永远是最强的前进动力!

最后,笔者还要向各位读者表示最诚挚的敬意,由于本人初出茅庐,才疏学浅,在本书的撰写中难免有疏漏和不足之处,敬请各位读者批评指正。

"雄关漫道真如铁,而今迈步从头越",不忘初心,不负韶华,学术道路没有捷径,唯有耕耘,笔者深知未来的学术道路任重而道远,但热爱可抵岁月漫长,未来可期,人生可期!奋斗才有精彩的人生!

郑飞鸿

2022年3月于合肥